PRAXIS 민법 입문 1

Case 중심 민법총칙과 채권법

PRAXIS 민법 입문 1

Case 중심 민법총칙과 채권법

조상희 지음

서문

민법 공부는 법률 공부에서 가장 중요한 것인데 참 어렵다. 방대하고 광대무변하고 이론과 판례가 너무 많고 예외도 자주 있고 예외의 배제도 더러 생긴다. 총칙부터 시작되어 채권법, 물권법, 친족 상속법 그리고 상법, 민법의 여러 특별법까지 한도 끝도 없다. 교과서나 수험서를 용기 있게 시작하다가 점점 지친다. 이론서에 그치지 않고 사례풀이도 복잡하기 그지 없다. 여러 가지 주제를 한꺼번에 모은 사례와 판례들이어서 종잡을 수가 없게 된다. 그러다가 궁여지책으로 판례의 요지만 달달 외우게 된다. 판례는 해당 사례에만 적용될 수 있는 구체적 개별적 타당성을 바탕으로 하는 것인데 마치 기본 원칙인 양 금과옥조처럼 외운다. 결국 대강의 줄기를 모르고 곁가지 판례만 봄으로써 어디에 위치해 있는지조차 모르고 헤매게 된다. Forest before trees (나무를 보고 숲을 보지 못한다, 一叶障目, 不见泰山 부분만 보고 전체는 보지 못하는 근시안적인 행동)란 말이 실감나게 된다.

민법의 각각의 주제의 원리와 원칙의 이해 그리고 예외적 법리의 발생 이유 등을 좀 쉽게 접근하는 방법이 없을까 고민하다가 각각의 주제에 대한 기본적이나 비교적 가벼운 사례로 시작하는 것이 어떨까 생각했다. 종래의 교과서 위주의 이론 암기식 방법과는 완전히 새로운 접근 방식이다. 기본서는 읽어가다가 지치게 된다. 재미있게 흥미롭게 의미있게 접근할 수 있는 방법은 복잡하게 꼬여 있는 사례가 아니라 기본 되는 간단 명료한 사례로 시작하면서 관련 이론과 판례를 공부하여 큰 줄기와 가닥을 같이 잡아 가는 것이지 않을까 여겼다. 그래서 이 책을 만들어 보았다. 사례를 예시하고 그 사례에 적용되는 법리를 간단하게 설명하고 적용하는 방식을 취한 것이다. 그러나 사례가 대부분 대법원 판결을 쉽게 만든 것일 뿐 그 심도가 떨어지는 것은 결코 아니다. 읽기가 편하게 느껴지도록 그리고 가독성을 위해 민법의 조문을 일단 생략하였고, 판례 번호는 주로 처리하였다. 그러나 각 주제 옆에 해당 민법 [편-장-절-관]을 표시하여 쉽게 법전을 찾아 볼 수 있게 하였다.

민법 공부는 법률 공부의 가장 기본이다. 민법의 원리를 모르고는 다른 법률로 더 나아갈 수 없다. 총칙과 계약법(채권법)을 먼저 이해하는 것이 중요하다. 그래서 우선 총칙과 채권법 부분의 기본 사례로 시작하였다. 아무쪼록 이 책을 통하여 가볍고 쉽게 그러나 똘똘하게 민법을 이해하게 되었으면 좋겠다. 이 책에 앞서서 <PRAXIS 법학입문 - 법률공부 내비게이션>이라는 책을 먼저 일별하면 훨씬 더 도움이 될 것이나, 아무래도 상관 없다.

2018년 정월

조상희 (교수, 변호사)

C o n t e n t s

1. 권리능력 [1-2-1, 1-2-3] 관련 주제 : 실종선고, 상속, 대습상속

(1-1)
　甲은 자신이 말기암에 걸려 곧 사망하게 될 것을 알게 되었는데 마침 부인이 임신 중이었고 태아의 출생을 볼 수 없다는 것이었다. 그래서 甲은 현재 임신 중인 태아에게 자신 소유의 부동산을 증여하기로 하였다. 증여가 가능한가? 만일 甲이 사망했을 때 여전히 임신 중인 태아에게 부동산의 증여의 효과를 발생시키려고 하는 것은 가능한가?

◎ 권리능력의 시기(始期)와 종기(終期) --- 사람은 출생시부터 사망시까지 권리능력을 가진다. 출생시란 모체로부터 전부 노출된 때이며(전부노출설), 출생신고는 보고적 신고이므로 출생으로 권리능력을 갖는다. 사망시는 호흡과 심장의 고동이 영구적으로 정지한 때이다(맥박종지설).

태아는 손해배상청구권에 관하여 그리고 상속순위에 관하여 이미 출생한 것으로 본다. 그래서 태아는 살아서 출생한 경우에 문제된 시기로 소급하여 재산상속권을 가지게 된다(정지조건설). 교통사고나 생모에 대한 폭행 등 불법행위로 태아가 상해를 입은 채로 태어났다면 태아 자신의 신체침해로 인한 재산상의 손해배상청구권과 위자료청구권을 취득한다.

◎ 태아인 상태에서는 증여계약의 당사자가 될 수 없으므로 불가능하다. 甲이 사망을 원인으로 한 증여 즉 사인증여를 하는 경우에도 태아는 권리능력이

없으므로 안된다. 다만 甲이 유언으로 증여를 하는 유증의 경우에는 유증을 받을 권리능력이 인정되고(유증 규정이 상속순위 규정을 준용하고 있다), 살아서 출생하면 유증을 받을 수 있다.

(1-2)

인천의 상호신용금고회사등 약 2,000억원대의 재산을 소유한 이씨는 처, 아들(결혼), 딸(결혼), 며느리, 친손녀, 외손자, 외손녀 등과 함께 괌으로 여행갔다가 가족 전원이 1997.8.6. 미합중국의 자치령 괌(Guam)의 니미츠 언덕(Nimitz Hill)에서 함께 탑승중이던 항공기의 추락 사고로 모두 사망하였다(당시 이씨에게 다른 직계비속이나 직계존속은 없었고, 여행간 가족들은 동일한 위난으로 사망한 것으로서 민법 제30조에 의하여 모두 동시에 사망한 것으로 추정되었다) 가족 중 사위 김씨만 여행에 참여하지 않아서 국내에 거주하고 있었다. 이씨의 형제자매들이 이씨의 상속재산이 사위에게로 단독상속되는 것에 대하여 이의를 제기하여 세간이 이목이 집중되는 큰 분쟁이 생겼다. 사위 김씨는 일단 이씨가 거주하던 양천구 목동 집에 대하여 1997.11.8. 상속을 원인으로 한 소유권이전등기를 경료하였다. 그러자 이씨의 형제자매들이 자신들에게 상속권이 있다고 주장하면서 이 소유권이전등기가 잘못되었다는 이유로 이전등기말소소송을 제기하였다.

◎ 2인 이상이 동일한 위난으로 사망한 경우 동시에 사망한 것으로 추정한다. 사망의 시기에 관한 증명 곤란을 구제하기 위한 것이다.

◎ 상속은 기본적으로 혈족상속이 원칙이다. 그런데 며느리의 경우는 남편이 아버지보다 먼저 사망하면 남편을 대신하여 상속을 인정하는 대습상속제도가 있다. 하지만 사위에게는 이러한 대습상속이 인정되지 않다가 1990.1.13. 민법이 개정되어 딸이 친정아버지보다 먼저 사망하는 경우 사위에게도 대습상속권이 인정되었다. 이 규정이 혈족상속의 원칙 그리고 동시사망의 경우와 관련하여 어떻게 해석되어야 하는 것이 문제로 되었다.

◎ 배우자의 대습상속은 혈족상속과 배우자상속이 충돌하는 부분인데 피상속인의 방계혈족인 피상속인의 형제자매가 피상속인의 재산을 상속받을 것을 기대하는 지위는 피상속인의 직계혈족의 지위만큼 입법적으로 보호하

여야 할 당위성이 강하지 않다. 외국에서 사위의 대습상속권을 인정한 입법례를 찾기 어렵고, 피상속인의 사위가 피상속인의 형제자매보다 우선하여 단독으로 대습상속하는 것이 반드시 공평한 것인지 의문이 된다고 하더라도, 피상속인의 사위가 피상속인의 형제자매보다 우선하여 단독으로 대습상속할 수 있다고 규정된 민법 규정이 입법형성의 재량의 범위를 일탈하여 행복추구권이나 재산권보장 등에 관한 헌법규정에 위배되는 것이라고 할 수 없다.

◎ 원래 대습상속제도는 대습자의 상속에 대한 기대를 보호함으로써 공평을 꾀하고 생존 배우자의 생계를 보장하여 주려는 것이고, 또한 동시사망 추정규정도 자연과학적으로 엄밀한 의미의 동시사망은 상상하기 어려운 것이나 사망의 선후를 입증할 수 없는 경우 동시에 사망한 것으로 다루는 것이 결과에 있어 가장 공평하고 합리적이라는 데에 그 입법 취지가 있다. 상속인이 될 직계비속이나 형제자매(피대습자)의 직계비속 또는 배우자(대습자)는 피대습자가 상속개시 전에 사망한 경우에는 대습상속을 하고, 피대습자가 상속개시 후에 사망한 경우에는 피대습자를 거쳐 피상속인의 재산을 본위상속을 하므로 두 경우 모두 상속한다. 그런데 만일 피대습자가 피상속인의 사망, 즉 상속개시와 동시에 사망한 것으로 추정되는 경우에 그 직계비속 또는 배우자가 본위상속과 대습상속의 어느 쪽도 하지 못하게 된다면 동시사망 추정이 아닌 다른 경우에 비하여 현저히 불공평하고 불합리하게 된다. 민법 제1001조의 '상속인이 될 직계비속이 상속개시 전에 사망한 경우'에는 '상속인이 될 직계비속이 상속개시와 동시에 사망한 것으로 추정되는 경우'도 포함하는 것으로 해석함이 상당하다. 피상속인의 자녀가 상속개시 전에 전부 사망한 경우 피상속인의 손자녀는 본위상속이 아니라 대습상속을 한다. ★

★ 대법원 2001.3.9. 선고 99다13157 판결 [소유권이전등기말소]

실종자 甲에게 실종선고가 내려져 甲의 부동산이 乙에게 상속된 후 丙과 丁에게 순차적으로 소유권이전등기가 되었다. 그 후 甲이 살아 돌아와 실종선고가 취소되었다. 甲은 자신의 부동산을 되찾을 수 있는가?

◎ 부재자의 생사가 5년(보통실종) 혹은 1년(특별실종 — 전쟁, 선박, 항공기, 위난) 동안 불분명할 때 이해관계인이나 검사가 실종선고를 청구하여 법원이 실종선고를 하면 실종기간이 만료된 때 사망한 것으로 간주한다. (death in absentia, presumption of death)

◎ 실종선고가 있은 뒤에는 비록 살아 있다는 사실이 확인되어도 실종선고가 취소되어야만 실종선고의 효력이 없어진다. 실종선고가 취소되면 소급효가 있어서 실종선고로 발생한 효과는 모두 부정된다.

◎ 그런데 민법은 실종선고 후 그 취소 전에 선의로 한 행위의 효력에는 영향이 없다고 규정하고 있다. 이 때 선의의 범위와 관련하여 재산계약에 있어서는 거래당사자가 모두 선의이어야 한다는 견해(쌍방선의설), 거래 당사자에 따라 개별적, 상대적으로 효력을 정하여 선의자는 유효, 악의자는 무효로 한다는 견해(상대적 효력설), 개별적 상대적으로 효력을 정하되 일단 선의의 수익자 이후에는 그 후의 전득자가 악의이더라도 완전하게 권리를 취득한다는 견해(절대적 효력설) 등이 있다.

◎ 실종선고를 직접 원인으로 하여 재산을 취득한 자가 선의인 경우에는 받은 이익이 현존하는 한도에서(현존이익) 반환할 의무가 있고, 악의인 경우에는 받은 이익에 이자를 붙여서 반환하고 손해가 있으면 손해도 배상하여야 한다. 이때 선의에 과실이 있는지 여부는 따지지 않는다. 실종선고의 취소를 받은 실종자는 전득자에 대한 반환청구와 직접 수익자에 대한 부당이득 반환청구를 선택적으로 할 수 있다.

◎ 각 학설과 당사자의 선의 악의에 따라 다음과 같이 구별된다.

乙	丙	丁	쌍방선의설	상대적 효력설	절대적 효력설	
선의	선의	선의	유효	유효	유효	
선의	선의	악의	정 무효	**정 무효**	**정 유효**	단 정이 책략적으로 병을 이용한 경우 정 무효
선의	악의	선의	병 무효 정 무효	병 무효 정 유효	병 무효 정 유효	
선의	악의	악의	병 정 무효	병 정 무효	병 정 무효	
악의	선의	선의	무효	병 정 유효	병 정 유효	
악의	선의	악의	무효	**병 유효 정 무효**	**병 유효 정 유효**	
악의	악의	선의	무효	병 무효 정 유효	병 무효 정 유효	
악의	악의	악의	무효	무효	무효	

2. 행위능력 [1-2-1]

(2-1)

15세인 甲은 디지털카메라를 하나 갖고 싶었는데, 甲의 부모는 甲에게 중고가메라 중 괜찮은 것을 고르면 사준다고 약속했다. 甲은 인터넷 중고거래 사이트에서 카메라를 골라서 乙로부터 10만원에 사기로 하고 계약을 체결하였다. 부모님의 동의가 있었느냐는 乙의 물음에 甲은 거짓으로 부모가 이 거래를 알고 있으며 동의했다고 하였다. 甲의 부모는 甲에게 싼값에 잘 샀다고 하면서 잘했다고 하였다. 한편 乙은 甲과의 거래가 아무래도 미심쩍어 돈을 받기 전에 甲의 부모에게 전화를 걸어 거래를 인정하느냐고 물었다. 그런데 그 사이 甲의 부모는 똑 같은 카메라가 더 싼값에 나온 것을 발견하고는 乙에게 거래를 승낙할 수 없다고 말하였다. 이 경우 乙은 甲에게 10만원의 매매대금지급을 요구할 수 있는가?

◎ 행위능력은 성년(19세)이 되어야 있으며 이후 독자적인 법률행위를 할 수 있다. 따라서 미성년자는 제한능력자이며, 피성년후견인, 피한정후견인도 제한능력자이다. (incapacitated person, capacity to make responsible decision)

◎ 미성년자의 법률행위는 법정대리인의 동의를 얻어야 한다. 동의가 없는 경우 미성년자 본인이나 법정대리인은 취소할 수 있다. 미성년자가 동의 없이 할 수 있는 법률행위로는 단순히 권리만을 얻거나 의무만을 면하는 행위, 범위를 정하여 처분이 허락된 재산의 처분행위, 영업이 허락된 경우 그 영업에 관한 행위, 대리행위, 유언행위(17세, 18세), 근로계약 이후의 임금청구(15세~18세, 14세 이하의 자와의 근로계약은 금지) 등이다.

◎ 미성년자의 법정대리인(친권자인 부 또는 모)은 미성년자가 아직 법률행위를 하기 전에는 동의와 허락을 취소할 수 있다. 미성년자와 맺은 계약은 추인(追認, ratification)이 있을 때까지 상대방이 그 의사표시를 철회할 수 있으며, 단 상대방이 계약 당시에 제한능력자임을 알았을 경우에는 철회하지 못한다. 제한능력자가 속임수로써 자기를 능력자로 믿게 한 경우나 속임수로써 법정대리인의 동의가 있는 것으로 믿게 한 경우에는 취소할 수 없다. 한편 추인 또는 거절의 의사표시는 상대방에게 하여야 한다. 속임수(사술 詐術)에는 고도의 지능적 행위가 수반되는 것이어야 하며, 단순한 거짓말은 해당되지 않는다.

◎ 甲의 거짓말이 속임수로 인정되면, 甲의 부모는 甲의 법률행위를 취소하지 못한다. 그런데 단순한 거짓말은 사술로 볼 수 없으므로 취소할 수 있다. 카메라 구입을 알리자. 부모로부터 '잘 샀다'고 추인(인정)을 받았는데, 그 추인은 아들(甲)이 아니라 거래의 상대방 즉 乙에게 하였을 때 유효하다. 乙이 미심쩍어 甲의 부모에게 전화로 확인한 것은 미성년자와 거래한 상대방이 최고권을 행사한 것이고 甲의 부모는 더 나은 조건을 발견하고, 추인을 거절한다고 답변하였다. 乙의 매매대금(10만원) 청구권은 법률행위가 취소되었으므로 소멸된다. 단 반대급부도 소멸된다.

3. 법인의 권리능력과 행위능력 [1-3] -- 관련 주제: 부동산등기, 비법인사단

> **(3-1)**
> A 고교 동창생들은 모교를 후원하는 활동을 계속하여 오다가 甲과 乙을 이사로 하는 B 사단법인을 설립하고 그 설립등기를 마쳤다. B 법인의 정관에 의하면 법인의 목적은 A 고교의 정보화교육을 지원하는 것이고, 대표권은 이사가 공동으로 행사하도록 되어 있다. 법인의 이러한 목적은 등기되어 있으나, 대표권의 행사와 관련된 사항은 등기되어 있지 않다. 그후 甲은 법인을 운영하는 과정에서 丙이 이자를 시중예금금리 보다도 훨씬 높게 주겠다고 하자 단독으로 B 법인을 대표하여 법인기금 중 1억원을 이자 연 20%, 변제기 1년 후로 정하여 丙에게 대여하였다. 乙이 甲의 행위가 위법하다고 하면서 丙에게 대여금의 즉시 반환을 요구하는데 丙은 이에 응해야 하는가?

◎ 법인(法人, legal person)의 권리능력의 시기는 법인의 설립행위(발기인조합과 정관 작성)와 주무관청의 허가 그리고 설립등기가 이루어진 때이며, 종기는 해산과 청산 그리고 청산종결등기가 된 때이다. 재단법인(foundation)은 설립행위에 재산의 출연이 포함된다.

◎ 법인의 권리능력의 범위는 법률의 규정과 정관 상의 목적 범위내에 의하여 제한되지만, 목적을 수행하는데 있어서 직접 간접으로 포함되는 행위도 모두 포함된다. 목적 범위를 초과하는 행위는 법인에 귀속되지 않고 대표기관의 불법행위책임을 발생시킨다.

◎ 법인의 기관은 이사, 사원총회, 감사 등이 있다(재단법인은 이사와 감사).

이사는 법인의 업무를 집행하며, 업무집행은 이사의 과반수로 결정하고, 법인대표권은 이사 각자가 가지는 것이 원칙이고 정관으로 제한할 수 있으나 등기되지 않으면 제3자에게 대항하지 못한다.

◎ 모교의 정보화 교육을 지원하기 위한 기금을 증식하기 위한 이자부 소비대차계약은 법인의 목적에 간접적으로 필요한 행위라고 할 수 있다. 乙이 이의를 제기하여도 그 계약은 효력을 상실하지 않는다. 그리고 丙이 계약 체결 당시 B 법인의 목적과 대표행위의 방법에 관한 정관 규정을 알았다고 하더라도 丙은 B 법인에 대하여 소비대차계약에 관한 이행을 청구할 수 있다. 따라서 즉시 반환을 하지 않아도 된다.

(3-2)
　甲은 A 재단법인을 설립하기 위하여 그 명의로 등기된 X 부동산을 A 재단법인을 위하여 출연할 의사를 표시하였다. A 재단법인이 설립등기를 하기 전에 甲의 채권자 乙이 X 부동산을 압류하였다. A 재단법인은 乙에 대하여 자신이 출연받은 부동산이라고 하면서 이의(제3자이의의 소와 강제집행정지)를 제기할 수 있는가?

◎ 재단법인에 부동산을 출연하는 경우 출연자와 재단법인 사이에서는 부동산이 법인설립등기가 된 때 귀속되지만 외부적으로는 재단법인 명의로 등기가 되어야만 한다.

◎ 따라서 甲이 생전처분으로 재단법인을 설립하는 경우 X 부동산은 원칙적으로 법인의 설립등기시에 A 법인에 귀속되고, 유언으로 재단법인을 설립하는 경우에 원칙적으로 甲이 사망하면 A 법인에 귀속된다. 그러나 X 부동산이 제3자에 대한 관계에서도 A 법인에 귀속되기 위해서는 법인설립등기 외에도 이전등기를 필요로 한다. 甲의 채권자는 X 부동산이 A 법인의 명의로 등기되기 전이라도 X 부동산에 대하여 강제집행 할 수 있다. 다만 유언에 하여 부동산을 출연하였는데 출연자의 상속인이 재단법인 명의로

등기되기 전에 처분한 경우 그 상대방이 악의인 경우에는 재단법인은 자신의 부동산이라고 주장할 수 있다.

(3-3)
A 법인은 자신의 채무를 변제하지 않기 위해 B 법인을 따로 설립하고 A 법인의 채권만을 인수하고 동일한 인적 물적 조직으로 업무를 계속하고 있다. A 법인의 채권자는 B 법인에 대하여 채무이행을 청구할 수 있는가?

◎ 법인의 형태를 이용하여 이득을 취하는 배후자에게 책임을 묻기 위한 이론을 법인격부인론 혹은 법인격남용론(lifting of the corporate veil)이라고 한다.

◎ 외견상으로는 별개의 법인이라 하더라도 실질적으로 그 배후에 있는 다른 법인의 도구에 불과하거나 법률 적용을 회피하기 위한 수단으로 쓰이는 경우 두 법인 사이의 동일성을 평가한 결과 별개의 법인격이 형해화된 경우로 판단되거나, 지배성 등을 평가한 결과 법인격을 남용한 경우에는 별개의 다른 법인에 대하여도 책임을 물을 수 있다.

◎ 따라서 A 법인의 채권자는 B 법인에 대하여 A 법인과의 채권의 이행을 청구할 수 있다. ★

(3-4)
A 재건축조합(법인 설립등기가 됨)의 대표자 甲은 시공을 맡은 건설회사가 공사자금을 빌리는데 A 재건축조합의 연대보증이 필요하다고 하자 공사를 빨리 진행시키기 위하여 총회나 대의원회의의 결의 없이 건설회사가 돈을 빌리는데 조합 명의로 연대보증하였다. 건설회사가 부도가 나자 건설회사의 돈을 빌려준 채권자가 조합에 대하여 보증채무의 이행을 청구하였다. 조합은 대표자 甲의 불법행위를 이유로 채무를 갚을 수 없다고 한다. 채권자는 빌려 준 돈을 조합으로부터 받을 수 있는가?

★ 대법원 2006. 7. 13. 선고 2004다36130 판결 [부당이득금반환]
대법원 2001. 1. 19. 선고 97다21604 판결 [매매대금]
대구고등법원 2007. 11. 16. 선고 2006나7366 판결 [매매대금]

◎ 법인의 대표기관이 직무에 관하여 타인에게 손해를 가한 경우 법인이 책임을 진다. 이것을 법인의 불법행위책임이라고 한다. 직무는 법인의 업무라는 것과 외형상 관련성이 있으면 되며, 타인이 이에 대하여 선의이고 중과실이 없어야 한다(조금만 주의를 기울였더라면 금방 알 수 있는 경우가 아니어야 한다).

◎ 법인의 불법행위책임 성립되는 경우 이사 기타 대표자도 법인과 연대하여 책임을 진다. 법인이 손해배상을 한 경우 대표기관의 선관주의의무 위반으로 구상권을 행사할 수 있다.

◎ 법인의 불법행위책임이 성립되지 않는 경우 대표기관 개인이 책임을 지는데, 의결에 찬성한 이사 기타 대표자나 사원도 연대하여 책임을 진다. 다만 사원총회에서 단순히 찬성하였을 뿐인 사원은 적극 가담한 경우가 아니라면 책임을 지지 않는다.

◎ A 조합의 연대보증은 총회나 대의원회의의 결의가 없어서 무효이지만, 대표자인 甲이 시공회사의 원활한 자금 운용을 위하여 보증행위를 한 것이어서 대표자의 직무행위에 관한 것으로 볼 수 있고 따라서 A 조합은 불법행위책임을 지므로 보증금채무에 상당하는 손해배상을 하여야 한다. 다만 건설회사의 채권자가 A 조합 내부의 결의가 없다는 것을 안 경우에는 책임이 없다. 이 경우 채권자의 과실을 고려하여 배상책임액이 조정되는 과실상계가 이루어질 수도 있다.

(3-5)
  A 교회의 담임목사의 부정과 비리를 비판하는 교인들이 담임목사의 사임과 횡령재산의 반환을 요구하고 있으나, 담임목사는 이에 응할 수 없다고 하고 자신을 지지하는 교인들로 예배등 교회업무를 처리하고 있다. 비판하는 교인들의 수가 전체 교인들의 70%가 되는 상황인데, 어떻게 하면 좋을까?

◎ 종중, 교회, 자연부락, 어촌계 등이 법인으로서의 실체를 갖추고 있으나 설립등기를 하지 않는 경우가 많은데 이를 법인 아닌 사단(비법인사단)이라고 하며, 사단법인의 규정을 유추적용할 수 있다.

◎ 이러한 비법인사단의 재산은 그 사단의 사원의 총유에 속한다(communal ownership). 총유물의 관리 처분에는 정관 기타 규약에 정해진 것이 없으면 총회의 결의로 하여야 한다. 총유물의 보존행위도 사원총회의 결의를 거쳐야 한다. 소송을 하려면 전원이 당사자가 되어야 한다(단 민사소송법의 규정에 의하여 비법인사단의 명의로 할 수 있다). 다만 판례는 재건축조합의 채무부담행위와 채무보증행위 그리고 채무승인은 관리 처분에 해당하지 않는다고 한다.

◎ 교회는 비법인사단에 해당하므로, 총유 개념에서 볼 때 탈퇴만 있을 뿐이며 교회의 분열은 허용되지 않는다. 다만 판례는 2/3 이상의 교인들이 기존 교단을 탈퇴하자고 결의하는 경우에는 종전 교회의 재산은 탈퇴한 교인들의 총유가 된다.

◎ 따라서 비판하는 교인들이 2/3 이상의 동의로 기존 교단을 탈퇴하고 신설 교회를 설립하는 결의를 하면 된다. ★

★ 대법원 2006. 4. 20. 선고 2004다37775 전원합의체 판결 [소유권말소등기]

4. 원물(元物)과 과실(果實) [1-4]

(4-1)
　甲의 소유 임야가 포함된 지역이 국립공원으로 지정되어 사용과 개발에 제한을 받
게 되었다. 국립공원관리공단은 이 지역을 출입하는 사람들로부터 입장료를 받고 있
다. 이에 甲은 국립공원관리공단을 상대로 국립공원입장료를 자신에게 분배해 달라고
청구하려고 한다.

◎ 물건으로부터 생기는 경제적 수익을 과실이라 하고, 그 물건을 원물이라
　한다. 그중 물건의 사용대가로 받는 임료, 지료, 이자 등을 법정과실이라
　한다. 권리의 과실(주식배당금, 특허권사용료)이나 노동의 대가(임금)는 과
　실이 아니다.

◎ 천연과실(과수의 열매)은 원물로부터 분리되는 때 수취권자에게 귀속되며,
　법정과실은 수취할 권리의 존속기간의 일수의 비율로 귀속된다. 돼지농장
　의 돼지 전체를 담보로 돈을 빌린 경우(유동집합물양도담보권, floating
　lien) 돼지가 낳은 새끼는 채권자(양도담보권자)에게 귀속되지 않고 농장
　소유자에게 귀속된다. 농작물은 토지의 과실로 토지소유자에게 귀속되나,
　판례는 타인의 토지 위에 권한 없이 농작물을 경작한 경우에 경작자에게
　귀속된다고 한다. 토지매수인이 대금을 완전 지급하지 않은 경우에 토지의
　과실은 매도인에게 속한다. 저당권자는 과실수취권이 없으나, 저당권을 근
　거로 경매를 시작하여 압류되면 그 이후의 과실은 경락인에게 속한다.

◎ 입장료는 토지의 사용대가와 같은 민법상 과실이 아니라 수익자 부담의 원칙에 따라 입장료를 받아서 국립공원의 유지·관리비용의 일부를 국립공원 입장객에게 부담시키는 것으로 토지의 소유권이나 그에 기한 과실수취권과는 아무런 관련이 없다. ★

★ 대법원 2001. 12. 28. 선고 2000다27749 판결 [공원입장료분배청구]

5. 명의신탁

--- 관련 주제 : 부동산실명제, 금융실명제, 중간생략등기, 보증, 구상

(5-1)

甲은 乙로부터 밭을 매수하고자 하는데 농지취득자격이 없어서 丙의 이름을 빌려서 농지매매계약을 체결하였다. 乙이 丙과 계약하고 丙 명의로 소유권이전등기 해주었는데, 丙이 나중에 이 밭을 임의로 처분하여 버렸다. 甲은 丙에 대하여 어떠한 권리를 주장할 수 있는가?

◎ 부동산실명법에 따라 부동산의 거래는 타인의 이름을 빌려서 할 수 없다. 단 부부 사이나 종중과 종원 사이에는 가능하다. 타인의 이름을 빌려서 한 부동산매매계약은 무효이다. 그래서 두 사람 사이에 합의로 자신의 재산을 그 사람 이름으로 해 놓은 경우(양자간 명의신탁)는 무효이고 말소등기청구를 할 수 있다.

◎ 그런데 매도인인 제3자가 매수인과 실제 매수인 사이를 아는 경우와 모르는 경우 즉 매수인이 자신의 이름을 빌려 준 사람인지 어떤지를 아느냐 모르느냐에 따라 실제 매수인의 권리가 달라질 수 있다. 매도인이 매수인의 명의수탁사실(명의대여사실)을 아는 경우(3자간 명의신탁)에 이 계약 역시 무효이며 소유권은 여전히 매도인에게 보유되고 있는 것이 된다. 이때 명의신탁자(명의차용인)는 매도인에 대하여 소유권이전등기청구를 하고 형식상 매수인에 대하여는 매도인을 대위하여 말소등기청구를 하면 된다. 더

욱이 명의수탁자가 그 사이에 부동산을 처분해버려도 횡령죄가 성립되지 않는다. 하지만 세법상으로는 명의신탁자의 소유로 보고 세금이 부과될 수 있다.

◎ 매도인이 명의수탁사실을 모르는 경우(계약명의신탁)에는 그 매매계약은 유효하므로, 실제 매수인(명의신탁자)은 명의대여자인 형식상 매수인에 대하여 소유권을 이전받을 수 없고, 매수금액 상당의 부당이득반환청구만 할 수 있을 뿐이다. 그리고 시가상승분은 청구할 수 없다.

◎ 계약명의자가 명의수탁자로 되어 있다 하더라도 계약당사자를 명의신탁자로 볼 수 있다면 이는 3자간 등기명의신탁이 된다. 따라서 계약명의자인 명의수탁자가 아니라 명의신탁자에게 계약에 따른 법률효과를 직접 귀속시킬 의도로 계약을 체결한 사정이 인정된다면 명의신탁자가 계약당사자라고 할 것이므로, 이 경우의 명의신탁관계는 3자간 등기명의신탁으로 보아야 한다.

◎ 명의신탁 약정 자체가 무효이기는 하나 그 자체로 선량한 풍속 기타 사회질서에 위반하지는 않는다고 본다. 왜냐하면 명의신탁약정과 그 등기에 기한 물권변동만을 무효로 하고 명의신탁자가 다른 법률관계에 기하여 등기회복 등의 권리행사를 하는 것까지 금지하지는 않는 대신, 명의신탁자에 대하여 행정적 제재나 형벌을 부과함으로써 사적자치 및 재산권보장의 본질을 침해하지 않도록 규정하고 있기 때문이다. 따라서 부동산실명제가 부동산등기제도를 악용한 투기·탈세·탈법행위 등 반사회적 행위를 방지하는 것 등을 목적으로 제정되었다고 하더라도, 무효인 명의신탁약정에 기하여 타인 명의의 등기가 마쳐졌다는 이유만으로 그것이 당연히 불법원인급여에 해당한다고 볼 수 없다.

◎ 따라서 매도인 乙이 甲(명의신탁자)의 존재사실을 아는 경우에 한해서 甲은 밭의 소유권을 이전받을 방법이 있을 뿐이나, 丙이 처분해버리면 소유권을 확보할 방법이 없다. ★

(5-2)
① 甲은 乙의 이름으로 은행에 예금을 하였다. 乙이 사례를 요구하며 예금출금을 도와주지 않고 있는 경우에 甲은 직접 은행에 대하여 예금반환청구를 할 수 있는가?
② 甲은 대출한도와 규제 등 상황으로 乙의 이름으로 은행으로부터 대출을 받았다. 乙이 대출금을 갚지 못하는 경우 은행은 甲에 대하여 대출금반환청구를 할 수 있는가?

◎ 금융실명법에 따라 타인의 이름으로 금융거래를 할 수 없다. 그러나 은행은 출연자와 실제 예입행위자(예금명의자)가 같은지를 확인할 수 없으므로 실제 돈의 주인이 누구인지 문제가 생긴다. 금융실명법 하에서는 원칙적으로 예금명의자가 예금의 소유자이다. 다만 극히 예외적으로 은행과 출연자 사이에서 예금명의자의 돈이 아니라는 합의가 있고 엄격한 증명이 있는 경우에만 출연자의 돈이라고 볼 수 있으나, 인정되기가 어려울 것이다. 물론 은행 관계자가 금융실명법 위반으로 처벌받는 것은 다른 문제다.

◎ 한편 차명대출의 경우 대출명의자는 자신이 진정으로 주채무자가 되겠다는 의사 없이 한 것이어서 진의 아닌 의사표시이고 은행이 비진의임을 알

★ 대법원 1964. 10. 1. 선고 64다563 전원합의체 판결 [손해배상]
  대법원 1997. 7. 25. 선고 97다4357,4364 판결 [손해배상(기)·소유권이전등기]
  대법원 1999. 6. 17. 선고 98다40459 전원합의체 판결 [소유권이전등기]
  대법원 2003. 11. 27. 선고 2003다41722 판결 [소유권이전등기]
  대법원 2010. 10. 28. 선고 2010다52799 판결 [소유권말소등기등]
  대법원 2013. 2. 28. 선고 2010다89814 판결 [매매잔대금]
  대법원 2015. 2. 26. 선고 2014다63315 판결 [가등기에기한본등기절차이행] <명의신 탁자의 소유권이전등기청구권 확보를 위한 가등기 사건>
  대법원 2016. 5. 19. 선고 2014도6992 전원합의체 판결 [횡령] <중간생략등기형 명 의신탁에서 신탁부동산의 임의처분 사건>
  대법원 2016. 9. 28. 선고 2015다65035 판결 [근저당권말소]
  대법원 2018. 3. 22. 선고 2014두43110 전원합의체 판결 [취득세등부과처분취소]

수 있었으므로 무효라고 주장할 수 있겠으나, 경제적 효과를 실질적 채무자에게 귀속시키려는 의사일 뿐이고 법률상의 효과까지 타인에게 귀속시키려는 의사가 아니라고 인정되어서 은행이 대출명의자의 내심을 알 수 있었다고 보기 어려워 진의 아닌 의사표시로 인정될 수 수 없어서 주채무자로서의 책임을 면할 수 없다. 그러나 은행의 양해 하에 대출명의자에게 책임을 묻지 않겠다는 합의가 있다면 통정허위표시(simulation)에 해당되어 대출계약은 무효가 된다. 한편 명의차용자(실제 대출금 사용자)가 대출금을 변제하더라도 대출명의자에게 대하여는 구상권을 행사할 수 없다. 또 연대보증인이 있어서 그가 변제한 경우에 대출명의자에게 귀책사유가 있다면 대출명의자는 구상의무가 있을 수 있다. 또 형식상의 주채무자가 실질적 주채무자에 대하여 보증의 의사까지 있는 것으로 볼 수는 없다.

◎ ①의 경우에는 甲은 예금반환청구를 할 수 없으며, ②의 경우에는 은행과 명의차용자인 甲과의 주채무변제 합의가 인정된다면 甲이 책임을 져야 한다. ★

★ 대법원 2015. 7. 23. 선고 2014다212438 판결 [사해행위취소]
  대법원 2010. 5. 13. 선고 2009다92487 판결 [대여금]
  대법원 2008. 6. 12. 선고 2008다7772,7789 판결 [채무부존재확인등·대여금]

6. 법률행위의 목적의 후발적 불능 [1-5-1, 3-2-1-3]

(6-1)

甲은 乙에게 외국 수입 물품을 판매하는 계약을 체결하고 계약금을 받았는데, 수입 물품을 실어 오던 선박이 해상에서 전복하여 물품을 인도할 수 없게 되었다. 甲은 물품의 나머지 잔금을 청구할 수 있는가?

◎ 법률행위의 내용 및 목적은 행위 당시에 실현 가능한 것이어야 한다. 실현 불가능한 즉 불능인 것은 무효이다. 불능 여부에 대한 판단기준은 사회통념이며, 물리적으로 가능하더라도 사회통념상 불가능하면 법률적으로 불능이다.

◎ 행위 당시 이미 불능이면 원시적 불능이라 하고, 행위 후 이행 전에 불능이면 후발적 불능이라 한다. 해당 채무자만이 실현할 수 없는 것을 주관적 불능, 어느 누구도 실현할 수 없는 것을 객관적 불능이라 한다.

◎ 원시적 객관적 전부불능이면 무효이며, 계약체결 상의 과실 책임 즉 불능을 알았거나 알 수 있었을 자는 상대방이 계약의 유효를 믿었음으로 인하여 받은 손해를 배상하여야 한다.

◎ 원시적 객관적 일부불능이면 계약은 유효하고, 일부불능 부분에 대하여 하

자담보책임을 진다. 원시적 주관적 불능은 타인의 권리의 매매의 경우인데 유효하며, 권리를 취득하여 이전할 책임을 지고 이전할 수 없을 경우 담보책임을 진다.

◎ 후발적 객관적 불능이면 채무자의 귀책사유가 없으면 위험부담의 문제로 되는데, 채무자(매도인, 물건인도의무자)가 그 위험을 부담하여 상대방의 이행을 청구하지 못한다.

◎ 따라서 甲은 잔금 지급 청구를 할 수 없으나, 이미 이행 받은 것은 부당이득으로 반환하여야 한다.

7. 법률행위의 목적의 사회적 타당성(violation of public policy) [1-5-1]

> **(7-1)**
> 甲은 운영 중인 사업체가 부도위기에 몰리자 급전이 필요하여 대부업자로부터 이자제한법 상의 제한최고이율에 월 5%의 이자율을 더한 이율로 돈을 빌렸다. 이 이율로 이자만을 변제하다가 결국 대출금을 갚지 못하였다. 대부업자가 대출금의 청구를 하였는데, 甲이 계산해보니 그동안 이자로 지급한 돈의 합계가 제한최고이율로 산정한 원리금을 넘어서는 것을 알았다. 甲은 대출원금과 이자를 다 갚았다고 주장하며 오히려 초과하는 금액의 반환을 청구할 수 있을까?

◎ 선량한 풍속 기타 사회질서에 위반하는(公序良俗 위반, 반사회질서) 법률행위는 무효다. 공서양속 위반의 행위로는 형법상 범죄행위를 목적으로 하는 계약, 혼인질서나 가족질서에 반하는 계약(부첩계약), 윤락행위를 목적으로 하는 계약, 생존의 기초가 되는 재산의 처분행위, 지나친 사행행위, 제2매수인이 이중매매에 적극 가담한 경우 등이 있다. 그리고 이자제한법 상의 제한최고이율을 초과한 이율로 이자를 받기로 하는 대출계약도 이에 해당한다.

◎ 이러한 반사회질서의 행위는 무효이므로, 이행하기 전이라면 이행할 필요가 없으며, 이미 이행한 경우라도 불법원인급여이기 때문에 부당이득반환청구나 소유권에 기한 반환청구를 할 수 없다. 그러나 상대방에게만 불법

의 원인이 있거나, 상대방의 불법성이 급여자의 불법성보다 현저히 크다고 평가되는 경우에는 반환청구를 할 수 있다.

◎ 대부업자의 불법성이 돈을 빌린 사람의 그것 보다 크다고 인정될 수 있어서, 甲은 제한최고이율을 초과한 이율로 지급한 돈이 제한최고이율의 범위 내의 원리금을 넘어선 경우 그 초과된 부분의 반환을 요구할 수 있다. ★

(7-2)
　甲은 해외에서의 교육훈련 목적으로 회사의 파견허가를 받으면서 귀국 후 해외 근무기간에 해당하는 기간의 국내 근무와 그 기간 내 퇴직시 교육훈련비 등 소요경비의 반환 의무를 약속하고 해외에 근무하였다. 귀국 후 국내의 다른 회사가 더 좋은 보수 조건을 제시하여 회사에 사직서를 제출하였는데 회사는 약정한 근무기간이 지나지 않았으므로 퇴직할 수 없으며, 퇴직하는 경우 해외 근무기간 중 지급받은 임금을 모두 반환하라고 한다. 甲은 이 임금을 모두 반환하여야만 퇴직하고 다른 회사로 이직할 수 있을까?

◎ 근로기준법에는 강제근로의 금지(사용자는 폭행, 협박, 감금, 그 밖에 정신상 또는 신체상의 자유를 부당하게 구속하는 수단으로써 근로자의 자유의사에 어긋나는 근로를 강요하지 못한다.), 위약 예정의 금지(사용자는 근로계약 불이행에 대한 위약금 또는 손해배상액을 예정하는 계약을 체결하지 못한다.), 전차금 상계의 금지(사용자는 전차금(前借金, 금전대여채권)이나 그 밖에 근로할 것을 조건으로 하는 전대(前貸)채권과 임금을 상계하지 못한다.) 등의 규정이 있다. 이를 위반한 근로계약은 무효이다.

◎ 해외에서의 교육훈련 파견근무기간에 해당하는 기간의 근무와 그 기간 내의 퇴직시 교육훈련비의 반환 약정은 소요경비의 반환채무의 면제기간을 정한 것으로서 근로기준법 위반도 아니며, 반사회질서의 법률행위도 아니어서 무효가 아니라고 보고 있다. 다만 약정한 근무기간 이전에 퇴직하는

★ 대법원 2007. 2. 15. 선고 2004다50426 전원합의체 판결 [대여금반환]

경우 사용자에게 어떤 손해가 어느 정도 발생하였는지에 관계 없이 바로 소정 금액을 지급하기로 하는 것이거나, 약정 근무기간이 합리적이고 타당한 범위를 벗어난 경우에는 근로기준법에 위반하는 것이고 또 공서양속위반의 법률행위가 될 수 있다.

◎ 교육비용의 전부 또는 일부를 근로자로 하여금 상환하도록 한 부분은 근로기준법 제24조에서 금지된 위약금 또는 손해배상을 예정하는 계약이 아니므로 유효하지만, 임금 반환을 약정한 부분은 기업체가 근로자에게 근로의 대상으로 지급한 임금을 채무불이행을 이유로 반환하기로 하는 약정으로서 실질적으로는 위약금 또는 손해배상을 예정하는 계약이므로 근로기준법 제24조에 위반되어 무효이다. 또 근로자가 의무복무기간을 근무하지 아니할 경우에 파견한 기업체로부터 지급받은 기본급 및 수당을 반환하여야 한다는 약정 역시 근로자에게 근로의 대가로 지급한 임금을 채무불이행을 이유로 반환하기로 한 것으로서 실질적으로는 위약금 또는 손해배상을 예정하는 계약이라고 할 것이므로 근로기준법 제24조에 위반되어 무효이다.

◎ 따라서 甲은 귀국 후 국내 근무기간에 비례하는 소요경비를 제외한 나머지는 반환하여야 한다. ★

★ 대법원 1996. 12. 6. 선고 95다24944,24951 판결 [퇴직금·교육훈련비등]

8. 불공정한 법률행위(unconscionability)와 무효행위의 전환

[1-5-1, 1-5-4]

> **(8-1)**
> 재건축조합이 아파트재건축에 꼭 필요한 곳이라고 여겨지는 토지를 그 사정을 알고서 미리 사둔 조합원의 친척인 甲에게 하는 수 없이 시가의 10배를 주고 매수하였다. 재건축이 끝난 후에 조합은 甲에게 부당이득반환청구를 할 수 있을까?

◎ 상대방의 궁박, 경솔, 무경험을 이용하여 현저하게 공정을 잃은 행위(폭리행위)는 무효이다. 궁박이란 급박한 곤궁으로 경제적 원인 뿐만 아니라 정신적 심리적 원인에 기인하여도 되며, 경솔이란 보통인이 하는 고려요소를 하지 않은 심리상태를 말하고, 무경험이란 거래 일반에 대한 경험부족을 뜻한다. 급부 사이의 현저한 불균형과 궁박 경솔 무경험의 판단 기준시기는 법률행위시이며 사후의 외부적 환경의 급격한 변화가 고려되지 않는다. 폭리자는 피해자에 대하여 자기가 한 급부의 반환을 청구할 수 없지만, 피해자는 폭리자에 대하여 이미 한 급부의 반환을 청구할 수 있다.

◎ 무효인 법률행위라고 하더라도 다른 법률행위의 요건을 구비하고 당사자가 그 무효를 알았더라면 다른 법률행위를 하였을 것이라고 인정될 때 다른 법률행위로서 효력을 인정하는 것을 무효행위의 전환이라고 한다. 약정된 매매대금의 과다로 인해 불공정한 법률행위로 판단되어도 조금 완화된

다른 금액으로 정하여 매매계약을 했을 것이라고 인정된다면 그 금액으로 하는 매매계약이 유효하게 성립한 것으로 볼 수 있다.

◎ 따라서 재건축조합이 알박기 행위(hold out)를 한 甲과 체결한 매매계약은 불공정한 법률행위로 간주될 수 있으나, 재건축사업을 위해 적정한 금액을 정하여 매매는 하였어야 하므로 그 금액을 초과하는 부분에 한해서 부당이 득반환을 받을 수 있다. ★

★ 대법원 2010. 7. 15. 선고 2009다50308 판결 [부당이득금반환]

9. 진의 아닌 의사표시(비진의표시)와 통정허위표시 (simulation) [1-5-2]

(9-1)

　甲은 회사에 손해를 끼쳐서 징계를 받게 될 우려가 있었는데 회사의 임원이 미리 작성한 쪽지의 내용에 따른 사직서 작성을 요구하였다. 甲은 사직을 진정으로 마음속에서 바라지는 않았는데 회사의 요구대로 사직서를 제출하였다. 결국 甲은 퇴사처리되었다. 갑은 이 사직서 제출에 대하여 다툴 수 있는가?

(9-2)

　물의를 일으킨 사립대학의 교수가 징계절차에서 다투지 않고 사직원이 수리되지 않을 것이라고 믿고 사태수습을 위하여 형식상 이사장 앞으로 사직원을 제출하였다. 그런데 이사회에서는 사직서를 수리하였다. 이 교수는 면직처리되었는데 이를 다툴 수 있는가?

◎ 표의자가 진의 아님을 알고 한 의사표시도 효력이 있다. 다만 상대방이 진의 아니라는 점을 알았거나 알 수 있었을 경우에는 무효이다. 그런데 진의란 특정한 내용의 의사표시를 하고자 하는 표의자의 생각을 말하는 것이지, 표의자가 진정으로 마음 속에서 바라는 사항을 뜻하는 것은 아니라고 한다. 그래서 표의자가 의사표시의 내용을 진정으로 마음 속에서 바라지는 않았다고 하더라도 당시의 상황에서는 그것이 최선이라고 판단하여 그 의사표시를 하였다면 그 의사표시는 내심의 효과의사가 결여된 진의 아닌 의사표시라고 할 수 없다.

◎ 한편 사직의 의사 없는 근로자로 하여금 어쩔 수 없이 사직서를 작성, 제출케 하였다면 실질적으로 사용자의 일방적인 의사에 의하여 근로계약관계를 종료시키는 것이어서 해고에 해당한다. 그러나 사용자가 사직서 제출에 따른 사직의 의사표시를 수락함으로써 사용자와 근로자의 근로계약관계는 합의해지에 의하여 종료되는 것이므로 사용자의 의원면직처분을 해고라고 볼 수 없다.

◎ 甲이 사직서 작성을 거부하고 징계절차에서 징계사유를 다투는 것이 가능했는데도 요구에 응하여 사직서를 작성·제출하였고, 회사와 법적 다툼으로 가기보다 재취업하는 것이 더 낫다고 판단하였다는 등 사직서를 제출할 경우와 그렇지 않은 경우의 득실 등을 고려하여 당시 상황에 비추어 징계절차에 회부되는 대신에 사직 권유를 받아들여 스스로 사직하여 실업급여를 수령한 후 재취업을 하는 것이 최선이라고 판단하여 본인의 의지로 사직의 의사표시를 하였다고 볼 수 있는 사정이 있다면 근로계약관계는 사직서 제출 및 수리에 의한 합의해지에 따라 종료되었다. ★

교수의 경우 학교법인에서 진의 아닌 의사표시임을 알았거나 알 수 있었던 경우가 아니라면 사직의 의사표시대로 효력이 발생한다.

(9-3)
甲은 乙에게 건물을 임대차보증금 6,500만 원 등으로 정하여 임대하였는데, 乙은 언니인 丙에게 실제로는 양도할 의사 없이 형식적으로 위 임대차보증금반환채권을 양도하는 계약을 체결하였고, 甲에게 그 양도사실을 통지하였다. 그런데 丁이 丙에 대한 판결정본에 기하여 丙이 양수한 임대차보증금반환채권에 관하여 채권압류 및 추심명령을 받았고, 그 명령은 甲에게 송달되었다. 丁이 甲에게 추심금지급청구를 하자 甲은 임대차보증금반환채권양도가 통정허위표시로서 무효이므로 지급할 수 없다고 한다. 丁은 甲으로부터 돈을 받을 수 있는가?

★ 대법원 2001. 1. 19. 선고 2000다51919,51926 판결 [해고무효확인]

◎ 상대방과 통정한 허위의 의사표시는 무효이나, 선의의 제3자에게 대항하지 못한다. 허위표시로 급부한 자는 부당이득반환청구를 할 수도 있고, 소유권에 기한 반환청구도 할 수 있다. 통정허위표시에 대하여는 누구든지 그 무효를 주장할 수 있는 것이 원칙이나, 허위표시의 당사자와 포괄승계인 이외의 자로서 허위표시에 의하여 외형상 형성된 법률관계를 토대로 실질적으로 새로운 법률상 이해관계를 맺은 선의의 제3자에 대하여는 허위표시의 당사자뿐만 아니라 그 누구도 허위표시의 무효를 대항하지 못한다. 통정허위표시를 선의의 제3자에게 대항하지 못하게 한 취지는 이를 기초로 하여 별개의 법률원인에 의하여 고유한 법률상의 이익이 있는 갖는 법률관계에 들어간 자를 보호하기 위한 것이다.

◎ 제3자의 범위는 허위표시행위를 기초로 하여 새로운 법률상 이해관계를 맺었는지 여부에 따라 실질적으로 파악하여야 한다. 그리고 제3자가 악의이더라도 전득자가 선의이면 대항할 수 없고, 제3자는 선의이나 전득자가 악의이더라도 전득자에게 대항할 수 없다. 임대차보증금반환채권이 양도된 후 그 양수인의 채권자가 임대차보증금반환채권에 대하여 채권압류 및 추심명령을 받았는데 그 임대차보증금반환채권 양도계약이 허위표시로서 무효인 경우 그 채권자는 그로 인해 외형상 형성된 법률관계를 기초로 실질적으로 새로운 법률상 이해관계를 맺은 제3자에 해당하는데, 통정허위표시에 대하여 丁이 선의인지 여부에 따라서 지급이 결정될 것이다.

(9-4)
　甲은 乙에 대하여 채무를 지고 있었는데, 乙이 甲 소유의 부동산을 강제집행할 태도를 보이자 그 부동산에 대하여 자신의 처남 丙을 채권자로 하는 허위의 근저당권을 설정하고, 친구 丁을 가장임차인으로 하여 임대차계약을 작성하고 확정일자 및 전입신고를 받게 하였다. 이후 乙이 그 부동산을 가압류하고 판결을 받았다. 그 부동산의 제1순위 근저당권부 채권자인 은행이 부동산에 대하여 경매신청하였는데, 丙과 丁이 선순위로 배당을 받아가는 바람에 乙은 배당을 전혀 받지 못하였다. 乙이 丙과 丁을 상대로 취할 수 있는 방법은 무엇인가?

◎ 甲과 丙, 丁 사이의 행위는 통정허위표시로서 무효이다. 乙로서는 甲의 丙과 丁에 대한 행위를 채권자를 해하는 행위(사해행위)로서 사해행위취소소송을 제기하여 채권자취소권을 행사할 수 있다. 그러나 이미 배당까지 이루어진 경우 乙은 배당이의의 소를 제기하여 丙과 丁이 갑에 대하여 가진 채권이 무효이므로 배당받을 자격이 없고 따라서 그 부분 배당이 무효이고 새로운 배당표가 작성되어야 한다고 주장하여야 한다.

◎ 채무자가 채권자를 해함을 알면서 제3자와 채무자의 책임재산을 감소시키는 행위(사해행위)를 한 경우 채권자가 채무자와 제3자(수익자) 사이의 행위를 취소하고 일탈된 재산의 원상회복을 청구할 수 있는 권리가 채권자취소권이며, 취소원인을 안 날로부터 1년 이내에 법원에 소를 제기하여야 한다.

◎ 배당이의의 소는 배당기일에서 배당이의를 진술하고 배당기일로부터 7일 이내에 소송을 제기하여야 한다.

10. 착오로 인한 의사표시 [1-5-2] --- 관련 주제 : 화해계약의 취소

(10-1)

　의사의 치료행위 직후 환자가 사망하여 그 의사는 환자의 유족에게 거액의 손해배상금을 합의하고 지급하였다. 그런데 그후 환자의 사망이 의사의 치료행위와는 무관한 것으로 밝혀졌다. 이 경우 의사는 착오를 이유로 이 합의를 취소하고 배상금을 돌려 받을 수 있는가?

◎ 법률행위의 내용의 중요한 부분에 착오가 있는 경우에 취소할 수 있다. 그러나 착오가 표의자의 중대한 과실로 인한 때에는 취소하지 못한다. 그리고 취소하여도 선의의 제3자에게는 대항하지 못한다. 중요한 부분이란 표의자가 착오가 없었더라면 그러한 의사표시를 하지 않았을 것이라고 생각될 정도이고 또 일반인의 기준에서 보아도 그렇게 생각될 정도이어야 한다. 취소가 되면 법률행위는 처음부터 무효인 것으로 된다.

◎ 교통사고 등 상해사고와 관련하여 가해자가 피해자에게 손해배상금을 지급하고 피해자는 더 이상 민형사상의 일체의 문제를 제기하지 않는다고 하는 합의를 하는 경우가 많다. 이 때 이 합의를 법률상 화해계약이라고 한다. 그런데 화해계약이 성립되면 창설적 효력에 의하여 종전의 법률관계를 바탕으로 한 권리의무관계는 소멸하고, 새로운 법률관계가 생긴다. 그래서 화해계약이 상호간에 양보하여 성립된 때 그 내용이 잘못되었다는 이유로 다시 문제를 제기할 수 없다. 그래서 분쟁의 대상인 법률관계 자체

에 관한 내용의 착오를 이유로 취소할 수 없다. 다만 당사자의 자격, 분쟁의 전제나 기초가 된 사항에 관한 것이고 쌍방 당사자가 예정한 것이어서 상호 양보의 내용으로 되지 않고 다툼이 없는 사실로 양해된 사항이고 그것이 중요한 부분이라면 취소를 예외적으로 인정한다.

◎ 의사의 전적인 과실로 사고가 발생했다는 부분은 분쟁의 전제나 기초인 사항에 해당하고 직접 분쟁의 대상이 아니었고, 과실이 없다고 밝혀졌다면 중요한 부분의 착오로서 합의를 취소할 수 있고, 이미 지급한 합의금을 반환받을 수 있다. ★

(10-2)
　　매매계약을 체결하면서 매수인이 양도소득세를 부담하기로 약정하였는데, 서로 양해하였던 세금보다 훨씬 많은 금액이 매도인에게 세금으로 부과되었다. 매수인이 초과된 세금을 부담하지 않으려고 하는 경우 매도인은 착오에 의한 매매계약이라고 계약을 취소할 수 있는가?

◎ 법률행위를 하게 되는 동기에 관해서 착오를 일으킨 경우에 그 동기가 표시되고 중요한 부분이면 취소할 수 있다. 예외적으로 동기가 타인의 기망행위나 상대방의 부정한 방법으로 유발되거나 제공된 경우에는 동기가 표시되지 않더라도 취소할 수 있다

◎ 매도인과 매수인의 쌍방이 공통으로 착오를 일으킨 경우에는 공통하는 착오가 없었더라면 당사자가 약정했을 것으로 보이는 내용으로 수정하여 계약이 유지되도록 처리 한다. 쌍방의 정당한 이익 조정 의사를 고려한 계약의 보충적 해석을 통하여 계약이 착오로 취소되지 않도록 한다는 것이다.

★ 대법원 1990. 11. 9. 선고 90다카22674 판결 [채무부존재확인등]
　 대법원 1992. 10. 27. 선고 92다18719,18726 판결 [약정금,부당이득금]
　 대법원 1997. 4. 11. 선고 95다48414 판결 [손해배상(자)]

◎ 매도인에게 부과된 세금액수가 당초의 공통의 예상액을 고려하더라도 계약을 유지하였을 것이라고 인정되는 경우에는 매수인에게 그 초과 부분을 부담시키고 매도인에 의한 계약의 착오 취소가 인정되지 않을 수 있다. ★

★ 대법원 1994. 6. 10. 선고 93다24810 판결 [약정금]

11. 사기에 의한 의사표시 [1-5-2]

(11-1)
　아파트 분양을 받은 수분양자가 분양계약 당시에 분양회사는 아파트 단지 인근에
쓰레기매립장이 건설될 예정이라는 사실을 알려 주지 않았다. 이 경우 수분양자는 분
양회사가 기망행위를 했다는 이유로 아파트분양계약을 취소할 수 있는가?

◎ 타인의 기망행위로 인해 착오에 빠져서 의사표시를 하여 법률행위를 하게
되 경우 이를 취소할 수 있다. 기망행위란 적극적으로 허위의 사실을 날조
하는 것뿐만 아니라, 소극적으로 진실한 사실을 숨기는 것도 해당된다. 특
히 고지의무가 인정되는 경우에 그 내용을 알리지 않는 것과 같이 부작위
에 의한 기망도 성립된다. 이때 고지의무는 법령의 규정 뿐만 아니라 계약
상, 관습상, 조리상 일반원칙에 의해서도 인정될 수 있다. 그런데 상대방이
그 사실을 이미 알고 있거나, 스스로 확인할 의무가 있는 경우, 거래관행상
상대방이 당연히 알고 있을 것으로 예상되는 경우에는 고지의무 위반으로
볼 수 없다. 다만 수분양자가 가지는 전매이익에 영향을 미칠 수 있는 사
항은 고지하여야 할 중요한 내용으로 볼 수 없다.

◎ 분양회사는 아파트 인근의 쓰레기 매립장 건설예정 사실을 고지하여야 할
신의칙상의 의무를 부담하므로, 수분양자는 분양회사의 고지의무 위반으
로 인한 기망행위를 이유로 분양계약을 취소할 수 있으며, 분양대금의 반

환(부당이득반환)을 받을 수 있다.

◎ 한편 수분양자가 아파트분양계약의 취소를 원하지 않는 경우에는 분양회사의 불법행위를 이유로 손해배상청구를 할 수 있다. 손해액은 쓰레기 매립장의 건설을 고려한 아파트의 가치하락액 상당으로 보며, 그 후에 부동산 경기의 전반적인 상승에 따라 아파트의 시가가 상승하여 분양가격을 상회하게 되었다고 하더라도 손해가 발생하지 않았다고 할 수 없다. ★

★ 대법원 2006. 10. 12. 선고 2004다48515 판결 [손해배상(기)]

12. 강박에 의한 의사표시 [1-5-2]

(12-1)

　甲은 乙을 스승이자 도사로 따르면서 보시금 등 명목으로 돈을 주어 왔는데, 나중에 乙이 가짜 도인 행세를 한 것을 알게 되었다. 甲은 乙이 입원해 있는 병원에 가서 그동안 준 돈을 돌려주지 않으면 사기꾼으로 형사고소하고 방송국에 연락하여 희대의 사기꾼으로 보도되게 하겠다고 협박하였다. 乙은 건강상태의 악화와 명예 훼손 및 가족관계의 파탄 등이 두려워 甲에게 자신의 소유 집을 양도할 것을 약정하고 소유권이전등기 해주었다. 乙은 이후 사망하였다. 乙의 아들 丙이 아버지가 협박당해서 집을 넘겨주었다는 내용을 알았다. 丙은 甲을 상대로 등기말소청구소송을 제기하려고 한다.

◎ 해악을 고지하여 공포심을 일으키게 만들고 어떠한 행위를 강요하고 협박하는 강박행위를 통하여 법률행위를 하게 한 경우 표의자는 그 의사표시를 취소할 수 있다. 만일 이 강박의 정도가 의사결정을 제한하는 정도를 넘어서 박탈하는 데까지 다다르면 그 행위는 무효가 된다. 부정행위자를 고소 고발하겠다는 것은 정당한 권리행사이나 그것이 부정한 이익을 목적으로 하거나 목적이 정당하더라도 행위나 수단 등이 부당한 때에는 위법한 강박행위가 될 수 있다.

◎ 제3자의 사기 강박으로 인하여 상대방에 대하여 의사표시를 한 경우에는 상대방이 그 사실을 알았거나 알 수 있었을 경우에 한하여(상대방의 악의 과실) 의사표시를 취소할 수 있다. 이때 제3자가 상대방의 대리인이거나 계약체결 보조자 등 상대방과 동일시될 수 있는 사람이라면 제3자가 아니

라 상대방 측으로 보아서 막바로 취소할 수 있으나, 업무관련이 없는 단순 피용자라면 제3자에 해당하여 상대방의 악의 과실이 입증되어야 한다.

◎ 사기 강박에 의한 행위의 취소는 취소 원인이 종료된 날(강박 상태에서 벗어난 날)로부터 3년 이내에 하여야 하며(소송을 제기하여야 한다), 취소할 수 있는 취소권자는 사기 강박을 당하여 의사표시를 한 본인과 그의 승계인(상속인, 취소대상 권리의 승계인) 뿐이다.

◎ 甲이 乙에게 준 돈이 편취당한 것인지 여부가 불분명한 상황에서 그로 인한 손해배상을 내세워서 부동산 소유권 이전을 강요하는 행위는 부정한 이익의 취득을 목적으로 의무 없는 행위를 강요하는 것으로서 위법하다. 丙은 甲의 승계인이므로 3년의 기간 내이라면 등기말소청구소송을 제기할 수 있다. ★

★ 대법원 2008. 9. 11. 선고 2008다27301,27318 판결 [소유권이전등기등·소유권이전등기말소]

13. 대리행위 agent, 표현대리 apparent authority [1-5-3]

(13-1)

부산에 사는 甲은 서울에 있는 자기 소유의 오피스텔 201호에 살던 임차인이 나가자 관리인 乙에게 다른 임차인을 찾아 직접 계약하라는 대리권을 수여하면서 수임인란과 위임사항란이 공란으로 되어 있는 백지위임장과 인감증명 등 필요한 서류와 인감을 교부하였다. 乙은 마침 돈이 필요하던 차에 백지위임장을 이용하여 丙에게 오피스텔을 매도하여 버렸는데, 백지위임장의 공란에 오피스텔 201호 매매, 수임인란에 乙이라고 기재하여 丙에게 보여주었다. 그리고 丙으로부터 받은 매매대금을 임의 소비하여 버렸다. 丙은 乙이 보여주는 위임장, 인감, 인감증명서를 믿고 甲에게 오피스텔 매매사실을 확인하지 않고서 매매계약서를 작성하고 대금을 지급하였다고 한다. 丙이 甲에게 201호의 매매를 원인으로 한 소유권이전등기를 청구할 수 있는가?

◎ 본인(principal)이 대리인(agent)을 시켜서 자신에게 법률효과를 발생시키는 행위를 하게 하는 것을 대리행위라고 한다. 본인이 대리권을 수여하는 의사표시(수권행위)를 하고 일정한 업무 내용을 지시하게 된다. 그런데 본인을 대리할 수 있도록 법률로 정해진 대리권(법정 대리권)이 있는 사람들이 있는데, 친권자, 후견인, 일상가사대리권을 가지는 부부 등이 있다. 그리고 법원의 선임으로 대리권이 발생하는 경우로는 부재자 재산관리인, 상속재산관리인, 유언집행자 등이 있다. 대리인은 행위능력자일 필요가 없으므로(어차피 본인에게 법률효과가 발생되므로) 나중에 본인이 대리인이 제한능력자라는 이유로 대리행위를 취소할 수 없다.

◎ 대리인이 본인을 위해서 할 수 있는 행위의 범위 즉 대리권의 범위는 수권행위로 정해지며, 분명치 않은 경우 통상 보존행위 이용행위 개량행위 등의 관리행위를 할 수 있고 처분행위는 하지 못한다. 그래서 계약체결에 관한 대리권을 받은 경우 그 계약을 해제할 대리권은 없으나, 계약금을 수령하는 행위나 의사표시를 수령하는 권한은 포함된다.

◎ 대리권은 본인이 수권행위를 철회하거나, 본인이 사망하거나, 대리인의 사망 파산 성년후견개시로 소멸된다. 또 수권행위의 근거가 되는 본인과 대리인 사이의 기초적 내부관계가 종료되면 소멸된다.

◎ 대리행위는 현명의 방식(본인의 이름을 표시하고 대리인을 표시하는 것)으로 하는 것이 원칙이나, 대행적 대리(대리인의 이름만 표시), 서명대리(본인의 이름만 표시)의 방식으로 해도 상대방이 대리인으로서 한 것을 알았거나 알 수 있었을 때는 대리행위로서 유효하다.

◎ 대리인의 특정 행위에 대하여 실제 대리권이 없더라도 본인에게 책임을 지울만한 일정한 사유가 있으면 본인에게 효력이 발생시키는 것을 표현대리(表見代理)제도라고 한다. ① 본인이 상대방에 대하여 대리인에게 대리권이 있는 듯한 표시를 한 경우에 실제 대리권이 없더라도 본인이 대리인의 행위에 대하여 즉 상대방에 대하여 책임을 진다. 상대방이 대리권이 없음을 알았거나 알 수 있었을 경우에는 그렇지 않다. ② 또 대리인이 수권된 대리권의 범위를 넘어서는 행위를 한 경우, 상대방이 권한이 있다고 믿을만한 정당한 이유가 있다면 본인을 책임을 져야 한다(월권표현대리). ③ 대리권이 이미 소멸되었는데 상대방이 그것을 알지 못하였고 알지 못한데 과실이 없다면 본인이 이에 대하여 책임을 진다.

◎ 임대차계약의 대리권자가 매매계약을 체결한 경우 월권표현대리가 성립할

것인가에 대하여는 상대방에게 정당한 이유가 있는지에 관하여 평가를 하여야 한다. 통상 대리행위 당시 통상인을 기준으로 상대방에게 선의 무과실이 있으면 정당한 이유가 있다고 본다. 이때 계약의 본인에 대한 효과를 주장하는 상대방이 자신의 선의 무과실을 증명하여야 한다고 보는데, 학설은 본인이 상대방의 악의 과실 증명하여 책임을 면하여야 한다고 설명한다. 매매계약의 경우 본인에게 사실을 확인하지 않은 것은 과실이 있다고 인정될 수 있으므로, 丙은 甲에게 소유권이전등기 청구를 할 수 없다. ★

(13-2)

　甲의 처(妻)인 乙이 甲의 인장, 인감증명서, 주민등록증 등을 가지고 있음을 기화로 甲 몰래 甲 소유의 아파트를 담보로 제공하여 은행으로부터 돈을 대출받기로 마음먹고, 丙과 공모하여 甲의 주민등록증의 甲 사진을 떼어내고 그 자리에 丙의 사진을 붙인 다음 그 주민등록증 사본을 은행의 담당직원에 제출하는 방법으로 丙이 甲인 것처럼 가장하여 차용금증서에 甲의 인장을 날인하여 대출을 받았다. 은행은 甲에 대하여 대출금반환청구를 하고 있다. 甲은 이 대출금을 갚아야 할까?

◎ 부부 사이에는 일상가사에 대하여 법률행위를 할 대리권이 있고, 부부의 일방이 이러한 일상가사대리권에 기하여 한 행위에 대하여는 다른 일방이 연대책임이 있다. 일상가사의 범위가 어디까지 인가에 대하여 부부 공동생활에 필요한 통상의 사무로서 식료품, 의류, 연료 등의 구입, 거주용 가옥의 임차 등과 같은 가족의 의식주에 관한 사무, 의료비의 지급, 자녀의 양육, 교육 등에 관한 사항 등이 인정된다. 거액의 차재(借財, 금전차용), 타방 명의의 부동산의 매각이나 담보제공, 타인의 채무에 대한 연대보증 등은 해당되지 않는다.

◎ 일상가사대리권의 범위를 넘어선 행위에 대해서도 월권표현대리의 법리를 적용할 수 있다. 그래서 일방이 행방불명되거나 정신병원에 입원하거나 장기간 해외 출장 중인 경우에 타방이 부동산을 처분하여 생활비에 충당한

★ 대법원 1992. 11. 27. 선고 92다31842 판결 [근저당권말소]

경우 정당한 이유로 인정받을 수 있다. 물론 부동산의 처분에 관한 대리권을 주었다고 믿은 것을 정당화할 만한 객관적인 사정이 인정되어야 한다.

◎ 乙에게는 甲으로부터 일정한 기본대리권을 수여받았거나, 甲의 처로서 일상가사대리권이 있었는데, 다만, 자신이 직접 甲의 대리인으로서 은행으로부터 위 각 대출을 받은 것이 아니라, 丙으로 하여금 甲 본인인 것처럼 행세하도록 하여 은행을 속이고 대출을 받은 것이므로 이에 대하여는 丙의 기본대리권의 존재를 인정할 수 없다. 사술을 써서 대리행위의 표시를 하지 아니하고 단지 본인의 성명을 모용하여 자기가 마치 본인인 것처럼 상대방을 기망하여 본인 명의로 직접 법률행위를 하는 경우에는 월권표현대리의 법리를 유추적용할 수 없다. 다만 본인을 모용한 사람에게 본인을 대리할 기본대리권이 있었고, 상대방으로서는 위 모용자가 본인 자신으로서 본인의 권한을 행사하는 것으로 믿은 데 정당한 사유가 있었던 사정이 있으면 성립할 수 있을 것이다. 따라서 甲은 이 대출금을 갚지 않아도 된다. ★

> **(13-3)**
> 아버지는 자신의 부동산에 아들의 채권자 甲을 근저당권자로 하는 근저당권을 설정해주었다. 그리고 甲이 대출금 변제 독촉을 하자 이 부동산을 담보로 대출을 받을 수 있도록 아들을 통하여 인감도장과 인감증명서를 주었다. 그 후 甲은 도장과 서류를 이용하여 자신의 채무를 변제하기 위하여 근저당권자를 乙로 변경하는 등기를 하였다. 아버지는 乙에게 근저당권등기를 말소하라고 청구하였다.

◎ 대리인은 자신의 권한의 범위 내에서 자신의 대리인(복대리인)을 선임할 수 있고, 이 복대리인의 행위의 효과는 본인에게 귀속한다. 본인의 승낙이 있거나, 부득이한 사유가 있는 경우에 복임권이 주어 진다. 그리고 성질상 대리인 자신이 직접 처리하지 않아도 되는 경우에 복대리인의 선임에 묵시적 승낙이 있다고 본다. 대리인은 복대리인의 선임 감독에 관해서 책임

★ 대법원 2002. 6. 28. 선고 2001다49814 판결 [대여금등]

을 진다.

◎ 아버지로서는 부동산의 근저당권자가 누구이든 간에 아들의 채무의 담보로 제공할 의사로 아들에게 일체의 대리권을 준 것이고, 이 대리권의 범위 내에는 복임권까지 포함되어 있다. 따라서 아들이 甲에게 도장과 서류를 주고 대출받을 권리를 부여하고, 甲이 乙 명의로 근저당권변경등기를 한 것은 아버지가 아들에게 준 대리권의 범위 내이어서 유효하다. 아버지는 근저당권등기를 말소하라고 청구할 권리가 없다. ★

★ 대법원 1993. 8. 27. 선고 93다21156 판결 [근저당권설정등기말소]

14. 무권대리행위와 추인 [1-5-3]

(14-1)
  ① 아들이 아버지의 부동산을 허락 없이 甲에게 매도하였다. 그후 아버지가 사망하여 아들이 상속인이 되었는데, 아들은 甲에게 대하여 원래 아버지의 허락을 받지 않고 권한 없이 매도한 것이라고 하면서 소유권이전등기말소청구를 한다.
  ② 아버지가 아들의 소유의 부동산을 허락 없이 乙에게 매도하였다. 그후 아버지가 사망하여 아들이 상속인이 되었는데, 아들은 乙에 대하여 아버지가 아들의 허락을 받지 않고 권한 없이 매도한 것이므로 소유권이전등기말소청구를 한다.

◎ 무권대리행위는 무효이나, 본인이 추인하면 대리행위시로 소급하여 유효하게 된다. 상대방은 상당한 기간을 정하여 본인에게 추인 여부의 확답을 최고할 수 있다. 본인이 그 기간 내에 확답을 발하지 않으면 추인을 거절한 것으로 본다. 추인을 거절하면 무권대리행위는 무효로 확정되므로, 추인을 거절한 본인이 다시 추인할 수 없다. 무효가 되면 무권대리인은 상대방에 대하여 상대방의 선택에 따라 계약을 이행하거나 손해배상을 해주어야 한다. 물론 상대방이 무권대리 행위라는 사실을 알았거나 알 수 있었을 경우에는 무권대리인은 책임을 지지 않아도 된다.

◎ 무권대리인이 본인을 상속하게 되면 본인의 지위를 승계함으로 본인의 입장에서 추인권을 행사할 수 있는데, 상대방이 선의 무과실인 경우라면 추인거절을 하는 것은 신의칙에 반하는 것이어서 안된다. 따라서 ①의 경우

아들은 甲이 선의 무과실이라면 말소등기 청구를 할 수 없다. 상대방이 선의 무과실인 경우 만일 공동상속을 하게 되어 다른 공동상속인이 추인하면 무권대리행위는 확정적으로 유효하게 된다. 그런데 공동상속재산은 공유이고 처분에는 전원의 동의가 필요하므로 다른 공동상속인이 추인거절하면 무효가 되나, 아들은 자신의 상속지분 범위 내에서만 유효하게 처분되는 것으로 된다. 다만 매수인 甲의 입장에서 지분만 취득하는 것은 실익이 없으므로 아들은 손해배상책임을 지게 될 것이다.

◎ 아들인 본인이 무권대리인인 아버지를 상속하게 되면 본인의 지위에서 추인할 수도 있고, 추인을 거절할 수도 있다. 상대방이 선의 무과실이라면 무권대리인이 책임을 져야 하고 이 책임을 본인이 상속받게 되므로 추인을 거절할 실익이 없게 된다. 상대방이 악의 과실이라면 아버지(무권대리인)는 민법 135조의 책임을 지지 않으므로 아들(본인)은 본인의 입장에서 추인거절권을 행사할 수 있으나, 무권대리인인 아버지는 여전히 불법행위책임을 져야 하고 본인은 이 책임을 상속받게 된다. ②의 경우 乙에 대하여 추인거절하여 말소등기청구를 할 수 있다. 다만 乙이 선의 무과실이라면 추인거절하여 무효가 되어도, 무권대리인의 책임을 상속받게 되므로 실익은 없다. ★

★ 대법원 1994. 9. 27. 선고 94다20617 판결 [소유권이전등기말소]
　대법원 1991. 7. 9. 선고 91다261 판결 [소유권이전등기]
　대법원 1992. 4. 28. 선고 91다30941 판결 [소유권이전등기말소]

15. 유동적 무효 [1-5-4]

(15-1)
　甲은 토지거래허가 구역 내의 토지의 소유자인 乙로부터 토지를 매수하기로 하고 계약금을 지급하였다. 乙이 토지거래허가를 받아 주기로 하였다. 그런데 乙은 토지거래허가를 받아 줄 생각도 하지 않고 있다가 느닷 없이 증여의 형식을 취하면 토지거래허가가 필요 없다고 하면서 증여계약으로 하자고 하면서 대금 전액의 지급을 요구하고 있다. 甲은 어떻게 대처하여야 하는가?

◎ 현재 무효이나 추후 허가 또는 추인에 의해 소급하여 유효한 것으로 될 수 있는 상태를 유동적 무효라고 한다. 토지거래허가 구역 내에서의 토지거래계약이 허가를 받지 않고 있는 상태가 유동적 무효이다. 토지거래허가를 받거나 토지거래허가구역에서 해제되는 경우 확정적으로 유효하게 된다. 국토이용관리법상 토지거래허가구역 내의 토지에 관한 거래계약은 관할관청으로부터 허가받기 전의 상태에서는 거래계약의 채권적 효력도 전혀 발생하지 아니하여 무효이므로 권리의 이전 또는 설정에 관한 어떠한 내용의 이행청구도 할 수 없고, 따라서 상대방의 거래계약상 채무불이행을 이유로 손해배상을 청구할 수도 없다. ★

◎ 그런데 허가를 받기 전의 매매계약이 처음부터 허가를 배제하거나 잠탈할 것을 목적으로 하는 경우는 확정적으로 무효가 된다. 즉 실제로는 매매이

★ 대법원 2000. 1. 28. 선고 99다40524 판결 [손해배상(기)]

면서 허가를 벗어나기 위해 증여의 형식으로 하는 경우 무효이다.

◎ 유동적 무효의 상태에서는 원래의 주된 급부의 이행청구를 할 수 없으며, 주된 급부의 불이행을 이유로 계약을 해제할 수도 없다. 단 허가신청절차 협력의무의 이행을 구하는 소송을 제기할 수 있다. 허가신청절차 협력의무의 불이행을 을 이유로 한 손해배상청구는 가능하나, 계약을 해제할 수는 없다. 그러나 허가절차가 불가능한 것으로 확정되면 계약을 해제할 수 있고 손해배상청구도 가능하다. 그리고 계약금만 수수한 상태에서 토지거래허가를 받았더라도 매도인은 여전히 계약금의 배액을 상환하고 매매계약을 해제할 수 있다. 유동적 무효의 상태에 있는 매매계약에서의 매수인의 지위는 이전하지 못하나, 매도인의 지위는 이전할 수 있다.

◎ 따라서 甲은 증여계약으로 처리할 수 없으며, 토지거래허가 신청절차의 이행을 구하는 소송을 제기하면 된다. ★

★ 대법원 2013. 12. 26. 선고 2012다1863 판결 [소유권이전등기절차이행청구의소]

16. 일부무효와 일부취소 [1-5-4]

> **(16-1)**
> 甲은 乙이 자신의 채무가 1억원임에도 3천만원 밖에 되지 않는다는 거짓말에 속아서 乙의 채권자인 丙과 乙의 채무를 연대보증하는 계약을 체결하였다. 사실을 알게 된 이후 甲은 丙에게 착오에 의한 의사표시로써 연대보증계약을 취소하였다. 그럼에도 丙은 1억원의 보증금채무의 이행을 청구하고 있다, 甲은 어떻게 대처하여야 하는가?

◎ 하나의 법률행위의 일부분에만 취소사유가 있는 경우 그 법률행위가 가분적이거나 그 목적물의 일부가 특정될 수 있고, 그 나머지 부분이라도 이를 유지하려는 당사자의 가정적 의사가 인정된다면 그 일부만의 취소도 가능하며, 그 일부의 취소는 법률행위의 일부에 관하여 효력이 생긴다.

◎ 일부취소의 요건이 갖추어지면 그 일부만 취소할 수 있으므로 전부를 취소하더라도 그 일부에 한하여 취소의 효력이 생긴다. 일부취소의 요건이 안된다면 일부만을 취소할 수 없는데, 중요성에 따라서 전부의 취소가 가능하다(임차권양도계약과 권리금계약은 별개의 계약이나 어느 하나의 존재 없이는 다른 하나를 의욕하지 않았을 것이어서 권리금계약에 취소사유가 있더라도 그것만 따로 떼어내어 취소할 수 없다).

◎ 甲과 丙 사이에 체결된 연대보증계약이 乙의 기망행위에 의하여 체결된 후

적법하게 취소되었는데, 연대보증계약에 따른 보증책임이 금전채무로서 채무의 성격상 가분적이고, 甲에게 보증한도를 3천만원으로 하는 보증의사가 있었던 이상 甲의 연대보증계약의 취소는 3천만원을 초과하는 범위 내에서만 효력이 생긴다. ★

(16-2)

甲은 보험회사와 만 7세의 아들 乙을 피보험자로 하고 보험수익자를 甲으로 하여 乙이 재해로 사망하였을 때에는 사망보험금을 지급받고, 재해로 장해를 입었을 때는 소득상실보조금을 받기로 하는 보험계약을 체결하였다. 그후 乙이 교통사고로 후유장해진단을 받아서 보험금을 청구하였는데, 보험회사는 15세 미만자의 사망을 보험사고로 하는 보험계약은 무효라고 하면서 보험금을 지급하지 않고 있다.

◎ 상법은 15세 미만자 등의 사망을 보험사고로 한 보험계약은 무효라고 정하고 있다. 통상 정신능력이 불완전한 15세 미만자 등을 피보험자로 하는 경우 그들의 자유롭고 성숙한 의사에 기한 동의를 기대할 수 없고, 그렇다고 해서 15세 미만자 등의 법정대리인이 이들을 대리하여 동의할 수 있는 것으로 하면 보험금의 취득을 위하여 이들이 희생될 위험이 있으므로, 사망보험의 악용에 따른 도덕적 위험 등으로부터 15세 미만자 등을 보호하기 위하여 둔 효력규정이다. 따라서 15세 미만자 등의 사망을 보험사고로 한 보험계약은 피보험자의 동의가 있었는지 또는 보험수익자가 누구인지와 관계없이 무효가 된다.

◎ 법률행위의 일부가 강행법규인 효력규정에 위반되어 무효가 되는 경우 그 부분의 무효가 나머지 부분의 유효·무효에 영향을 미치는가의 여부를 판단함에 있어서는, 개별 법령이 일부 무효의 효력에 관한 규정을 두고 있는 경우에는 그에 따르고, 그러한 규정이 없다면 민법 규정에 따라 원칙적으

★ 대법원 1994. 6. 24. 선고 94다10337 판결 [물품대금]
대법원 2002. 9. 10. 선고 2002다21509 판결 [청구이의 및 채무부존재확인]
대법원 2013. 5. 9. 선고 2012다115120 판결 [권리양도금]

로 법률행위의 전부가 무효가 된다. 그러나 규정 단서에서 당사자가 무효를 알았더라면 그 무효 부분이 없더라도 법률행위를 하였을 것이라고 인정되는 경우에 무효 부분을 제외한 나머지 부분이 여전히 효력을 가진다. 이때 당사자의 의사는 법률행위의 일부가 무효임을 법률행위 당시에 알았다면 의욕하였을 가정적 효과의사를 가리키고, 가정적 의사는 무효의 부분이 없더라도 그 법률행위를 하였을 것으로 인정되어야 한다.

◎ 甲이 보험계약을 체결한 목적에 비추어 보면 甲과 보험회사는 보험계약 중 재해로 인한 사망을 보험금 지급사유로 하는 부분이 무효라는 사실을 알았더라도 나머지 보험금 지급사유 부분에 관한 보험계약을 체결하였을 것이 인정되므로 보험계약은 그 부분에 관하여는 여전히 유효하다. 따라서 甲은 상해부분의 보험금을 지급받을 수 있다. ★

★ 대법원 2015. 11. 17. 선고 2014다81542 판결 [보험금]
　대법원 2013. 4. 26. 선고 2011다9068 판결 [보험금]

17. 무효행위의 추인 [154] --- 관련 주제 : 사무관리(management of affairs without mandate)

(17-1)
　甲은 상속받은 임야를 그 지역 일대를 개발하고자 하는 회사에 시가보다 비싸게 매도하였다. 그런데 자신의 동생인 乙의 상속지분까지 같이 매도하고 대금을 받았다. 乙이 甲에 대하여 매매대금 중 자신의 지분 만큼의 대금을 돌려줄 것을 요구하자, 甲은 상속 당시 임야의 시가를 기준으로 그 지분에 해당하는 금액 만큼만 주겠다고 한다. 乙은 甲으로부터 얼마만큼 돌려받을 수 있을까?

◎ 무권리자가 타인의 권리를 자기의 이름으로 또는 자기의 권리로 처분한 경우 무효이다. 회사가 甲으로부터 무권리 부분을 취득한 것은 원인무효가 되어 乙이 그 지분에 대한 소유권을 상실하지 않는다. 그런데 권리자는 후일 이를 추인함으로써 그 처분행위를 인정할 수 있다. 무효행위의 추인으로써 권리자 본인에게 처분행위의 효력이 발생하도록 하는 것은 사적 자치의 원칙에 비추어 당연하다. 이 경우 추인은 명시적으로뿐만 아니라 묵시적인 방법으로도 가능하며 그 의사표시는 무권대리인이나 그 상대방 어느 쪽에 하여도 무방하다.

◎ 임야 중 乙의 지분에 대한 회사의 매수가 유효함을 전제로 乙이 甲이 수령한 임야의 매매대금 중 자신의 지분에 상당한 금원의 반환을 구하는 것은 무권리자인 甲의 처분행위를 묵시적으로 추인한 것이라고 본다. ★ 그렇다면 회사는 임야 중 乙의 지분에 대하여도 소유권을 적법하게 취득하게 되

었다. 이와 같이 무권리자에 의한 처분행위를 권리자가 추인한 경우에 권리자는 무권리자에 대하여 무권리자가 그 처분행위로 인하여 얻은 이득의 반환을 구할 수 있다. ★

◎ 그런데 甲이 乙의 지분에 대한 무권리자임에도 회사와 교섭하게 시가보다 훨씬 비싸게 매도할 수 있게 되었는데 이것은 불법사무관리에 해당한다. 사무관리란 의무가 없이 타인을 위한 의사로 타인의 사무를 관리하는 경우에 성립한다. 사무관리자는 사무의 성질에 좇아 본인에게 가장 이득이 되는 방법으로 관리하여야 하고, 취득물(받은 금전 물건 및 과실 전부)을 본인에게 인도하여야 한다. 취득물 중에서 사무관리자의 노력으로 얻은 이익 전부를 반환해야 하는지는 논란이 있다. 한편 본인은 관리자가 쓴 필요비 유익비를 상환하고 과실 없이 손해를 본 경우 현존이익의 한도 내에서 손해를 보상하여야 한다. ★★

◎ 문제는 무권리자가 권리자의 허락 없이 권리자 소유의 토지를 처분하고 그 대가를 목적물의 시가 이상으로 받은 경우 즉 불법사무관리가 성립되는 경우 권리자가 처분대가 전액을 반환받을 수 있는지 아니면 목적물의 시가 상당액만을 받을 수 있는지이다.

◎ 甲은 당초에 乙을 위한다는 의사가 없었으므로, 乙은 甲으로부터 상속 당시의 목적물의 시가 상당액 중 자신의 지분에 해당하는 금액만을 받을 수 있다.

★ 대법원 1992. 11. 10. 선고 92다21425 판결 [소유권이전등기말소]
★ 대법원 1992. 9. 8. 선고 92다15550 판결 [부당이득금반환]
★★ 대법원 2010. 1. 14. 선고 2007다55477 판결 [폐기물처리비용]

18. 정지조건과 불확정기한 [1-5-5]

(18-1)

   회사가 회생절차에 들어가게 되서 관리인은 甲에 대하여 3개월 내에 희망퇴직을 신청하는 경우 회사회생계획 인가결정일로부터 1개월 이내에 3개월분의 임금만큼 퇴직위로금을 지급하겠다고 하였다. 그런데 甲은 희망퇴직을 신청하였는데, 회사의 회생계획은 인가를 받을 수 없는 것으로 확정되었다. 甲은 퇴직위로금을 받을 수 있을까?

(18-2)

   임차인 乙은 甲과의 점포 임대차 계약을 중도에 합의 해지하였는데, 보증금은 그 점포가 다른 사람에게 분양되거나 재임대되는 때에 반환받기로 하였다. 그런데 甲은 점포를 분양하거나 임대할 노력을 전혀 기울이지 않고 자신의 친구에게 사용하게 하고 있고 합의 해지일로부터 2년이 다 지나 갔다. 乙이 보증금 반환을 요구하자 甲은 다른 사람에게 분양되거나 재임대되어야 한다는 조건이 성취되지 않았으므로 지급할 수 없다고 한다. 乙을 어떻게 해야 할까?

◎ 법률행위의 효력을 장래 발생이 불확실한 사실에 결부시키는 것을 조건(condition, future uncertain act)이라고 하고, 발생이 확실한 사실에 결부시키는 것을 기한(time, certain event)이라고 한다. 정지조건(condition precedent)은 효력 발생을 조건에 의존케 하는 것이고, 해제조건(condition subsequent)은 효력 소멸을 조건에 의존케 하는 것이다. 한편 가족법 상의 행위에는 조건을 붙일 수 없으나, 약혼예물의 수수는 해제조건부 증여라고 본다.

◎ 기한 중에는 발생은 확실하나 언제 일어날지 불확정한 것을 불확정기한이라고 하는데, 조건과의 구별이 쉽지 않다. 부관에 표시된 사실이 발생하지 않으면 이행하지 않아도 된다고 보는 경우는 정지조건이고, 표시된 사실이 발생한 때는 물론이고 발생하지 않는 것이 확정된 때에도 채무를 이행하여야 한다고 보는 것은 불확정기한이다.

◎ 회사로서는 회생계획 인가결정을 받는 것이 조건이므로 인가를 못 받는 것으로 확정되었으면 조건불성취이어서 퇴직위로금을 지급할 수 없다고 주장할 수 있다. 그러나 회생계획 인가결정이나 불허결정의 확정은 기한이며 기한이 도래하였으므로 퇴직위로금을 지급해야 할 것이다. ★

◎ 점포 임대차계약이 합의해지된 지 2년이 지나도록 분양이나 재임대되지 않고 다른 사람으로 하여금 사용하게 하는 경우 분양 또는 재임대가 된다는 사실은 기한이고 그 발생이 불가능한 것으로 확정되었으므로 보증금반환채무의 이행기가 도래된 것으로 보아야 한다. 乙은 보증금반환청구를 할 수 있다. ★★

★ 대법원 2003. 8. 19. 선고 2003다24215 판결 [퇴직금등]
★★ 대법원 2008. 12. 24. 선고 2006다25745 판결 [손해배상(기)등]
　 대법원 2000. 11. 28. 선고 2000다7936 판결 [임대차보증금]

19. 부담(burden or obligation added) [3-2-2, 5-2-3] - 관련

주제 : 부담부 증여, 부담부 유증

(19-1)

甲은 연로하여 부양해줄 사람을 찾던 중 자신의 조카의 아들 乙이 지방에서 혼자 지내는 것을 알고 가까이 살면서 자신을 부양해 달라고 하면서 근처의 부동산을 증여하고 소유권이전등기를 해주었다. 그런데 乙은 5년 정도 부양하다가 더 이상 甲을 부양하지 않았다. 이에 甲은 증여계약을 해제하면서 소유권이전등기말소 청구를 하였다. 乙은 이에 응해야 할까?

◎ 법률행위의 상대방에 일정한 행위의 의무를 지우는 것을 부담이라고 하는데 민법상으로 부담부 증여(onerous donation)와 부담부 유증(onerous devise or bequest)이 있다. 수증자나 수유자가 일정한 행위를 하는 것을 결부시켜서 증여나 유증을 하는 것이다. 만일 수증자가 그 행위를 하지 않으면 증여자는 증여계약을 해제할 수 있다. 수유자가 그 행위를 하지 않으면 상속인들이 이행최고를 한 후에 법원에 유언취소청구를 할 수 있다.

◎ 증여자에 대하여 부양의무 있는 자가 이 의무를 이행하지 않는 경우 증여자는 원인을 안 날로부터 6월 이내에 증여계약을 해제할 수 있다. 그런데 법적 부양의무는 직계혈족 및 그 배우자 또는 생계를 같이 하는 친족 사이에서만 인정되는 것으로 이들 사이에서 증여가 이루어진 경우에 해당되는 내용이다.

◎ 따라서 법적 부양의무가 없는 자에 대한 부담부 증여는 이러한 기간 제한
을 받지 않는다. 乙은 이에 응해야 할 것이다. ★

★ 대법원 1997. 7. 8. 선고 97다2177 판결 [소유권이전등기(말소)]

20. 소멸시효(statute of limitation, SOL)와 제척기간 (statute of repose, SOR) [1-7]

(20-1)

甲은 친구 乙이 사업상 주거래은행과 최고한도액으로 10억원을 설정하고 대출거래를 하는데 있어서 乙의 채무를 연대보증하였다. 乙은 결국 사업이 부도가 나서 채무의 최고한도액 10억원까지 채무가 발생하였다. 은행이 乙의 부동산을 가압류하였으나 선순위 저당권으로 인해 은행이 차지할 금액이 거의 없게 되자 甲에게 보증금과 이후 발생한 지연손해금을 청구하였다. 甲은 은행에 대하여 자신이 부담할 보증금액의 액수에 관하여 다투는 채무부존재확인 소송을 제기하였고, 소송이 5년 이상 장기화되면서 지연손해금이 채무원금의 50% 정도까지 이르렀다. 이에 甲은 자신의 은행에 대한 보증금채무는 상사채권의 시효 5년이 경과되어 소멸하였든지 그렇지 않다고 하더라도 최고한도액의 범위내로 제한되어야 한다고 주장한다. 甲의 주장이 타당한가?

◎ 권리를 행사할 수 있음에도 일정 기간 동안 권리 불행사 상태가 계속된 경우 그 권리가 소멸되는 법률효과를 가져오게 하는 제도가 소멸시효이다. 채권, 소유권 이외의 재산권이 소멸시효의 대상이 된다.

◎ 권리를 행사할 수 있는 때로부터 소멸시효가 시작되는데, 권리를 행사하는 데 법률상 장애사유가 없는 때를 말한다. 다만 권리의 발생 여부를 객관적으로 알기 어려운 상황이라면 청구권의 발생을 알 수 있게 된 때로부터 진행한다. 즉 보험금청구권의 소멸시효는 2년인데, 보험사고 발생한 때부터 진행될 것이지만, 보험사고 발생사실을 확인할 수 없는 객관적 사정이 있다면 청구권자가 보험사고의 발생사실을 알았거나 알 수 있었던 때로부터

진행한다.

◎ 소멸시효의 기간은 채권은 10년, 상사채권은 5년이며, 이 밖에 3년~1년의 단기소멸시효가 적용되는 채권도 있다. 불법행위로 인한 손해배상채권은 손해를 안 때로부터 3년 혹은 불법행위가 있은 날로부터 10년이다. 그런데 그 채권이 판결로 확정된 경우는 10년이 소멸시효 기간이다. 국가에 대한 채권은 시효기간이 5년이다.

◎ 소멸시효는 진행되는 도중에 권리의 행사로 볼 수 있는 사실이 발생하면 그 진행이 중단된다. 재판상의 청구, 압류 가압류 가처분, 승인이 있으면 중단된다. 채무의 변제를 독촉하는 최고는 최고 후 6개월 이내에 재판상 청구를 하여야 최고 시점에서 시효가 중단된다. 시효가 중단되는 것은 당사자와 그 승계인 사이에만 효력이 있어서 공유자의 재산상 청구로 인한 시효중단의 효력은 다른 공유자에게는 미치지 않는다. 다만 주채무자에 대한 시효중단은 보증인에게도 효력을 미친다. 채권자 보호 내지 채권담보의 확보를 위하여 주채무자에 대한 시효중단의 사유가 발생하면 보증인에 대한 별도의 중단조치가 되지 않아도 동시에 시효중단의 효력이 생긴다. 주채무의 시효중단사유가 압류, 가압류 및 가처분일 경우 이를 보증인에게 통지하여야 비로소 보증채무의 시효중단의 효력이 발생하는 것은 아니다.

◎ 주채무자인 乙에 대한 부동산 가압류가 있은 때로부터 주채무 및 보증채무의 시효가 중단되었으므로 甲의 보증금채무는 여전히 존속하고 있다.

◎ 한편 계속적 보증계약에 있어서 주채무의 액수가 보증인이 보증 당시에 예상하였거나 예상할 수 있었던 범위를 훨씬 상회하고, 그 같은 주채무 과다 발생의 원인이 채권자가 주채무자의 자산상태가 현저히 악화된 사실을 익히 알거나 중대한 과실로 알지 못한 탓이며 이러한 사실을 알지 못하는 보

증인에게 아무런 통보나 의사타진도 없이 고의로 거래규모를 확대시킨 탓이라는 등의 신의칙에 반하는 사정이 인정되는 경우에 한하여 보증인의 책임을 합리적인 범위 내로 제한할 수 있다. 그런데 보증인이 보증책임에 관하여 다투는 소송(채무부존재확인소송)을 진행하면서 장기간 채무이행을 하지 않아 이로 인하여 보증 당시 예상하지 못한 과다한 지연손해금이 발생하게 되었다면 이는 채권자의 신의칙에 반하는 행위로 인한 것이 아니라 보증인이 자초한 사정이므로 보증책임의 범위가 제한될 수 없다. 채권최고한도액이 설정되었더라도 채무의 이행지체로 인한 지연손해금은 이 범위에 속하지 않으며 지연손해금의 확대에 甲의 책임이 있으므로 甲의 주장은 틀린 것이다. ★

(20-2)
　甲은 자신의 소유 토지 위에 乙이 무단으로 성토를 하고 평탄작업을 한 후 펜스까지 설치하면서 다른 사람의 출입을 막은 사실을 알게 되었다. 그래서 甲이 乙에 대하여 점유회복, 점유방해제거(펜스제거) 및 손해배상청구 소송을 제기하였는데, 乙은 자신이 이러한 작업을 한지 1년이 지났기 때문에 청구할 수 없다고 주장한다. 乙의 주장이 맞는가?

◎ 법률에서 정한 일정한 권리의 행사기간을 제척기간이라고 한다. 권리자로 하여금 권리를 신속하게 행사하도록 하여 법률관계를 조속히 확정시키는 것이 목적이다. 주로 일방적인 의사표시로 법률관계의 변경이 가능한 형성권에 적용되는데 예외적으로 청구권에도 인정하고 있다.

◎ 이 제척기간은 그 기간 내에 반드시 소송을 제기하여야 하는 출소기간인 경우도 있고, 재판 외에서 권리를 행사해도 충분한 것도 있다. 전자로는 채권자취소의 소는 채권자가 취소원인을 안 날로부터 1년 이내에 제기되어

★ 대법원 2005. 10. 27. 선고 2005다35554, 35561 판결 [채무부존재확인·대여금]
　보증인보호특별법에 의하면 채권자가 주채무자가 원본, 이자 등을 3개월 이상 연체하는 경우, 이행기에 이행할 수 없다는 것을 미리 아는 경우는 지체없이 보증인에게 그 사실을 통지하여야 한다. (금융기관 채권자는 주채무자가 1개월이상 연체하는 경우 통지하여야 함)

야 한다는 규정, 점유회수·점유방해제거 청구권은 침탈당한 날 혹은 방해 행위가 종료된 날로부터 1년 이내에 행사하여야 한다는 규정, 상속회복청 구권은 침해를 안 날로부터 3년을 경과하면 소멸한다는 규정, 매매예약완 결권은 10년 내에 행사되어야 한다는 판례 등이 있다. 후자로는 매매 목적 물의 하자가 있는 경우의 계약해제와 손해배상청구는 그 사실을 안 날로 부터 6월 이내에 행사하여야 한다는 규정, 채무자가 청산금을 지급하고 채 무 담보 목적의 소유권이전등기의 말소를 청구하는 것은 변제기가 지난 후 10년이 지나면 할 수 없다는 규정, 취소권은 추인할 수 있는 날로부터 3년 이내에 행사하여야 한다는 규정 등이 있다.

◎ 법규정에 소멸한다고 되어 있어도 제척기간으로 해석되는 경우가 있음을 주 의하여야 한다. 제척기간은 소멸시효와 달리 기간의 중단이나 정지가 없다.

◎ 따라서 甲은 점유침탈 내지 점유방해 행위가 종료된지 1년이 지나서 소를 제기하였으므로 제척기간 위배로 점유보호청구는 각하될 것이나, 불법점 유로 인한 손해배상청구는 인정된다. ★

(20-3)
　A 회사는 세무조사를 당하여 탈루소득에 대하여 법인세부과처분을 받았다. 한편 이 탈루소득의 일부가 주주인 甲에게 배당 또는 상여로 지급되었다는 이유로 甲에게 도 종합소득세부과처분이 되었다. A 회사는 법인세부과처분 취소 소송을 제기하여 과 세처분이 무효라는 의미에서의 취소판결을 받았다. 소송의 기간이 5년이나 걸렸다. 甲은 탈루소득이 없다고 밝혀진 이상 자신에 대한 소득세부과처분이 무효이므로 국세 환급금청구 소송을 제기하였다. 이에 국가는 소멸시효기간 5년이 지났다고 주장하는 데 이 주장이 타당한가?

◎ 시효중단사유로서의 재판상의 청구에는 그 권리 자체의 이행청구나 확인 청구를 하는 경우만이 아니라, 그 권리가 발생한 기본적 법률관계에 관한

★ 대법원 2002. 4. 26. 선고 2001다8097 판결 [토지인도등]

확인청구를 하는 경우에도 인정된다. 기본적 법률관계의 확인청구가 이로부터 발생한 권리의 실현수단이 될 수 있어 권리 위에 잠자는 것이 아님을 표명한 것으로 볼 수 있을 때에는 그 기본적 법률관계에 관한 확인청구도 시효중단 사유가 된다.

◎ 과세처분이 당연무효의 처분이 되는 경우 납부한 세금은 법률상 원인 없는 오납금이 되어 납세자에게 환급청구권, 즉 부당이득반환청구권이 발생한다. 그런데 납세자는 이러한 부당이득반환청구권을 실행하기 위하여 먼저 그 권리의 기본적 법률관계인 과세처분에 대한 취소소송(무효선언으로서의 취소소송)을 제기하였으므로 과세처분의 취소 또는 무효확인을 구하는 행정소송은 그 과세처분으로 오납한 조세에 대한 부당이득반환청구권을 실현하기 위한 수단으로서 권리 위에 잠자는 것이 아니라고 할 수 있으므로, 부당이득반환청구권의 소멸시효를 중단시키는 재판상 청구에 해당하여 소멸시효는 중단된다. 그리고 근로자가 요양불승인처분에 대한 취소소송을 제기하면서 별도로 휴업급여청구를 하지 않은 경우 행정소송에 대한 판결 확정시까지 휴업급여를 청구할 수 없는 객관적인 사실상의 장애사유가 있다보 보고 휴업급여채권에 대한 시효는 중단된다(근로복지공단의 소멸시효주장은 신의성실의 원칙에 반한다).

◎ 법인이 납부한 법인세와 그 법인의 주주가 납부한 종합소득세는 전혀 별개의 것으로서 비록 종합소득세의 증가분이 법인의 소득 중 일부 누락분의 배당 또는 증여 간주에 기인한 것이라고 하더라도 법인이 법인에 대한 법인세부과처분이 당연무효라는 이유로 그 취소를 구하는 청구와 주주가 자신에 대한 종합소득세부과처분이 당연무효라는 이유로 납부한 세금의 반환을 구하는 청구는 그 주체(원고)나 대상(소송물)이 전혀 별개의 것이므로 법인이 국가를 상대로 법인세부과처분의 취소를 구하는 소를 제기하였다고 하여 주주의 종합소득세 과오납을 이유로 한 부당이득반환청구권의 소멸시

효가 진행되는데 지장을 주지 않는다. 그리고 소멸시효기간이 완성된 후에 뒤늦게 주주가 국가를 상대로 세금의 반환을 구하는 부당이득반환청구의 소를 제기한 경우에는 원칙적으로 국가는 시효의 항변을 할 수 있다. ★

◎ 한편 채무자인 국가가 시효완성 전에 채권자의 권리행사나 시효중단을 불가능 또는 현저히 곤란하게 하거나, 그러한 조치가 불필요하다고 믿게 하는 행동을 하거나, 객관적으로 채권자가 권리를 행사할 수 없는 장애사유가 있었거나, 또는 일단 시효완성 후에 시효를 원용하지 아니할 것 같은 태도를 보여서 권리자로 하여금 그와 같이 신뢰하게 하였거나, 채권자보호의 필요성이 크고 같은 조건의 다른 채권자가 채무의 변제를 수령하는 등의 사정이 있는 경우에는 채무이행을 거절하는 것이 현저히 부당하거나 불공평하게 된다고 볼 수 있다, 이런 경우에는 채무자인 국가가 소멸시효의 완성을 주장하는 것은 신의성실의 원칙에 반하여 권리남용으로서 허용될 수 없다.

◎ 판례는 국가의 인권침해의 경우에 나중에 그러한 인권침해를 이유로 한 손해배상청구에 대하여 국가가 소멸시효를 주장하는 것이 권리남용에 해당한다고 보고 있다.

◎ 甲의 경우 국가의 소멸시효 주장이 권리남용에 해당되는지 여부를 살펴보아야 할 것이지만, 이 사례와 같은 경우 잘 인정되지 않을 것이다.

★ 대법원 2010. 9. 30. 선고 2010다49540 판결 [부당이득반환]
　대법원 1992. 3. 31. 선고 91다32053 전원합의체 판결 [부당이득금]

21. 계약관계에서의 주된 급부의무와 부수의무(보호의무 등)

[3-2-1-1]

(21-1)

　甲은 카지노에 출입하면서 도박을 즐기다가 결국 도박 중독에 빠져서 엄청난 돈을 잃게 되었다. 甲의 아들은 甲의 도박 중독 특히 한도액 초과 베팅을 하기 위한 대리베팅까지 하고 있어서 가산을 거의 탕진할 지경이 되자 카지노를 운영하는 A회사에 대하여 아버지의 출입제한요청을 하였으나 A회사는 한도액 초과 베팅의 대리베팅 사실을 알고 있으면서도 적절한 조치를 취하지 않았다. 결국 甲은 가산을 다 탕진하고 거액의 빚까지 지게 되었다. 甲은 아들이 출입제한요청을 한 것을 알고 A 회사가 그에 따른 조치를 취하지 않았음을 이유로 A 회사에 대하여 손해배상청구를 하였다. 甲의 주장은 타당한가?

◎ 당사자가 일정한 계약관계에 들어서면 주된 급부의무(주는 의무 = 금전채무, 하는 의무 = 행위 채무, Leistung, prestation, performance = payment of money or rendering of a service) 이외에 그 계약 관계의 실현과정에서 타방 당사자의 생명, 신체, 재산 기타 이행이익과 무관한 일체의 다른 법익을 침해하지 않을 의무를 부담하는 경우가 있는데 이것을 보호의무라고 한다. 여기서 더 나아가 계약의 성질상 채권자의 신체의 안전을 배려해야 할 특별한 의무가 인정되는 때는 이를 안전배려의무라고 한다.

◎ 개인은 자신의 자유로운 선택과 결정에 따라 행위하고 그에 따른 결과를 다른 사람에게 귀속시키거나 전가하지 아니한 채 스스로 이를 감수하여야

한다는 '자기책임의 원칙'이 개인의 법률관계에 대하여 적용되고, 계약을 둘러싼 법률관계에서도 당사자는 자신의 자유로운 선택과 결정에 따라 계약을 체결한 결과 발생하게 되는 이익이나 손실을 스스로 감수하여야 할 뿐이므로, 일방 당사자가 상대방 당사자에게 손실이 발생하지 아니하도록 하는 등 상대방 당사자의 이익을 보호하거나 배려할 일반적인 의무는 부담하지 않는 것이 원칙이다.

◎ 내국인의 출입이 가능한 카지노업을 허가받은 자(카지노사업자)와 카지노 이용자 사이의 카지노 이용을 둘러싼 법률관계에 대하여도 이러한 '자기책임의 원칙'이 적용된다. 카지노사업자가 운영하는 카지노 영업장에 찾아가 카지노 게임을 할 것인지는 카지노 이용자 자신이 결정하는 것이고, 카지노 이용자가 게임의 승패에 따라 건 돈을 잃을 위험이 있음을 알면서도 이를 감수하고 카지노 게임에 참여한 이상 그 결과 역시 카지노 이용자 자신에게 귀속되는 것이 마땅하다. 카지노사업자가 카지노 운영과 관련하여 공익상 포괄적인 영업 규제를 받고 있더라도 이를 근거로 함부로 카지노 이용자의 이익을 위한 카지노사업자의 보호의무 내지 배려의무를 인정할 것은 아니다.

◎ 그러나 자기책임의 원칙도 신의성실이나 사회질서 등을 위하여 제한될 수도 있다. 그래서 카지노 이용자가 자신의 의지로는 카지노 이용을 제어하지 못할 정도로 도박 중독 상태에 있었고 카지노사업자도 이를 인식하고 있었거나 조금만 주의를 기울였더라면 인식할 수 있었던 상황에서, 카지노 이용자나 그 가족이 카지노 이용자의 재산상 손실을 방지하기 위하여 법령이나 카지노사업자에 의하여 마련된 절차에 따른 요청을 하였음에도 그에 따른 조처를 하지 아니하고 나아가 영업제한규정을 위반하여 카지노 영업을 하는 등 카지노 이용자의 재산상실에 관한 주된 책임이 카지노사업자에게 있을 뿐만 아니라, 카지노 이용자의 손실이 카지노사업자의 영업이익으

로 귀속되는 것이 사회 통념상 용인될 수 없을 정도에 이르렀다고 볼만한 특별한 사정이 있는 경우에는, 예외적으로 카지노사업자의 카지노 이용자에 대한 보호의무 내지 배려의무 위반을 이유로 한 손해배상책임이 인정될 수 있다. ★

◎ 甲의 구체적인 사정을 더 따져 본 후 이러한 보호의무 위반이 성립된다면 손해배상을 청구할 수 있을 것이다.

(21-2)

甲과 乙은 밤 9시경 여관 3층 303호실에 투숙하였다가 객실에 비치된 선풍기 위에 말리기 위해 양말과 수건을 널어놓았는데, 선풍기 날개 부분에 걸리면서 그 회전날개의 기능장해로 인한 선풍기모터의 과열로 발화되었고 이 불이 이불과 콘센트 등에 옮겨 붙었다. 여관지배인이 형광등 교체 신고를 받고 올라가서 화재경보기가 울리고 복도에 연기가 차 있고 303호실에 연기가 나는 것을 발견하고, 甲과 乙을 병원으로 옮겼으나 유독가스 중독으로 사망하였다. 303호실 천장에는 화재감지설비로 열감지기만 설치되어 있고, 연기감지기는 복도에만 설치되어 있었다.

甲은 건설회사 직원, 乙은 건설회사의 일용직이었고, 甲의 처와 자녀들과 乙의 형제자매들이 여관주인을 상대로 손해배상청구를 하였고, 여관 주인은 객실 보수비용과 영업손실 손해를 배상청구 하였다.

◎ 공중접객업인 숙박업을 경영하는 자가 투숙객과 체결하는 숙박계약은 숙박업자가 고객에게 숙박을 할 수 있는 객실을 제공하여 고객으로 하여금 이를 사용할 수 있도록 하고 고객으로부터 그 대가를 받는 일종의 일시 사용을 위한 임대차계약으로서 객실 및 관련 시설은 오로지 숙박업자의 지배 아래 놓여 있는 것이므로 숙박업자는 통상의 임대차와 같이 단순히 여관 등의 객실 및 관련 시설을 제공하여 고객으로 하여금 이를 사용·수익하게 할 의무를 부담하는 것에서 한 걸음 더 나아가 고객에게 위험이 없는 안전하고 편안한 객실 및 관련 시설을 제공함으로써 고객의 안전을 배려하여야 할 보호의무를 부담하며 이러한 의무는 숙박계약의 특수성을 고려

★ 대법원 2014. 8. 21. 선고 2010다92438 전원합의체 판결 [손해배상(기)]
　<강원랜드 카지노 이용자의 손해배상청구 사건>

하여 신의칙상 인정되는 부수적인 의무로서 숙박업자가 이를 위반하여 고객의 생명, 신체를 침해하여 투숙객에게 손해를 입힌 경우 불완전이행으로 인한 채무불이행책임을 부담한다. 이 경우 피해자로서는 구체적 보호의무의 존재와 그 위반 사실을 주장·입증하여야 하며, 숙박업자로서는 통상의 채무불이행에 있어서와 마찬가지로 그 채무불이행에 관하여 자기에게 과실이 없음을 주장·입증하지 못하는 한 그 책임을 면할 수는 없다.

◎ 화재 발생의 원인이 된 선풍기가 회전날개와 다른 물체가 직접 접촉되지 않도록 안전철망이 부착되어 있어서 통상 갖추어야 할 안전성을 갖추고 있는 이상 선풍기에 그물망까지 씌워야 할 의무까지 있다고 볼 수 없다. 여관은 객실이 30개 미만이어서 소방법 등 관계 법령에 의하여 커튼, 실내장식물 등을 방염성능이 있는 것으로 하여야 하는 특수장소에 해당하지도 아니하므로, 망인들이 투숙한 객실에 이불, 커튼, 선풍기 등 화재시 유독가스를 발생시키는 물품을 비치한 것이 법령 위반에 해당한다고 볼 수도 없다. 그러나 여관경영자로서 일단 화재 발생의 징후를 발견하면 각 객실의 문을 두드리며 화재 발생 여부 및 고객의 안전여부를 최우선적으로 확인하였어야 함에도, 당시 화재를 발견한 지배인은 이러한 투숙객의 보호의무를 다하지 못하였으므로 화재 후 투숙객 보호의무를 다하지 않아서 발생한 손해를 배상하여야 한다.

◎ 다만 甲과 乙도 화재발생을 일으킨 과실이 있는데, 그 비율은 매우 높게 인정될 수 밖에 없다. 민법상 과실상계 제도는 채권자가 신의칙상 요구되는 주의를 다하지 아니한 경우 공평의 원칙에 따라 손해배상액을 산정함에 있어서 채권자의 그와 같은 부주의를 참작하게 하려는 것이고, 채무불이행으로 인한 손해배상책임의 범위를 정함에 있어서의 과실상계 사유의 유무와 정도는 개별 사례에서 문제된 계약의 체결 및 이행 경위와 당사자 쌍방의 잘못을 비교하여 종합적으로 판단하여야 하며, 이때에 과실상계 사

유에 관한 사실인정이나 그 비율을 정하는 것은 사실심의 전권사항이라 하더라도 그것이 형평의 원칙에 비추어 현저히 불합리한 것이어서는 아니 된다.

◎ 한편 숙박계약의 당사자가 아닌 甲과 乙의 상속인들로서는 정신적 고통을 받았다 하더라도 숙박계약상의 채무불이행을 이유로 위자료를 청구할 수는 없다.

◎ 그리고 여관 주인이 입은 객실 비품 벽지 등 소실 손해와 객실을 영업에 제공하지 못하고 입은 손해도 甲과 乙의 상속인들이 상속지분에 따라 배상할 책임이 있다. 그런데 건물이 화재로 인하여 수선 가능한 정도로 손괴되어 건물의 통상용법에 따른 사용이 불가능하게 되었다면 수선에 소요되는 상당한 기간 중 이를 사용하지 못함으로 인한 손해는 손괴로 인한 통상의 손해이고 손괴에 대하여 사회통념상 곧바로 수선에 착수할 수 없는 특별한 사정이 있는 경우에는 수선의 착수가 가능한 시점까지 이를 사용을 하지 못함으로 인한 손해 역시 통상의 손해에 해당한다. 그러나 소송에 따른 증거 확보 등을 위하여 화재현장을 보존할 필요성이 있는 경우라 하더라도 그 증거보전을 위하여 소요되는 상당한 기간을 초과하여 임의로 현장을 보존함으로써 입게 된 영업상의 손해는 이 사건 화재와 상당인과관계가 있는 손해라고 보기 어렵다. ★

(21-3)
  甲은 A회사에 소속되어 있으면서 B회사의 작업장에서 일을 하고 있었다. 甲은 B회사의 차량으로 출퇴근하고 B회사의 지휘감독을 받으며 그곳의 설비와 재료로 사출작업을 하였다. 그러다가 甲은 사출기에 손을 집어넣어 이물질을 제거하려다가 사출기의 상하금형 사이에 압착되어 상해를 입었다. A회사는 사고 직후에 법인이 소멸되었는데, B회사와는 甲의 담당 업무에 대하여 도급계약을 체결하고 있었다. 甲은 B회사로부터 손해를 배상받을 수 있을까?

★ 대법원 2000. 11. 24. 선고 2000다38718,38725 판결 [손해배상(기)]

◎ 사용자는 고용(근로)계약에 수반되는 신의칙상의 부수적 의무로서 피용자가 노무를 제공하는 과정에서 생명, 신체, 건강을 해치는 일이 없도록 물적 환경을 정비하는 등 필요한 조치를 마련하여야 할 보호의무 또는 안전배려의무를 부담하고, 이러한 의무를 위반함으로써 피용자가 손해를 입은 경우 채무불이행으로 인한 손해배상책임을 진다. 그리고 이러한 사용자의 보호의무 또는 안전배려의무 위반 행위가 불법행위의 요건에 해당하는 경우에는 채무불이행책임과 경합하여 불법행위로 인한 손해배상책임도 부담하게 된다.

◎ 한편 근로자파견관계에서 파견사업주는 근로자를 고용한 후 그 고용관계를 유지하면서 사용사업주와 근로자파견계약을 체결하여 근로자를 파견하고, 이에 따라 파견근로자는 사용사업주의 지휘·명령을 받아 사용사업주를 위한 근로에 종사하게 되므로, 파견근로자가 파견근로 중에 직면하는 생명, 신체, 건강에 대한 위험은 대부분 사용사업주가 지배·관리하는 영역에서 발생한다. 근로자파견관계에서는 산업안전보건법의 규정에 따른 산업재해 예방 및 근로자의 안전과 보건 유지·증진 등에 관한 의무를 원칙적으로 사용사업주에게 부과한다. 그리고 두 회사 사이에 도급계약이라고 지칭하면서 관련 계약서를 작성하였다 하더라도 파견근로자와 사용사업주 사이의 근로관계는 파견근로자보호법이 적용되는 근로자파견관계에 해당한다.

◎ 파견사업주가 고용한 근로자를 자신의 작업장에 파견받아 지휘·명령하며 자신을 위한 계속적 근로에 종사하게 하는 사용사업주는 그 자신도 직접 파견근로자를 위한 보호의무 또는 안전배려의무를 부담함을 용인하는 데에 묵시적 의사의 합치가 있다. 따라서 사용사업주의 보호의무 또는 안전배려의무 위반으로 손해를 입은 파견근로자는 사용사업주와 직접 고용 또는 근로계약을 체결하지 아니한 경우에도 이러한 묵시적 약정에 근거하여

사용사업주에 대하여 손해배상을 청구할 수 있다. 이러한 약정상 의무 위반에 따른 채무불이행책임을 원인으로 하는 손해배상청구권에 대하여는 불법행위책임의 손해 및 가해자를 안 날로부터 3년간 행사하지 않으면 시효로 소멸한다는 규정이 적용될 수 없다.

◎ B회사가 甲에 대하여 사출기 사용 안전교육 시행, 사출기 고장 여부 확인 등 甲의 생명, 신체의 보호와 안전 등을 위하여 필요한 조치를 제대로 하지 아니하였다고 인정되므로 甲은 손해배상청구를 할 수 있다. ★

★ 대법원 2013. 11. 28. 선고 2011다60247 판결 [손해배상(산)]

22. 약정이율과 지연손해금 [3-1-2]

(22-1)
　甲은 乙에게 5,000만원을 변제기 1년 후, 이율 월 0.1%로 정하여 빌려주었다. 乙이 변제기가 지나서도 갚지 못하여 甲은 乙에게 대여금청구 소송을 제기하였다. 甲이 乙로부터 변제받을 수 있는 지연손해금을 얼마나 될까?

◎ 금전채무의 불이행으로 인한 손해배상을 지연손해금이라고 하며 그 손해액은 법정이율에 의하고, 법령의 제한을 위반하지 않는 약정이율이 있으면 약정이율에 의한다. 즉 지연손해금에 대한 이율이 정해져 있는 경우(통상 지연이율이라 한다) 그 이율에 의하는데, 지연이율에 대한 약정이 없으면 법정이율로 계산한다. 그런데 약정된 지연이율이 법정이율보다 낮은 경우에는 법정이율에 의하여 지연손해금을 정한다. 금전채무불이행으로 인한 손해배상문제를 균일하게 처리하기 위하여 추상적인 손해로서 법정이율로 산정한 액을 기준으로 하는 민법 규정에 비추어 보아 이러한 균일처리의 필요는 이율을 법정이율보다 낮게 약정한 경우에도 이자가 아니라 손해배상이 문제되는 한 마찬가지로 인정되어야 하기 때문이다.

◎ 한편 채권자가 금전채무 이행을 구하는 소송을 제기하는 경우 금전채무불이행으로 인한 손해배상액 산정의 기준이 되는 이율은 소장이 채무자에게 송달된 다음 날부터 연 15%를 적용한다. 소송 도중 채무자가 변제기까지

의 원리금을 갚은 경우 남아 있는 변제기 이후의 지연손해금에 대해서는 연 15%의 이율을 적용하지 않는다. 사해행위취소에 따른 가액배상의무는 그 판결이 확정된 때로부터 연 15%의 이율이 적용되지 않고 민법과 상법의 법정이율(연 5%, 연 6%)이 적용된다. 이혼소송에 병합되는 재산분할청구가 금전지급으로 되는 경우에도 이혼의 확정 이후 연 5%가 적용될 뿐이다.

◎ 甲은 乙로부터 지연손해금을 변제기 후 소장 송달일까지는 연 5%의 비율로, 소송 송달 익일 이후는 연 15%의 비율로 산정해서 받을 수 있다. 단 乙이 甲의 대여금 채권의 성질을 다투는 것이 상당하다고 인정되는 경우에는 변제기 후 판결선고일까지 연 5%, 그 이후 연 15%의 비율로 산정한다.

23. 이행보조자의 고의 과실 [3-1-2]

(23-1)

甲은 A 회사의 구내 식당의 운영을 맡아서 하고 있었다. 그런데 A 회사의 직원들이 회사와의 단체협상이 잘 안되자 구내 식당을 포함한 공간을 점거하는 바람에 식당 영업을 할 수 없게 되었다. 이에 甲은 회사와의 계약을 해지하고 손해배상을 청구하였다. 손해에는 휴업일수 동안의 손해와 식당 종업원의 휴업수당과 해고예고수당 등이 포함되어 있다. 甲은 이 손해를 전부 배상받을 수 있을까?

◎ 채무자가 타인을 사용하여 이행하는 경우 그 타인은 이행보조자로서, 이행보조자의 고의 과실은 채무자의 고의 과실로 본다.

◎ 회사는 구내 식당의 영업장을 甲의 사용 수익에 필요한 상태로 유지하여야 할 계약상의 의무가 있고, 회사의 직원들은 회사의 이행보조자가 되는데, 회사의 직원들의 점거로 영업을 하지 못하였고, 이행보조자인 직원들의 고의 과실은 회사의 고의 과실이 되므로 회사의 채무불이행책임이 인정된다.

◎ 영업장에서 영양사 및 조리원 등으로 일하던 직원들을 해고하는 등 그 과정에서 지급한 휴업수당 및 해고예고수당도 회사의 채무불이행과 상당인과관계가 있는 손해에 해당한다.

◎ 따라서 甲은 손해를 전부 배상받을 수 있다. ★

24. 동시이행의 항변 [3-2-1-2]

(24-1)

甲은 乙에게 건물공사를 도급주었다. 乙은 건물공사를 완성하였으나 건물에는 구조 안전의 문제가 생겨서 보강공사가 필요한 상태의 하자가 발생하였다. 이에 甲은 공사의 잔대금을 지급하지 않고 있었다. 乙이 공사 잔대금의 지급을 요구하자 甲은 하자 보수에 상당하는 금액이 공사잔대금을 초과한다고 주장하면서 상계처리되었다고 주장한다. 이에 乙은 공사잔대금 채권의 지연손해금(지체상금) 채권이 있다고 하면서 오히려 지급을 요구하고 있다.

◎ 쌍무계약의 대가적 채무가 있고 상대방의 채무가 변제기에 있는 경우에 당사자 일방은 상대방이 그 채무의 이행을 제공할 때까지 자기 채무의 이행을 거절할 수 있는 동시이행의 항변권을 가지고 있다. 즉 부동산매매의 경우 매도인의 소유권이전등기의무 및 목적물인도의무와 매수인의 잔대금지급의무가 동시이행관계에 있다. 쌍무계약에서의 동시이행의 항변권은 동일한 법률요건으로부터 발생되는 견련적 이행관계에 있는 경우에도 확대적용되는데, 임차인의 목적물반환의무와 임대인의 임차보증금반환(연체차임 기타 손해배상금 공제 후)의무, 계약해제로 인한 쌍방의 원상회복의무 등을 동시이행관계에 있다고 보는 경우이다.

◎ 한편 선이행의무자라 하더라도 상대방의 이행이 곤란할 현저한 사유가 있

★ 대법원 2008. 2. 15. 선고 2005다69458 판결 [손해배상(기)]

다면 자신의 채무이행을 거절할 수 있는데 이를 불안의 항변권이라 한다. 불안의 항변권을 발생시키는 것은 신용불안이나 재산상태 악화 뿐만 아니라 공사대금의 축차적인 지급에서 기성고지급을 하지 않는 경우 수급인이 계속공사의무의 이행을 거절할 수 있는 경우에도 적용된다.

◎ 도급계약에 있어서 완성된 목적물에 하자가 있는 때에는 도급인은 수급인에 대하여 하자의 보수를 청구할 수 있고, 그 하자의 보수에 갈음하여 또는 보수와 함께 손해배상을 청구할 수 있다. 그리고 이들 청구권은 수급인의 공사대금 채권과 동시이행관계에 있다.

◎ 한편 도급인이 하자보수나 손해배상청구권을 보유하고 이를 행사하는 한에 있어서는 도급인의 공사대금 지급채무는 이행지체에 빠지지 아니하고, 도급인이 하자보수나 손해배상 채권을 자동채권으로 하고 수급인의 공사잔대금 채권을 수동채권으로 하여 상계의 의사표시를 한 다음날 비로소 이행지체에 빠지게 된다.

◎ 하자보수공사 대금 채권과 공사 잔대금 채권은 동시이행관계에 있으므로 대등액의 범위 내에서는 지연손해금 채권이 발생하지 않는다. 따라서 乙은 지연손해금채권을 주장할 수 없다. ★

(24-2)
　　甲은 乙에게 임야를 매도하였는데, 乙은 丙 앞으로의 등기이전을 부탁하였다. 그런데 乙은 매매대금의 일부만 지급하고 나머지 매매잔대금을 이행하지 않았는데 그것은 乙과 丙 사이의 분쟁 때문이었다. 그러더니 丙이 甲의 임야에 대하여 처분금지가처분을 하였다. 甲이 매매계약을 해제하고 계약금의 배액의 상환을 요구하였다. 乙은 이에 응할 수 없다고 하더니, 자신이 받은 매매대금반환청구권을 丁에게 양도하였고 甲에게 그 사실을 통지하였다. 丁이 甲에게 양수금을 청구해오자 甲은 가처분등기의 말소와 동시이행을 주장하고 있다.

★ 대법원 1996. 7. 12. 선고 96다7250,7267 판결 [공사대금·손해배상(기)]

◎ 부동산 매매계약을 체결한 후 매수인 앞으로 소유권이전등기를 마치기 전에 매수인으로부터 그 부동산을 다시 매수한 제3자의 처분금지가처분신청으로 매매목적부동산에 관하여 가처분등기가 이루어진 상태에서 매도인과 매수인 사이의 매매계약이 해제된 경우, 가처분등기의 말소와 매도인의 대금반환의무는 동시이행의 관계에 있지 않다.

◎ 왜냐하면 매도인만이 가처분이의 등을 신청할 수 있을 뿐 매수인은 가처분의 당사자가 아니어서 가처분이의 등 방법으로 가처분등기를 말소할 수 있는 법률상의 지위에 있지 않으며, 제3자가 한 가처분을 매도인의 매수인에 대한 소유권이전등기의무의 일부이행으로 평가할 수 없어 그 가처분등기를 말소하는 것이 매매계약 해제에 따른 매수인의 원상회복의무에 포함된다고 볼 수 없기 때문이다. ★

◎ 가처분등기가 乙로부터 임야를 매수한 丙의 신청에 의하여 이루어진 것으로서 乙의 사정에 기인한 것이라 하더라도, 甲은 가처분등기로 인하여 현실적으로 입은 손해의 배상을 구할 수 있을 뿐이며, 가처분등기의 말소와 상환으로 위 매매계약 해제에 따른 대금반환의무를 이행할 것을 주장할 수는 없다.

(24-3)
　甲은 자신의 아파트 2채(X, Y) 와 乙의 토지와 교환하되 乙은 X 아파트에 있던 차용금채무도 인수하기로 하는 계약을 체결하였다. 그리고 甲은 토지에 대한 소유권이전등기를, 乙은 Y 아파트에 대한 소유권이전등기를 각 경료하였는데, 乙은 X 아파트는 인수해 가지 않고 또 차용금채무도 인수하지 않았다. 이에 甲은 대출원리금을 대신 변제하고, X 아파트에 대한 소유권이전등기서류를 제공하였음에도 乙이 이를 수령하지 않았다. 이에 甲은 X 아파트를 丙에게 매도하였다. 乙은 이행불능으로 생긴 손해배상채권을 丁에게 양도하였다. 丁이 甲에게 양수금청구를 할 때 甲은 자신의 대출원리금 상당의 채권으로 상계할 수 있는가?

★ 대법원 2009. 7. 9. 선고 2009다18526 판결 [양수금]

◎ 부동산교환계약에 있어서 목적 부동산에 설정된 담보권의 피담보채무를 인수하기로 하는 약정이 있었는데 상대방이 채무인수의무를 이행하지 않아서 일방이 그 채무를 대신 변제하였다면 그로 인한 손해배상채무는 채무인수의무의 변형으로서 일방의 소유권이전등기의무와 상대방의 그 손해배상채무는 대가적 의미가 있어 이행상 견련관계에 있으며, 양자는 동시이행의 관계에 있다고 해석함이 공평의 관념 및 신의칙에 합당하다.

◎ 동시이행의 항변권의 대항을 받는 채권을 자동채권으로 하여 상대방의 채권과의 상계를 허용하면 상계자 일방의 의사표시에 의하여 상대방의 항변권 행사의 기회를 상실시키는 결과가 되어서 그러한 상계는 허용될 수 없는 것이 원칙이다.

◎ 동시이행관계에 있는 채무를 부담하는 쌍방 당사자 중 일방이 먼저 현실의 제공을 하고 상대방을 수령지체에 빠지게 하였다고 하더라도 그 이행의 제공이 계속되지 않았다면 과거에 이행제공이 있었다는 사실만으로 상대방이 가지는 동시이행의 항변권이 소멸되지 않는다. 또한 동시이행의 관계에 있는 쌍방의 채무 중 어느 한 채무가 이행불능이 됨으로 인하여 발생한 손해배상채무도 여전히 다른 채무와 동시이행의 관계에 있다고 할 것이다.

◎ 채권양도에서 채무자가 이의를 보류하지 않고 양도의 승낙을 한 경우 양도인에게 대항할 수 있는 사유로 양수인에게 대항하지 못한다. 양도인이 양도통지만을 한 경우 채무자는 그 통지를 받은 때까지 양도인에 대하여 생긴 사유로써 양수인에게 대항할 수 있다. ★

◎ 乙의 대출원리금인수의무와 甲의 소유권이전등기의무는 동시이행관계에 있는데, 이 두 의무가 변형이 되어 생긴 乙의 대출원리금 상당의 손해배상

★ 대법원 2014. 4. 30. 선고 2010다11323 판결 [양수금]

채무와 甲의 소유권이전등기의 이행불능으로 인한 손해배상채무는 동시이행관계에 있게 된다. 한편 甲이 소유권이전등기서류를 제공하여 등기의무의 이행제공을 하였더라도 이행제공이 계속되지 않으면 乙의 동시이행항변권이 소멸하지 않으므로, 甲의 대출원리금 상당의 손해배상채권은 乙의 甲에 대한 이행불능 손해배상채권과 여전히 동시이행관계에 있게 된다. 따라서 乙이 甲에 대하여 손해배상청구권을 행사할 때 甲은 자신의 손해배상채권을 자동채권으로 하여 상계할 수 없다.

25. 이행지체와 전보배상 [3-1-2, 3-2-1-3]

(25-1)

甲은 乙에게 알루미늄을 매매하고 매매대금 1억원을 모두 지급받았는데 알루미늄을 인도하지 못하고 있었다. 乙이 6개월 동안 인도를 독촉하였으나 甲이 응하지 않자 乙은 이행지체로 인한 손해배상을 청구하였다. 그런데 그 사이 알루미늄의 가격이 사이에 1억 5천만원으로 상승하였다. 乙은 1억 5천만원의 손해배상을 청구할 수 있는가?

◎ 채무가 이행기에 있고 그 이행이 가능함에도 이행기에 이행하지 않는 경우를 이행지체라고 한다. 이행지체 중에는 채무자가 자신의 과실이 없어도 이행지체 중에 생긴 손해를 배상하여야 한다. 그리고 채무자가 이행을 지체하는 경우 채권자가 상당한 기간을 정하여 이행을 최고하여도 그 기간 내에 이행되지 않거나 지체 후의 이행이 채권자에게 이익이 없는 때에는 채권자는 계약을 해제하지 않고도 곧 바로 수령을 거절하고 이행에 갈음한 손해배상(전보배상)을 청구할 수 있다. 이 전보배상에는 지연배상이 포함되어 있어서 별도로 지연배상을 청구할 수는 없다. 이행지체중에 있는 본래의 급부 대신 명하는 전보배상은 본래의 목적물을 받은 것과 동일한 경제적 이익이 되어야 하므로 통상 배상액은 사실심 구술변론 종결시의 싯가에 따라 산정된다. ★

★ 대법원 1969. 5. 13. 선고 68다1726 판결 [손해배상]

◎ 이때 전보배상에 있어서의 손해액 산정의 표준 시기는 원칙적으로 최고하였던 '상당한 기간'이 경과한 당시의 시가이며, 소송으로 진행된 경우 사실심 변론종결 당시 시가로 한다.

◎ 따라서 乙은 1억 5천만원의 전보배상을 청구할 수 있다.

26. 이행불능 [3-2-1-2, 3-2-1-3]

> **(26-1)**
> 甲은 아버지가 일제 강점기에 사정받은 임야를 국가가 소유권보존등기한 후에 乙에게 매도하였고 다시 乙은 丙에게 매도한 사실을 알고 국가를 상대로 소유권보존등기의 말소를 청구하고, 乙과 丙을 상대로 각각 소유권이전등기의 말소를 청구하였다. 국가를 상대로 한 것은 승소하였으나, 乙과 丙을 상대로 한 것은 乙의 등기부취득시효가 인정되어 모두 패소하였다. 이에 甲은 국가에 대하여 손해배상청구를 하였다.

◎ 채권의 성립 후 채무자의 귀책사유로 이행이 불능으로 되면 채권자는 손해배상(전보배상)청구권, 계약해제권, 대상청구권(이행불능으로 채무자가 취득한 이익에 대한 청구권) 등이 인정된다.

◎ 부동산 매도인은 부동산 위에 설정된 근저당권등기나 가압류등기를 말소하여 매수인에게 완전한 소유권이전등기를 해주어야 할 의무를 부담하는데, 근저당등기나 가압류등기가 말소되지 않았다고 하여 곧바로 이행불능이 되는 것은 아니고, 매도인이 이를 말소할 수 없는 무자력 상태에 빠진 경우 이행불능이 된다. 처분금지가처분 등기가 있어서 제3자 앞으로 이전되면 이행불능이 된다.

◎ 이렇게 채권적 청구권이 이행불능이 되는 경우 이행불능 당시를 기준으로 전보배상금액을 산정하는데, 계약 당시의 시가보다도 현저하게 앙등되었

다 하더라도 특별 사정으로 인한 손해로 보지 않는다.

◎ 그런데 물권정 청구권 즉 소유권에 기한 방해배제청구권으로서의 소유권 이전등기말소청구권이 인정된다고 하더라도 그 이후의 등기부취득시효로 인한 소유권이전등기의 말소등기가 거부되어 소유권이전등기말소의무가 이행불능으로 된 경우에는 이러한 채권적 청구권의 이행불능 법리를 적용할 수 없다고 한다. 그래서 불법행위를 이유로 한 손해배상을 청구할 수 있을 뿐이다. ★

◎ 甲의 경우 소유권보존등기를 담당한 공무원이 甲의 아버지가 토지조사부의 사정명의자인지 여부에 관한 사실의 확인에 있어서 과실이 있다면, 甲은 국가를 상대로 국가의 소유권보존등기 시점 당시의 시가로 손해배상을 청구할 수 있을 뿐이다. 그리고 토지조사부의 사정명의자의 소유권추정의 법리가 확정되기 이전의 경우라면 담당 공무원의 과실도 인정되지 않을 수 있어서 甲은 손해배상을 받을 수 없게 된다.

(26-2)
　甲은 乙로부터 토지를 매수하고 잔금을 모두 지급하였으나 소유권이전등기하기 전에 그 토지가 수용되었다. 그래서 그 수용보상금은 乙이 지급받았다. 수용보상금의 액수는 매매대금보다 많다. 甲은 이행불능을 이유로 乙이 받은 수용보상금의 전부의 지급 청구를 할 수 있을까?

◎ 급부의 후발적 불능으로 인해 채무자가 이행목적물에 갈음하는 대상이익을 취득하는 경우 채권자는 채무자에게 그 대상이익을 청구할 수 있는 것을 대상청구권이라 한다. 민법에는 이행불능의 효과로서 전보배상청구권과 계약해제권을 규정하고 있을 뿐이나, 판례는 대상청구권을 인정하고 있다.

★ 대법원 2012. 5. 17. 선고 2010다28604 전원합의체 판결 ★ [손해배상(기)]

◎ 이 대상청구권의 행사는 보상금의 반환을 구하거나 보상금청구권의 양도를 청구하는 것으로 하며, 직접 보상금수령권자라고 확인청구하는 방식으로 할 수는 없다. ★ 그러나 어떤 사유로든지 채권자가 직접 보상금을 수령하였다고 하더라도 부당이득으로 되지는 않는다. 대상청구권을 행사하는 경우 자신의 채무를 이행하여야 하는데 대상의 가액이 원래의 급부의 가액보다 적은 경우에는 채권자의 반대급부도 그에 비례하여 감축된다.

◎ 그런데 매매대금보다 채무자가 얻은 대상이익이 더 큰 경우에 이 초과이익도 채권자가 대상청구할 수 있는지에 관하여는 이행불능으로 인한 손해를 한도로 한다는 제한설과 목적물에 대하여 지급되는 보상금 전부에 대하여 행사할 수 있다는 무제한설이 있다.

◎ 매매대금의 전부 지급이나 경락 이후의 이행불능의 경우에는 甲은 수용보상금 전부에 대하여 대상청구권을 행사할 수 있다. ★★

★ 대법원 1996. 10. 29. 선고 95다56910 판결 [손실보상금수령권확인]
★★ 대법원 1995. 12. 22. 선고 95다38080 판결 [손해배상(기)]

27. 불완전이행 [3-1-2]

(27-1)

  甲은 乙로부터 토지를 매수하여 집을 짓기 위하여 터파기 작업을 하던 중 다량의 폐기물이 토지 밑에 묻혀 있는 것을 발견하였다. 乙에게 폐기물제거비용을 추가로 청구하였더니 자신도 丙으로부터 그 토지를 사서 그대로 甲에게 팔았으므로 자신은 책임이 없다고 주장한다. 甲은 어떻게 할 수 있을까?

◎ 채무의 이행이 있으나 그 이행이 불완전한 경우를 불완전이행이라 하고 이 경우 완전이행청구권, 손해배상청구권(확대손해 포함), 계약의 해제권(완전이행이 불가능한 경우) 등이 인정된다. 매매계약 목적물의 원시적 하자에 대한 매도인의 담보책임과 경합하여 성립된다. 일정한 행위를 급부내용으로 하는 경우 결과에 하자가 있거나, 그러한 결과를 얻기 위해 채무자가 최선을 다하지 않는 때에도 불완전이행이 된다.

◎ 토지 매도인이 성토작업을 기화로 다량의 폐기물을 은밀히 매립하고 그 위에 토사를 덮은 다음 도시계획사업을 시행하는 공공사업시행자와 사이에서 정상적인 토지임을 전제로 협의취득절차를 진행하여 이를 매도함으로써 매수자로 하여금 그 토지의 폐기물처리비용 상당의 손해를 입게 하였다면, 매도인은 이른바 불완전이행으로서 채무불이행으로 인한 손해배상책임을 부담하고, 이는 하자 있는 토지의 매매로 인한 하자담보책임과 경합적으로 인정된다. ★

◎ 한편 토지 소유자가 토양오염물질을 토양에 누출·유출하거나 투기·방치함으로써 토양오염을 유발하였음에도 오염토양을 정화하지 않은 상태에서 오염토양이 포함된 토지를 거래에 제공함으로써 유통되게 하거나, 토지에 폐기물을 불법으로 매립하였음에도 처리하지 않은 상태에서 토지를 거래에 제공하는 등으로 유통되게 한 경우에 거래의 직접 상대방은 물론이고 토지를 전전 취득한 현재의 토지 소유자에 대하여도 불법행위가 성립된다. 이때 오염토지의 원인자이자 소유자는 현재의 토지 소유자가 지출하였거나 지출해야 하는 오염토양 정화비용 또는 폐기물 처리비용 상당의 손해에 대하여 불법행위자로서 손해배상책임을 진다. ★

◎ 甲은 乙에 대하여 불완전이행을 이유로 폐기물처리비용을 청구할 수 있으며, 丙에 대해서도 불법행위를 이유로 폐기물처리비용을 청구할 수 있다.

(27-2)
　아파트 광고모델 계약을 하면서 품위유지약정을 한 연예인이 자신의 사생활과 관련된 불미스러운 사실이 알려지고 좋지 않은 모습이 언론을 통해 널리 공개되기에 이르런 경우 모델계약을 한 회사는 손해배상청구를 할 수 있을까?

◎ 하는 채무(행위채무)에 있어서 채무자가 최선을 다하지 않는 경우에도 불완전이행이 성립한다. 따라서 손해배상책임을 지게 된다.

◎ 광고주가 모델이나 유명 연예인, 운동선수 등과 광고모델계약을 체결하면서 출연하는 유명 연예인 등에게 일정한 수준의 명예를 유지할 의무를 부과하는 품위유지약정을 한 경우, 광고모델계약은 유명 연예인 등을 광고에 출연시킴으로써 유명 연예인 등이 일반인들에 대하여 가지는 신뢰성, 가

★ 대법원 2004. 7. 22. 선고 2002다51586 판결 [손해배상(기)]
★ 대법원 2016. 5. 19. 선고 2009다66549 전원합의체 판결 ★ [손해배상(기)]
　<자기 소유 토지에 토양오염을 유발하고 폐기물을 매립한 자의 불법행위책임에 관한 사건>

치, 명성 등 긍정적인 이미지를 이용하여 광고되는 제품에 대한 일반인들의 구매 욕구를 불러일으키기 위한 목적으로 체결되는 것이므로, 위 광고에 출연하기로 한 모델은 위와 같이 일정한 수준의 명예를 유지하기로 한 품위유지약정에 따라 계약기간 동안 광고에 적합한 자신의 긍정적인 이미지를 유지함으로써 그것으로부터 발생하는 구매 유인 효과 등 경제적 가치를 유지하여야 할 계약상 의무, 이른바 품위유지의무가 있고, 이를 이행하지 않는 경우에는 광고모델계약에 관한 채무불이행으로 인한 손해배상채무를 진다. ★

◎ 아파트 건설회사와 광고모델계약을 체결하면서 자신의 사회적, 도덕적 명예를 훼손하지 않기로 하는 품위유지약정을 한 유명 연예인이, 별거중인 남편과의 물리적인 충돌 사실이 언론에 노출되어 그 경위에 관한 관심이 늘어나자 사실과 다른 보도가 이루어지지 않도록 해명할 필요가 있다는 이유로, 기자들에게 그 충돌 경위를 상세히 진술하고 자신의 멍들고 부은 얼굴과 충돌이 일어난 현장을 촬영하도록 허락하여 그 진술 내용과 사진이 언론을 통하여 일반인들에게 널리 공개되도록 한 행위는, 광고모델계약에서 정한 품위유지약정을 위반한 것으로서 광고주인 아파트 건설회사에게 채무불이행으로 인한 손해배상책임을 진다.

★ 대법원 2009. 5. 28. 선고 2006다32354 판결 [손해배상(기)]

28. 이행거절 [3-1-2]

(28-1)

　　乙은 토지 위에 임대아파트를 신축할 목적으로 甲으로부터 토지를 매수하는 계약을 체결하면서, 계약금을 제외한 잔금 전액을 관할 관청으로부터 신축허가를 받은 날로부터 6개월 이내에 지급하기로 하고, 진입로 부지 확보의 비용은 乙이 부담하되 인근 토지소유자들을 잘 아는 甲의 책임 하에 하기로 하였다. 乙은 소유권이전등기청구권을 보전하기 위하여 매매예약을 원인으로 가등기를 하였다. 그런데 아파트 신축허가에 필요한 토지 진입로 부지에 대해 甲은 인근 토지의 소유자들을 만나 매수 협의를 하였으나 토지 소유자들의 거절로 진입로 부지를 매입하지 못하고 있었다. 그럼에도 甲은 乙의 계약 이행을 촉구하면서 일정한 기한까지 이행하지 않는 경우 채무불이행을 이유로 손해배상청구 등을 하겠다는 취지의 통고를 한 후, 계약해제를 주장하면서 가등기 말소 청구 소송을 제기하였다. 그 후 乙은 甲의 건축허가신청서류 미제공 및 진입로 부지 미확보를 이유로 계약해제를 전제로 甲에 대하여 원상회복 및 손해배상청구소송을 제기하였다. 甲과 乙의 관계는 어떻게 정리될 수 있을까?

◎ 채무이행이 가능함에도 이를 행할 의사가 없음을 진지하고 종국적으로 표시하고 객관적으로 보아 더 이상 임의이행을 기대할 수 없는 상태를 이행거절이라고 한다. 이행거절의 경우 이행기 전이라도 이행의 최고 없이 계약을 해제할 수 있고, 손해배상청구를 할 수 있다.

◎ 일방 당사자가 상대방의 계약위반을 이유로 한 계약해제 의사표시에 의하여 계약이 해제되었음에도, 그 당사자가 계약이 존속함을 전제로 다시 계약상 의무의 이행을 요구하는 경우에 상대방도 당해 계약이 그 당사자의 해제로 소멸되었음을 들어 그 이행을 거절할 수 있으며, 이것이 신의칙이

나 금반언의 원칙에 위배되지 않는다. 또한 쌍무계약에 있어서 상대방이 자신의 채무를 이행할 의사가 없음을 명백히 표시한 경우에는 신의성실의 원칙상 이행기 전이라도 자신의 채무의 이행제공이나 최고 없이도 계약을 해제할 수 있다.

◎ 甲은 계약해제의 통고 및 가등기말소소송의 제기로써 진입로 부지 확보의무나 소유권이전등기절차의 이행의무 등 자신의 계약상 의무를 이행할 의사가 없음을 명백히 표시하였다. 이러한 경우에는 乙로서는 채무의 이행기 이전이라도 자신의 채무의 이행제공이나 최고 없이 계약을 해제할 수 있다. 한편 乙이 甲에게 계약 해제를 통보한 이상 매매계약 및 가등기의 등기원인인 매매예약은 적법하게 해제되었다고 볼 수 있다. 그리고 이러한 계약해제의 효과는 계약을 위반한 甲도 주장할 수 있으므로 가등기말소를 청구할 수 있다. ★

(28-2)

甲은 백화점 지점장이 임의로 내부적인 최고할인율 25%를 10%이상 초과하여 유통시킨 상품권을 구입하였다. 그리고 구입한 상품권을 중간판매상에게는 구입가에 1% 내지 2%의 이윤을, 일반 소비자에게는 약 10%의 이윤을 붙여 판매하였다. 그런데 甲으로부터 상품권을 매수한 乙이 백화점에 대하여 상품권을 제시하면서 상품권에 따른 제품의 제공을 요구하였으나 백화점은 해당 상품권들이 도난품이라는 이유로 제품의 제공을 거절하였다. 이에 甲은 중간판매상이나 소비자들로부터 상품권을 회수하고서 백화점에 대하여 이행거절을 이유로 상품권 액면금액의 손해배상을 청구하였다. 甲은 주장은 타당한가?

◎ 채무자가 채무를 이행하지 않을 의사를 명백히 표시한 경우에 채권자는 신의성실의 원칙상 이행기 전이라도 이행의 최고 없이 채무자의 이행거절을 이유로 계약을 해제하거나 채무자를 상대로 손해배상을 청구할 수 있다.

★ 대법원 2008. 10. 23. 선고 2007다54979 판결 [소유권말소등기]

◎ 이행지체에 의한 전보배상에 있어서의 손해액 산정은 본래의 의무이행을 최고한 후 상당한 기간이 경과한 당시의 시가를 표준으로 하고, 이행불능으로 인한 전보배상액은 이행불능 당시의 시가 상당액을 표준으로 한다. 그런데 채무자의 이행거절로 인한 채무불이행에서의 손해액 산정은, 채무자가 이행거절의 의사를 명백히 표시하여 최고 없이 계약의 해제나 손해배상을 청구할 수 있는 경우이행거절 당시의 급부목적물의 시가를 표준으로 해야 한다.

◎ 상품권의 발행인은 상품권을 제시하며 상품권에 기재된 내용에 따라 제품의 공급을 요구하는 소지인에게 그 액면금 상당의 제품을 공급할 의무가 있으므로, 발행인이 상품권을 구입한 실수요자들로부터 상품권을 제시받고도 그 의무이행을 거절한 경우에는 상품권의 최종 소지인은 발행인에 대하여 제품제공의무에 대한 이행의 최고 없이 곧바로 그 이행에 갈음한 손해배상을 청구할 수 있다. 그리고 상품권 발행인이 위 의무를 이행하지 아니함으로써 그 소지인이 입은 손해는 통상의 경우 상품권의 액면금 상당이다. ★

◎ 상품권 발행인이 상품권의 내용에 따른 제품제공의무를 이행하지 않음으로 인하여 그 소지인에게 그 이행에 갈음한 손해배상책임을 지게 되는 경우에도 이중지급의 위험을 방지하기 위하여 공평의 관념과 신의칙상 발행인의 손해배상의무와 소지인의 상품권 반환의무 사이에 동시이행관계가 인정된다 하여도, 발행인의 손해배상의무는 이행의 최고를 받은 다음부터 이행지체의 책임을 진다.

◎ 甲의 주장은 타당하다.

★ 대법원 2007. 9. 20. 선고 2005다63337 판결 [손해배상(기)]

29. 채권자지체 [3-1-2]

(29-1)
　　고추상인인 乙은 甲을 위하여 건고추 2,900근을 매수하였고, 고추시세가 상당한 수준으로 상승하여 매각처분할 수 있을 때까지 무상으로 보관하여 주기로 약정하고 乙의 점포 2층에 보관하였다. 乙은 甲에게 수시로 고추시세를 알려주고 수차 매각을 권유하였으나 甲은 시세가 맞을 때까지 편리를 보아 달라고 거절하여 왔다. 그러다가 5월경에 건고추를 속히 처분하지 않으면 7월경부터 벌레가 먹어 못쓰게 되니 빨리 처분하든지 인도받아 가라고 하였으나 甲은 시세가 싸다거나 보관장소가 없다는 이유로 거절하였다. 그러던 중 보관방법이 적절하지 못하였던 탓으로 고추가 변질되고 벌레가 먹어 상품으로서의 가치가 전혀 없게 되었다. 乙은 甲에게 어떻게 배상하여야 하나?

◎ 채무의 이행에 급부의 수령 기타 채권자의 협력이 필요한데 채무자의 채무내용에 좇은 변제제공을 했으나 채권자의 수령거절 혹은 수령불능인 경우를 채권자지체라고 하고, 채무자는 채무불이행책임을 면하고, 주의의무가 경감되며(채권자지체 중에는 채무자의 고의나 중대한 과실이 없으면 채무불이행으로 인한 모든 책임이 없다), 이자있는 채권의 경우 이자가 정지되고, 목적물의 보관 또는 변제의 비용이 증가된 대에는 증가액을 채권자가 부담한다. 그리고 수령지체 중 쌍방의 책임 없는 사유로 급부가 불능이 되면 채무자는 자신의 급부의무를 면하고 채권자에 대한 반대급부를 청구할 수 있다.

◎ 수치인이 적법하게 임치계약을 해지하고 임치인에게 임치물의 회수를 최

고하였음에도 불구하고 임치인의 수령지체로 반환하지 못하고 있는 사이에 임치물이 멸실 또는 훼손된 경우에는 수치인에게 고의 또는 중대한 과실이 없는 한 채무불이행으로 인한 손해배상책임이 없다. 수치인이 임치인에게 보관중인 건고추를 속히 처분하지 않으면 벌레가 먹어 못쓰게 되니 빨리 처분하든지 인도받아 가라고 요구하였다면 이는 임치계약을 해지하고 임치물의 회수를 최고한 의사표시라고 볼 여지가 있고 이에 대하여 임치인이 시세가 싸다는등 이유로 그 회수를 거절하였다면 이때로부터 수령지체에 빠진다. ★

◎ 乙은 고의 또는 중과실이 없다면 甲에게 매매대금을 반환할 필요가 없다.

★ 대법원 1983. 11. 8. 선고 83다카1476 판결 [매매대금]

30. 채무불이행과 손해배상 [3-1-2]

(30-1)

　甲은 乙에게 주택 신축공사를 도급주었다. 乙은 다시 丙에게 공사의 일부를 하도급 주었다. 丙의 부실공사로 하자가 발생하였다. 甲은 乙을 상대로 하자 손해배상 및 위자료 배상청구 소송을 제기하였다. 판결에 따라 乙은 하자보수손해와 그 지연손해금, 위자료손해 및 소송비용 등을 배상하였다. 乙은 丙에게 손해배상금 지연손해금 소송비용 등을 구상금으로 청구하였다. 乙은 이 지출한 돈을 모두 배상받을 수 있을까?

◎ 수급인이 그가 신축한 주택의 하자와 관련하여 건축주로부터 손해배상청구를 당하여 그 하자에 대한 손해배상금 및 이에 대한 지연손해금을 지급한 경우, 그 지연손해금은 수급인이 자신의 채무의 이행을 지체함에 따라 발생한 것에 불과하므로 하수급인의 하도급계약상의 채무불이행과 상당인과관계가 있는 손해라고 볼 수는 없다. 이러한 경우 수급인으로서는 건축주의 손해배상청구와 상관없이 하수급인을 상대로 위 하자에 대한 손해배상금(원금)의 지급을 청구하여 그 이행지체에 따른 지연손해금을 청구할 수 있을 뿐이다.

◎ 일반적으로 건물신축도급계약에 있어서 수급인이 신축한 건물에 하자가 있는 경우 이로 인하여 도급인이 받은 정신적 고통은 하자가 보수되거나 하자보수에 갈음한 손해배상이 이루어짐으로써 회복된다고 보아야 할 것이므로 도급인이 하자의 보수나 손해배상만으로는 회복될 수 없는 정신적 고통

을 입었다는 특별한 사정이 있고 수급인이 이와 같은 사정을 알거나 알 수 있었을 경우에 한하여 정신적 고통에 대한 위자료를 인정할 수 있다. ★

◎ 수급인이 건축주(도급인)에게 정신적 고통에 대한 위자료를 배상한 경우 하수급인에 대하여 그 부분의 구상청구도 할 수 있다.

(30-2)

甲은 2층 창고건물 중 1층을 乙에게 임대하고 2층은 자신의 가구 보관을 위한 물류창고로 사용하였다(옥상을 포함한 외벽은 3층 구조). 乙은 1층을 골프용품 판매를 위한 사무실 매장 창고 등으로 이용하였다. 그런데 건물 1층 전면 주출입구와 1층 및 2층 사이에서 연기가 나면서 화염이 치솟아 확대되어 1층 전면 주출입구를 중심으로 한 1층 내지 3층 외벽의 상당 부분이 소훼되고, 아울러 건물 2층 내부 시설 전부와 옥상 창고 전부, 1층 전면 주출입구 부근 일부가 전소되는 화재가 발생하였다(화재발생원인은 정확히 밝혀지지 않았고 발화지점만 확인됨). 화재로 인하여 건물의 외벽의 주요 부분이 소실되고 그 내부 공간도 화재진압용수의 누수 등으로 상당 부분 오손되어 골프용품 매장으로 더 이상 사용·수익할 수 없는 상태에 이르렀고, 이에 따라 乙은 건물을 훼손된 상태로 그대로 둔 채 화재발생일로부터 한달 후에 인근 건물로 골프용품 매장을 이전하였다. 이에 甲은 乙을 상대로 건물보수비용 및 건물 2층 물류창고에 보관되어 있던 가구류 시가 상당액 등의 손해배상을 청구하였다.

◎ 임차인은 선량한 관리자의 주의를 다하여 임대차 목적물을 보존하고, 임대차 종료 시에 임대차 목적물을 원상에 회복하여 반환할 의무를 부담한다. 채무자가 채무의 내용에 좇은 이행을 하지 아니한 때에는 채권자는 손해배상을 청구할 수 있고, 다만 채무자의 고의나 과실 없이 이행할 수 없게 된 때에는 그렇지 않다. 임대차 목적물이 화재 등으로 인하여 소멸됨으로써 임차인의 목적물 반환의무가 이행불능이 된 경우에, 임차인은 그 이행불능이 자기가 책임질 수 없는 사유로 인한 것이라는 증명을 다하지 못하면 그 목적물 반환의무의 이행불능으로 인한 손해를 배상할 책임을 지며, 그 화재 등의 구체적인 발생 원인이 밝혀지지 아니한 때에도 마찬가지다. 이러한 법리는 임대차 종료 당시 임대차 목적물 반환의무가 이행불능 상태는

★ 대법원 1996. 6. 11. 선고 95다12798 판결 [공사대금]

아니지만 반환된 임차 건물이 화재로 인하여 훼손되었음을 이유로 손해배상을 구하는 경우에도 동일하게 적용된다.

◎ 한편 임대인은 목적물을 임차인에게 인도하고 임대차계약 존속 중에 그 사용, 수익에 필요한 상태를 유지하게 할 의무를 부담하므로, 임대차계약 존속 중에 발생한 화재가 임대인이 지배·관리하는 영역에 존재하는 하자로 인하여 발생한 것으로 추단된다면, 그 하자를 보수·제거하는 것은 임대인의 의무에 속하며, 임대인은 그 화재로 인한 목적물 반환의무의 이행불능 등에 관한 손해배상책임을 임차인에게 물을 수 없다.

◎ 임차인이 임대인 소유 건물의 일부를 임차하여 사용·수익하던 중 임차 건물 부분에서 화재가 발생하여 임차 외 건물 부분까지 불에 타 그로 인해 임대인에게 재산상 손해가 발생한 경우에, 임차인이 보존·관리의무를 위반하여 화재가 발생한 원인을 제공하는 등 화재 발생과 관련된 임차인의 계약상 의무 위반이 있었음이 증명되고, 그러한 의무 위반과 임차 외 건물 부분의 손해 사이에 상당인과관계가 있으며, 임차 외 건물 부분의 손해가 그러한 의무 위반에 따른 통상의 손해에 해당하거나, 임차인이 그 사정을 알았거나 알 수 있었을 특별한 사정으로 인한 손해에 해당한다고 볼 수 있는 경우라면, 임차인은 임차 외 건물 부분의 손해에 대해서도 임대인에게 손해배상책임을 부담하게 된다.

◎ 임차 외 건물 부분이 임차부분과 구조상 불가분의 일체를 이루는 관계에 있다 하더라도, 그 부분에 발생한 손해에 대하여 임대인이 임차인을 상대로 채무불이행을 원인으로 하는 배상을 구하려면, 임차인이 보존·관리의무를 위반하여 화재가 발생한 원인을 제공하는 등 화재 발생과 관련된 임차인의 계약상 의무 위반이 있었고, 그러한 의무 위반과 임차 외 건물 부분의 손해 사이에 상당인과관계가 있으며, 임차 외 건물 부분의 손해가 그

의무 위반에 따라 특별손해로서 배상하여야 할 손해의 범위 내에 있다는 점에 대하여 임대인이 주장·증명하여야 한다.

◎ 임대차 목적물이 화재로 인하여 더 이상 임차 목적으로 사용·수익할 수 없는 상태에 이르렀으므로 임대차계약은 사회통념상 임대차 목적을 달성하는 것이 불가능하게 되어 종료하였고, 乙은 甲에게 임대차 목적물을 온전한 상태로 반환하는 것 역시 불가능하게 되어 임대차 목적물 반환의무가 이행불능이 되었다. 화재가 발생한 지점인 건물의 '1층 전면 주출입구 내부 우측 부분'은 乙이 임차한 부분으로 실질적으로 사용·수익해 오던 부분에 해당하는 반면, 그 부분에 대하여 임대인인 甲이 지배·관리하였다고 볼 수 없으므로, 비록 그 발화원인이 밝혀지지 않았으나 乙이 임대차 목적물의 보존에 관하여 선량한 관리자의 주의의무를 다하였음을 증명하지 못하였으므로, 乙은 임대차 목적물 반환의무의 이행불능으로 인하여 甲이 입게 된 손해를 배상할 책임이 있다.

◎ 화재로 인하여 임대차 목적물뿐만 아니라 건물의 다른 부분인 1층의 나머지 부분, 2층 및 옥상 부분이 소훼된 것에 대하여는 발화원인을 밝힐 수 없는 상태이고, 乙이 보존·관리의무를 위반하여 화재가 발생한 원인을 제공하는 등 화재 발생과 관련된 乙의 계약상 의무 위반이 있었다고 보기 어렵다, 따라서 임차 외 건물 부분의 손해에 대하여는 乙은 채무불이행에 따른 배상책임이 없다. ★

◎ 한편 실화(失火)책임에 관한 법률에 의하면, 실화자에게 중대한 과실이 없는 경우 연소(延燒)로 인한 부분에 대한 손해배상청구에 대하여 그 손해배상액을 경감(輕減)한다고 한다.

★ 대법원 2017. 5. 18. 선고 2012다86895 전원합의체 판결 ★ [손해배상(기)·손해배상(기)] <임차건물 화재로 인하여 임대차 목적물이 아닌 부분까지 불탄 경우 임차인의 손해배상책임의 성립과 손해배상의 범위가 문제된 사건>

   甲은 乙에게 건물 일부를 乙의 학원운영을 위하여 임대하였다. 그런데 乙이 계약금만 지급하고 나머지 임대차보증금을 다 지급하지 않은 채로 건물에 필요한 시설을 한 후 학원으로 사용하자 甲은 계약해제를 통고하였다. 乙이 여전히 퇴거를 하지 않아서 乙에게 확인하니 乙은 다른 곳에 장소를 알아보고 있으니 마련되면 퇴거하겠다고 약속하였다. 그리고 甲은 전기차단을 하고 丙에게 다시 임대하였고 丙이 시설공사를 하면서 乙은 퇴거하였다. 그러자 乙은 甲을 상대로 퇴거한 날부터 원래의 임대차기간 만료일까지 학원을 정상적으로 운영하였다면 얻을 수 있었던 영업이익과 정신적 손해에 대한 위자료의 배상을 청구하였다.

◎ 임대인의 방해행위로 임차인의 임대차 목적물에 대한 임차권에 기한 사용·수익이 사회통념상 불가능하게 되면 임대인의 귀책사유에 의하여 임대인으로서의 의무가 이행불능이 되어 임대차계약은 종료된다. 이 경우 임대인이나 제3자의 귀책사유로 그 임대차계약의 목적물이 멸실되면 임대인의 이행불능 등으로 임대차계약이 종료되는 경우와 마찬가지로, 임차인으로서는 임대인에 대하여 그 임대차보증금 반환청구권을 행사할 수 있고 그 이후의 차임 지급의무를 면하는 한편 그 임대차 목적물을 대신할 다른 목적물을 마련하기 위하여 합리적으로 필요한 기간 동안 그 목적물을 이용하여 영업을 계속하였더라면 얻을 수 있었던 이익, 즉 휴업손해를 그에 대한 증명이 가능한 한 통상의 손해로서 배상을 받을 수 있다. (그 밖에 다른 대체 건물로 이전하는 데에 필요한 부동산중개료, 이사비용 등도 포함된다.) 그러나 장래 그 목적물의 임대차기간 만료시까지 계속해서 그 목적물을 사용·수익할 수 없음으로 인한 일실수입 손해는 이를 별도의 손해로서 그 배상을 청구할 수 없다. ★

◎ 乙이 건물 부분을 비워주겠다고 약정하였다면, 이 날짜로 임대차계약은 합의해지로 종료되었고 보아야 하므로 임대차계약이 계속 유효함을 전제로 하여 퇴거일 이후 임대차기간 만료시까지 임차권에 기하여 건물 부분을 사

★ 대법원 2006. 1. 27. 선고 2005다16591,16607 판결 [손해배상(기)]

용·수익함으로써, 즉 학원 영업을 계속함으로써 얻을 수 있었던 수입 상당액을 일실수입이라고 하여 손해배상을 구할 수는 없다. 또 임대차계약의 종료로 건물 부분에서 학원 영업을 계속하지 못한 데에 따른 정신적 고통에 대한 손해의 배상을 구할 수도 없다.

(30-4)
채무불이행으로 인한 발생한 손해가 1,000만원일 경우
① 채권자의 과실 비율이 30%, 이미 채권자가 채무자로부터 받은 금액이 200만원이라면 채권자가 받을 수 있는 손해는 얼마인가?
② 채권자가 손해의 일부청구로 우선 700만원만 청구하였는데, 과실비율이 40%이면 채권자가 받을 수 있는 손해는 얼마인가?

◎ 채무자가 채권자에 대하여 채무불이행으로 인한 손해배상책임을 지는 경우에 있어서 채권자에게 과실이 있는 경우 그 과실을 반드시 참작하여야 한다(과실상계). 또 손해부담의 공평을 기하기 위한 필요가 있는 때에도 채무자의 책임을 제한할 수 있다(공평의 원칙에 의한 책임제한). 다만 고의로 채무불이행을 야기한 채무자가 채권자의 부주의를 이유로 자신의 책임을 감하여 달라고 주장하는 것은 원칙적으로 허용될 수 없다.

◎ 채무불이행으로 채권자에게 손해를 생기게 하는 동시에 이득을 가져다 준 경우에 그 이익을 손해의 산정에서 공제되어야 한다(이득공제, 손익상계). 공제되는 이익은 손해배상책임의 원인과 상당인과관계에 있는 것에 국한된다.

◎ 채무불이행에 관하여 채권자의 과실도 인정되고, 채권자가 그로 인하여 이익을 받은 것도 인정되는 경우에 손해배상액을 산정함에 있어서는 과실상계를 한 다음 손익상계를 하여야 한다. 이것은 손해부담의 공평을 기하기 위한 책임제한의 경우에도 마찬가지로 적용된다.

◎ 이른바 일부청구의 경우 손해액 전액에서 과실비율에 의한 감액을 하고 그 잔액이 청구액에 미달하면 잔액을 인용한다(당사자처분권주의).

◎ ①의 경우 과실상계를 먼저하면 700만원이 되고, 이득공제를 하면 500만원이 된다. ②의 경우 전 손해액 1000만원에서 과실상계를 먼저 하면 600만원인데, 청구금액은 700만원이므로 600만원만 인정하게 된다.

(30-5)
　甲은 2010.2.1. 乙로부터 토지를 3억원에 매수하면서 계약금 3천만원 당일 지급, 중도금 5천만원은 2010.3.1., 잔금 2억 2천만원은 4.1. 지급하기로 약정하였다. 甲은 2010.3.1. 중도금을 지급하였으나, 잔금을 지급하지 못하고 있었다. 이에 乙이 '갑이 6.1.까지 매매대금 전액을 지급하지 못하면 매매계약이 해제된 것으로 간주하고 갑은 계약금과 중도금의 반환청구를 포기한다'는 내용의 각서를 받았다. 6.1. 이 지나도록 갑이 잔금을 지급하지 못하였다. 甲은 8천만원 전부의 손해를 보아야만 하는가?

◎ 손해배상액의 예정이란 채무불이행의 경우 채무자가 지급해야 할 배상액을 미리 정하는 계약으로서 기본채권계약에 종된 계약이다. 손해발생과 손해액의 증명 곤란을 막고, 채무자에게 심리적 압박을 주어 채무를 이행하도록 하는 기능이 있다.

◎ 손해배상액의 예정이 있는 경우에는 채무자의 귀책사유가 있어야만 되며 (귀책사유 불문한다는 약정은 엄격하게 해석되어야 함), 현실적인 손해발생은 필요하지 않다. 그리고 채권자가 실제 손해액이 예정액보다 많다는 것을 증명하더라도, 채무자가 실제 손해액이 예정액보다 적다는 것을 증명하더라도 실손해가 아니라 예정액만 청구할 수 있다. 다만 공사도급계약에서의 하자보수보증금은 손해배상액의 예정이긴 하나 실손해액을 입증하여 초과상당의 손해배상을 받을 수 있다.

◎ 손해배상 예정액이 부당하게 과다한 경우에는 법원은 당사자의 주장이 없

더라도 직권으로 이를 감액할 수 있다. '부당히 과다한 경우'란 채권자와 채무자의 각 지위, 계약의 목적 및 내용, 손해배상액을 예정한 동기, 채무액에 대한 예정액의 비율, 예상 손해액의 크기, 그 당시의 거래관행 등 모든 사정을 참작하여 일반 사회관념에 비추어 그 예정액의 지급이 채무자에게 부당한 압박을 가하여 공정성을 잃는 결과를 초래한다고 인정되는 경우를 뜻한다. 이럴 경우 감액 부분은 처음부터 무효가 된다. 공사수급인의 지체상금 지급의무는 손해배상액의 예정으로서 수급인의 연대보증인이 부담하여야 하는 경우 과다여부의 판단 기준은 공사수급인이다.

◎ 한편 채무불이행이 있으면 채무자가 채권자에게 지급할 것을 약속한 금전을 위약금이라고 하는데, 위약금은 손해배상액의 예정으로 추정한다. 계약금 계약이 있다고 하여 이를 바로 위약금으로 해석할 수 없고, <매수인이 위약시 계약금 포기하고 매도인이 위약시 계약금의 배액을 상환한다>는 약정이 있으면 위약금 성질을 가지게 된다.

◎ 각서의 취지는 甲이 연장 받은 잔금 지급기일까지 乙에게 잔금을 지급하지 못하면 甲이 매매계약을 철회한 것으로 간주하여 기지급한 계약금과 중도금의 반환을 포기하기로 한 손해배상액 예정으로 본다. 甲이 연장 받은 잔금 지급기일까지 나머지 잔금을 지급하지 아니함으로써 매매계약은 甲에 의하여 일방적으로 철회되었으므로, 甲이 乙에게 기지급한 돈 중 계약금과 중도금 합계 금 8,000만 원은 각서에 기하여 손해배상액으로 충당되었다. 이러한 손해배상액의 예정이 있는 경우에는 甲이 일방적으로 매매계약을 철회한 사실만을 乙이 증명하면 나아가 손해의 발생 및 그 액을 증명하지 아니하고 예정배상액을 청구할 수 있다. 그러나 3억원의 매매대금 계약에서 8천만원을 손해배상액의 예정으로 보는 것은 일반적인 거래관행이나 乙에게 실제로 생겼을 손해의 규모 등에 비추어 부당하게 과다하므로 감액되어야 한다. ★

◎ 계약 위반에 대한 사적 제재로서의 위약벌도 있는데, 위약벌은 원칙적으로 감액이 되지 않으며, 다만 과도하게 무거운 경우 공서양속위반으로 일부 또는 전부가 무효가 될 수 있다. 위약금이라고 표현되어 있더라도 그 계약에 채무불이행으로 인한 손해배상예정에 관한 조항이 따로 있거나, 실손해의 배상을 전제로 하는 조항이 있고 또 별도로 위약금 조항을 두고 있는 경우에는 그것을 위약벌로 본다. 왜냐하면 위약금 조항을 손해배상액의 예정으로 해석하게 되면 이중배상이 이루어지는 등의 사정이 생길 수 있기 때문이다. 별도의 가산금 조항은 위약벌 조항으로 볼 수 있다.

손해배상액의 예정	위약금	위약벌
손해배상액의 예정 (제398조 제1항)	손해배상액의 예정으로 추정 (제398조 제4항)	사적 제재금(손해배상과 별도)
실제 손해액이 많더라도, 적더라도 예정 금액만 청구 가능		감액 안됨 (엄격 해석) (대법원 2016.1.28. 선고 2015다239324 판결 [약정금])
다만 부당히 과다한 경우 감액 가능 (제398조 제2항)		과도하게 무거운 경우 공서양속 위반으로 일부 또는 전부 무효 가능성 있음 (대법원 2015.12.10. 선고 2014다14511 판결 [위약벌청구])
하자보수보증금 지체상금		별도 가산금 조항은 위약벌 성격 (대법원 2016. 7. 14. 선고 2013다82944, 82951 판결 [채무부존재확인·부당이득금반환등]) 위약금 명칭으로 되어 있더라도 위약벌로 해석될 수 있음 (다른 손해배상액 예정 조항 혹은 실손해 배상 조항이 있는 경우)

★ 대법원 1990. 11. 27. 선고 90다카27068 판결 [소유권이전등기]

31. 채권자대위권 [3-1-2]

(31-1)
　甲은 乙에게 건물을 임대하였다. 임대차기간 중에 乙은 임대차보증금반환채권을 丙에게 양도하고 甲에게 통지하였다. 그런데 乙은 임대차기간이 종료되었음에도 건물을 계속 사용하고 있다. 丙이 임대차보증금을 반환받을 수 있는 방법은 무엇인가?

◎ 채권자가 자기의 채권을 보전하기 위하여 채무자의 권리를 행사할 수 있는 것을 채권자대위권이라고 한다. 즉 채무자에 대한 채권(피보전채권)의 이행기가 도래하고, 보전할 필요가 있고, 채무자가 제3자에 대하여 가진 채권(피대위채권)을 행사하지 않고 있고, 채무자가 무자력인 경우에 채권자가 채무자의 제3자에 대한 채권을 대위행사할 수 있다.

◎ 피보전채권이 특정채권(특정물에 대한 소유권이전등기청구권)인 경우에는 채무자가 무자력이 아니어도 보전의 필요성이 인정된다. 또 가옥명도청구권의 대위행사의 경우에 임대인의 자력유무는 관계가 없다. 건물철거청구권을 피보전권리로 하여 대위에 기한 불법점유자에 대한 퇴거청구와 같은 물권적 청구권도 피보전채권이 되며 이 경우에도 채무자의 무자력이 요건이 아니다.

◎ 丙이 임대차보증금의 양수금채권을 행사하여도 甲은 임차인인 乙이 건물

을 반환하지 않고 있는 동안은 이행을 거절할 수 있다. 따라서 丙은 양수금채권자로서 양수금 채무자인 임대인 甲을 대위하여 乙에 대하여 甲에게 건물을 인도할 것을 청구하고, 甲에 대하여는 건물을 인도받음과 동시에 임차보증금인 양수금을 丙에게 지급할 것을 청구하면 된다. ★

◎ 임대차기간이 지난 후에도 乙이 계속 사용하는 것에 대하여 임대차계약의 묵시적 갱신을 주장할 수 있는데, 임차보증금 반환채권의 양도와 그 통지가 임대차기간의 종료 이전에 이루어졌다면 이러한 묵시적 갱신의 주장으로 양수인에게 대항할 수 없다. 또 임대인 甲의 임대차계약 해지권도 대위행사할 수 있다.

(31-2)
甲은 乙에게 토지를 매도하였고 乙은 이전등기를 하지 않은 채 丙에게 전매하였다.
① 丙이 乙을 대위하여 甲에 대하여 부동산처분금지가처분신청을 하였는데, 乙이 이 사실을 알고 甲과의 매매계약을 합의 해제하였다. 乙은 해제를 이유로 丙에게 대항할 수 있는가?
② 丙이 乙을 대위하여 甲에게 소유권이전등기청구를 하면서 乙에게 이 사실을 통지하였다. 乙이 이 사실을 알고 일부러 이행지체를 하여 甲이 매매계약을 해제하도록 만들었다. 甲은 해제를 이유로 丙에게 대항할 수 있는가?
③ 丙이 甲에게 소유권이전등기청구 소송을 하면서 乙에게 이 사실을 통지하였는데, 甲이 乙에게 소유권이전등기를 해 주었다. 이것은 유효한가?

◎ 채권자가 채무자의 권리를 대위행사하는 경우 채무자에게 통지하여야 하며(채무자가 채권자의 대위권 행사사실을 안 경우에도 같다) 그 이후 채무자는 권리에 대한 처분권을 상실하므로 채무자는 제3자에 대하여 가지는 채권의 양도나 포기 등 처분행위를 할 수 없다. 채무자와 처분행위의 상대방은 채권자에게 대항할 수 없다. 채무자의 변제수령은 처분행위가 아니어서 유효하고, 채무자 명의로 소유권이전등기를 경료하는 것도 유효하다.

★ 대구지법 1988. 2. 10. 선고 87나485 [건물명도] (확정)

◎ 채권자대위권 행사를 알게 된 채무자가 제3자와 한 계약의 합의해제는 처분행위에 해당한다. 그러나 채무자의 이행지체로 계약이 해제되도록 한 것은 처분행위가 아니다. 다만 형식상으로는 채무자의 채무불이행으로 인한 계약해제이지만 실질은 채권자대위권 행사 사실을 알고 일부러 채무불이행상태를 만들어 합의해제인 것과 마찬가지의 경우에는 대항할 수 없다.

◎ ①의 경우 처분금지가처분신청도 채권자대위권의 행사인데, 그 사실을 알고 한 甲과 乙의 합의해제는 처분행위로서 丙에게 대항할 수 없다. ★ ②의 경우 실질은 합의해제나 마찬가지이므로 丙에게 대항할 수 없다. ③의 경우 소유권이전등기를 경료하는 것은 처분행위가 아니므로 유효하다.

(31-3)

甲은 乙에 대하여 3억원의 대출금채권을 가지고 있고, 乙은 丙에 대하여 1억 5천만원, 丁에 대하여 1억 5천만원의 채권을 가지고 있다고 주장하면서 채권자대위소송을 제기하여, 甲에게 丙은 1억원, 丁은 1억원을 각 지급할 것을 청구하였다. 그런데 戊가 자신도 乙에 대하여 1억원의 구상금채권을 가지고 있고, 乙은 丙과 丁에 대하여 위와 동일한 채권을 가지고 있다고 주장하면서 甲의 丙, 丁에 대한 소송에 공동소송참가신청을 하였다. 참가신청을 하면서 참가인 戊에게 丙은 5천만원, 丁은 5천만원을 각 지급할 것을 청구하였다. 이 공동소송참가신청은 적법한가?

◎ 채권자대위소송은 제3채무자가 채무자에게 이행을 하라는 형태로 되나, 금전 기타 물건의 급부를 목적으로 하는 채권의 경우에는 채권자에게 직접 이행할 것을 청구할 수 있다. 이행을 받은 채권자가 자신의 채권가 상계함으로써 결과적으로 채권자가 우선변제를 받게되어도 채권자평등의 원칙에 어긋나지 않는다. 이때 제3채무자는 피대위채권에 존재하는 항변사유를 주장할 수 있으나, 피보전채권에 존재하는 항변사유는 주장하지 못한다.

★ 대법원 2007. 6. 28. 선고 2006다85921 판결 [가처분이의]
　대법원 1996. 4. 12. 선고 95다54167 판결 [소유권이전등기]

◎ 채권자가 제3채무자를 상대로 채권자대위소송이 제기된 상태에서 채무자가 제3채무자를 상대로 소송물이 같은 내용의 소송이 제기된 경우 후소는 중복소송으로 각하된다. ★ 그리고 한 채권자가 채권자대위소송을 제기하였는데, 다른 채권자가 소송물이 동일한 채권자대위소송을 또 제기하는 경우에도 후소는 중복소송으로 각하된다. ★★

◎ 채권자대위소송이 계속 중인 상황에서 다른 채권자가 동일 채무자를 대위하여 채권자대위권을 행사하면서 공동소송참가신청을 하는 경우 소송물이 동일하다면 참가신청은 적법하다. 특히 참가인의 청구금액이 원래의 채권자의 청구금액을 초과하지 않는 한 적법하다. ★★★

◎ 채권자대위소송의 판결의 효력은 채무자가 어떠한 사유로든지 대위소송이 제기된 사실을 아는 경우에 채무자에게 미친다.

◎ 戊의 공동소송참가신청은 적법하다. 甲이 일부 청구임을 명시하여 피대위채권의 일부만을 청구한 것이고 참가인 戊의 丙, 丁에 대한 각 청구금액이 甲의 丙, 丁에 대한 각 청구금액을 초과하지 않는다면 참가인의 청구는 甲의 청구와 소송물이 동일하여 중복된다고 할 수 있으므로, 소송목적이 甲과 참가인 戊에게 합일적으로 확정되어야 할 필요성이 인정되어 참가인의 공동소송참가신청을 적법한 것으로 보아야 할 것이다.

★ 대법원 1992. 5. 22. 선고 91다41187 판결 * [채무부존재확인]
★★ 대법원 1995. 4. 14. 선고 94다29256 판결 [소유권이전등기말소]
★★★ 대법원 2015. 7. 23. 선고 2013다30301 판결 [매매대금반환·매매대금반환]

32. 채권자취소권 [3-1-2]

(32-1)

　농협은 甲에게 신용카드를 발행해 주었다. 甲이 신용카드 대금납부를 연체하였다. 甲이 신용카드 대금납부를 연체하기 전에 甲은 자신의 아파트를 乙에게 매각하였다. 그런데 매매계약 체결일 당시 甲의 적극재산으로는 2,300만원 상당의 아파트가 유일하였고, 소극재산으로는 우리은행에 대한 대출금채무 300만원, 조흥은행에 대한 대출금채무 450만원, 국민은행에 대한 대출금채무 1,500만원, 乙에 대한 차용금채무 1,300만원 등의 다수의 채무가 있었다. 농협은 甲의 乙에 대한 아파트매매계약을 취소하는 소송을 제기하였다. 이 소송은 적법한가?

◎ 채무자가 채권자를 해함을 알면서 자신의 일반재산을 감소시키는 행위(사해행위)를 한 경우 채권자가 행위의 상대방에 대하여 그 행위를 취소하여 채무자에게 재산을 원상회복시킴으로써 모든 채권자를 위하여 채무자의 재산을 보전하는 것을 채권자취소(사해행위취소)라고 한다. 이 때 사해행위의 상대방인 수익자나 전득자가 행위 당시에 채권자를 해함을 알고 있어야 취소할 수 있다. 취소원인을 안 날로부터 1년 이내에 소가 제기되어야 한다.

◎ 채무자의 사해의 의사는 채권의 공동담보에 부족이 생기는 것을 인식하면 충분하고, 채권자를 해할 것을 기도하거나 의욕하는 것을 요하지 않는다. 수익자나 전득자가 행위 당시 사해의 사실을 몰랐다면 모른 것에 과실이 있다 하여도 악의로 인정되지 않는다. 채권자가 사해행위의 취소로서 수익

자를 상대로 채무자와의 법률행위의 취소를 구함과 아울러 전득자를 상대로도 전득행위의 취소를 구하는 경우 전득자의 악의는 전득행위 당시 채무자와 수익자 사이의 법률행위가 채권자를 해한다는 사실, 즉 사해행위의 객관적 요건을 구비하였다는 것에 대한 인식을 의미한다. 사해행위취소소송에서 채무자의 악의의 점에 대하여는 취소를 주장하는 채권자에게 증명책임이 있으나, 수익자 또는 전득자가 악의라는 점에 관하여는 수익자 또는 전득자 자신에게 선의라는 사실을 증명할 책임이 있다. 채무자의 재산처분행위가 사해행위에 해당할 경우에 사해행위 또는 전득행위 당시 수익자 또는 전득자가 선의였음을 인정함에 있어서는 객관적이고도 납득할 만한 증거자료 등에 의하여야 하고, 채무자나 수익자의 일방적인 진술이나 제3자의 추측에 불과한 진술 등에만 터 잡아 사해행위 또는 전득행위 당시 수익자 또는 전득자가 선의였다고 선뜻 단정하여서는 아니 된다. ★

◎ 채권자의 채무자에 대한 채권 즉 피보전채권은 금전채권이어야 하며 특정물채권은 해당되지 않는다(특정물채권이 금전채권으로 바뀐 경우에는 가능). 이혼시의 재산분할청구권도 피보전채권이 된다. 피보전채권에 담보가 설정되어 있어도 채권 전액에 대한 우선변제권을 확보할 수 없는 경우에는 초과 채권액을 피보전채권으로 할 수 있다.

◎ 피보전채권은 사해행위 보다 먼저 성립되어야 한다. 다만 사해행위 당시 이미 채권발생의 기초가 성립되어 있고 가까운 장래에 채권이 성립될 수 있는 고도의 개연성이 있으며 실제로 그 개연성이 현실화되는 경우에는 예외이다. 예를 들어 보증인 아직 발생하지 않은 구상금채권을 피보전채권으로 하여 구상채무자의 증여계약을 취소할 수 있다. 피보전채권의 이행기 도래 전이라도 조건이나 기한이 성립될 것이 확실하면 된다.

★ 대법원 2015. 6. 11. 선고 2014다237192 판결 [구상금]

◎ 사해행위는 채무자의 재산을 감소시키는 행위로써 적극재산의 감소나 소극재산의 증가로 채무초과상태에 이르러 공동담보의 부족이 생기게 하는 행위이다. 증여의 거절, 가족법상의 행위 중 상속포기 등은 해당되지 않으나, 이혼의 재산분할시의 초과분할(단 협의 또는 심판에 의하여 구체화되어야 함), 상속재산의 협의분할시의 상속분 포기 등도 사해행위다, 소멸시효이익의 포기도 사해행위이다.

◎ 신용카드가입계약은 신용카드의 발행 및 관리, 신용카드의 이용과 관련된 대금의 결제에 관한 기본적 사항을 포함하고 있기는 하나 그에 기하여 신용카드업자의 채권이 바로 성립되는 것은 아니고, 신용카드를 발행받은 신용카드회원이 신용카드를 사용하여 신용카드가맹점으로부터 물품을 구매하거나 용역을 제공받음으로써 성립하는 신용카드매출채권을 신용카드가맹점이 신용카드업자에게 양도하거나, 신용카드업자로부터 자금의 융통을 받는 별개의 법률관계에 의하여 비로소 채권이 성립하는 것이므로, 단순히 신용카드가입계약만을 가리켜 <채권성립의 기초가 되는 법률관계>에 해당한다고 할 수는 없다. ★

◎ 따라서 甲이 농협과 신용카드가입계약을 체결하고 신용카드를 발행받았다고 하여도, 아파트를 乙에게 매도하기 이전에는 신용카드를 사용하지 않다가 그 이후 신용카드를 물품구매나 현금서비스 등에 사용하기 시작하여 그 대금을 연체하게 되었다면, 신용카드대금채권은 사해행위 이후에 발생한 채권에 불과하다고 할 것이어서 사해행위의 피보전채권이 된다고 할 수 없다.

★ 대법원 2004. 11. 12. 선고 2004다40955 판결 [사해행위취소]

> A 보험회사는 甲이 乙로부터 돈을 빌리는 것에 대하여 보증보험증권을 발행하여
> 연대보증하였다. 甲이 돈을 갚지 못하자 A 보험회사는 乙에 대하여 대출원리금을 변
> 제해 주었다. 그런데 甲이 자신의 부동산을 丙에게 매도하여 매도대금으로 부동산 상
> 의 근저당권자에게 채권을 변제한 사실을 알고 구상금채권을 피보전채권으로 하여 丙
> 을 상대로 매매계약의 취소청구를 하였다.

◎ 채무자가 자기의 유일한 재산인 부동산을 매각하여 소비하기 쉬운 금전으로 바꾸는 행위는 원칙적으로 사해행위가 되나, 그 부동산의 매각 목적이 채무의 변제 또는 변제자력을 얻기 위한 것이고, 그 대금이 부당한 염가가 아니며, 실제 이를 채권자에 대한 변제에 사용하거나 변제자력을 유지하고 있는 경우는 사해행위에 해당하지 않는다. 그러나 채무자가 일부 채권자와 통모하여 다른 채권자를 해할 의사를 가지고 변제를 하는 경우 즉 채권자 중의 한사람과 통모하여 부동산을 그 채권자에게 매각하고 매매대금과 채무를 상계하기로 하였는데 매매가격이 상당한 가격이거나 상당한 가격을 초과한다고 할지라도 채무자의 매각행위는 다른 채권자를 해할 의사로 한 법률행위에 해당한다.

◎ 甲의 부동산이 유일한 재산이라 하더라도 매매대금이 매매계약 체결 당시 매매 시세의 범위 내에 있었고 매매대금으로 부동산에 설정된 근저당권 피담보채무의 변제 또는 가압류등기의 해제비용에 사용된 경우에, 甲이 丙과 통모하였다는 등의 특별한 사정이 없다면, 甲의 부동산 매각은 채무의 변제를 위한 것이었고, 매매대금이 각 부당한 염가가 아니며, 실제 매매대금의 대부분이 각 채무의 변제에 사용된 경우에는 사해행위라고 보기 어렵다. ★

★ 대법원 2015. 10. 29. 선고 2013다83992 판결 [사해행위취소]

(32-3)

　乙은 개인채무, 은행 근저당채무, 임차보증금반환채무 등이 많아서 채무가 자기 소유 빌라와 아파트의 합계 가액을 훨씬 초과함에도 2015.1.1. 빌라를 자신의 동서인 丙에게 매도하였다. 이에 乙의 물품대금채권자인 甲이 빌라의 매도행위를 사해행위로 취소하는 소송을 2015.3.1. 제기하였다. 이 소송의 변론종결일은 2016.2.1. 이다. 2015.1.1. 당시의 乙의 채무현황과 변론종결당시의 시가는 다음과 같다. (지연손해금 불고려) 채권자취소소송의 판결 주문을 작성해보라.

	재산 (2015.1.1.기준)	채무액 (2015.1.1.기준)	2016.2.1. 당시 채무액
		물품대금　1억 3500만원	1억 3500만원
아파트	10억원	1순위근저당 6억원	경매됨 낙찰가격 5억 8000만원
		2순위근저당 3억 3000만원	
		3순위근저당 1억 3500만원	
빌라	1억 3000만원	1순위근저당 1000만원	소액보증금 우선권 2000만원
		임차보증금 6000만원	
		2순위 근저당　6000만원	6200만원 변제 말소
		수표금 2억원	
	11억 3000만원	13억 9500만원	빌라 시세 1억 4000만원

◎ 빌라의 공동담보 가액

1억 4,000만 – 1000만 – 2000만 – 6200만 = 4800만원

사해행위 당시 갑이 담보물인 아파트로부터 우선변제받을 수 있었던 금액

10억 – 6억 – 3억 3000만 = 7000만원

사해행위 당시 피보전채권액 1억 3500만 – 7000만 = 6500만원

◎ 사해행위 취소 및 가액배상의 범위는 목적물의 공동담보액 4800만원과 원고의 피보전채권액 6500만원 중 적은 금액으로 한다.

◎ 주문

1. 丙과 乙 사이의 빌라 매매계약을 4800만원의 한도 내에서 취소한다.

2. 丙은 甲에게 4800만원을 지급하라

33. 분할채권과 불가분채권 [3-1-3-1, 3-1-3-2]

(33-1)

　甲은 교회부지로 사용할 목적으로 乙과 丙으로부터 토지를 매입하였다. 乙과 丙이 토지상에 있는 분묘의 이장과 다른 소유자의 임목에 대한 관리권을 포기하도록 하는 데 대하여 책임지기로 하였다. 甲이 계약금과 중도금의 일부를 지급한 후에 그 부지가 개발제한구역이며 토지거래허가를 받아야 되는 곳이고 토지거래허가가 불가능한 것임을 알고 계약을 해제하였다. 甲이 이미 지급한 돈의 반환을 청구하면서, 돈의 관리는 주로 乙이 맡아서 하였고 丙은 재산이 없는 것 같아서 乙을 상대로 전액을 청구하였다. 타당한가?

◎ 채권자나 채무자가 수인인 경우 특별한 의사표시가 없으면 각 채권자나 각 채무자는 균등한 비율로 권리가 있고 의무를 부담한다(분할채권 원칙). 채권의 목적이 성질상 또는 당사자의 의사표시에 의하여 불가분인 경우에 각 채권자는 모든 채권자를 위하여 전부의 이행을 구할 수 있고, 채무자는 모든 채권자를 위하여 각 채권자에게 전부를 이행할 수 있다. 채무자 수인의 불가분채무의 경우 연대채무에 관한 규정이 준용된다. 그래서 어느 1인의 채무자에 대하여 전부의 이행을 청구할 수 있고, 채무자 1인이 전부 이행한 경우 다른 채무자도 채무를 면한다.

◎ 여러 사람이 공동으로 법률상 원인 없이 타인의 재산을 사용한 경우의 부당이득 반환채무는 불가분적 이득의 반환으로서 불가분채무이고, 불가분채무는 각 채무자가 채무 전부를 이행할 의무가 있으며, 1인의 채무이행으

로 다른 채무자도 그 의무를 면하게 된다. 공동 상속인들의 건물철거의무는 그 성질상 불가분 채무라고 할 것이므로 공동 상속인 각자가 계쟁건물 전체에 관하여 철거할 의무를 부담한다고 보아야 할 것이고, 따라서 토지 소유자가 공동 상속자 중 1인을 제외하고 나머지 상속인들만을 상대로 하여 건물 전체의 철거를 청구할 수도 있다.(공유물의 반환 또는 철거에 관한 소송은 필요적 공동소송이 아니다). 이 경우 지분의 한도 내에서 공유물 전체에 관한 철거의무를 진다. ★

◎ 乙이 대표격으로 계약금 및 중도금을 수령하여 그 중 일부를 각종 양도소득세 등 비용을 처리하기 위하여 별도로 관리하였고, 특약사항으로 분묘의 이장과 같은 여러 가지 불가분채무를 부담하였을 뿐만 아니라 乙 丙 상호간에 밀접한 신분관계를 가지고 있어 그 계약 이행에 관하여 전원의 의사나 능력이 일체로서 고려되었다고 하는 경우, 매매계약이 확정적으로 무효로 되면서 발생한 乙, 丙의 甲에 대한 부당이득반환채무도 성질상 불가분채무라고 봄이 상당하다. ★★

★ 대법원 1980. 6. 24. 선고 80다756 판결 [건물철거]
★★ 대법원 1997. 5. 16. 선고 97다7356 판결 [매매대금반환]

34. 연대채무 [3-1-3-3]

> **(34-1)**
> 채권자 甲에 대하여 채무자 乙, 丙, 丁이 3억원의 연대채무가 있고 균등비율이다.
> ① 甲이 丁의 채무를 면제한 경우 乙, 丙은 얼마의 채무를 부담하게 되는가?
> ② 甲이 丁의 채무에 대하여 연대를 면제한 경우 乙, 丙은 얼마의 채무가 부담하게 되는가?
> ③ 丙이 甲에 대하여 1억 5000만원의 채권을 취득하여 상계하는 경우 乙, 丁은 얼마의 채무를 부담하게 되는가? 丙이 상계하지 않는 경우 乙과 丁이 상계를 주장할 수 있는가?
> ④ 乙이 6천만원을 변제한 경우 乙은 丙과 丁에 대하여 얼마를 구상할 수 있는가?
> ⑤ 乙이 3억원 전부를 변제하였는데, 丙이 무자력이라면 乙은 丁에게 어떻게 구상할 수 있는가?
> ⑥ 乙이 3억원 전부를 변제하였고, 丙이 무자력이며 丁이 연대의 면제를 받은 경우 乙은 누구에게 얼마를 구상할 수 있는가?

◎ 수인의 채무자가 각각 채무 전부를 변제해야하는 의무가 있고, 그중 한명의 채무자가 변제하면 다른 채무자도 채무를 면하게 되는 채권관계를 연대채무라 한다. 당사자간의 연대약정으로 성립되며 수인이 순차적으로 별개의 계약으로 성립될 수도 있다.

◎ 법률상 인정하고 있는 연대채무로는 공동불법행위자의 연대책임, 일상가사채무에 대한 부부의 연대책임, 임무를 해태한 이사의 연대책임, 법인의 목적 범위 외의 행위로 타인에게 손해를 가한 경우 그 사항의 의결에 찬성하거나 집행한 사원 이사 기타 대표자의 연대책임, 상행위로 인한 채무 등이

있다.

◎ 1인의 채무자에게 생긴 사유로서 전체 연대채무자에게 효력이 있는 행위로는 변제, 상계, 혼동, 면제, 이행의 청구, 채권자지체 등이 있고, 다른 연대채무자에게 영향을 주지 못하는 것으로는 압류, 가압류, 승인, 한 연대채무자에 대한 법률행위의 무효나 취소의 원인 등이 있다.

◎ 출재를 한 연대채무자는 자신의 부담부분 이상이 아니더라도 출재한 부분의 비율대로 다른 연대채무자에 대하여 구상할 수 있다. 부담부분 금액이 아니라 공동면책액 중 분담비율 초과금액을 구상할 수 있다.(불가분채무부진정연대채무 공동보증인 간의 구상권은 부담부분을 초과하는 출재를 해야 구상권 발생함) 상계채권이 있는 연대채무자가 상계하지 않는 경우 다른 연대채무자는 그 부담부분의 한도에서 상계할 수 있다. 연대채무자 중에서 상환할 자력이 없는 자가 있는 경우 그 채무자의 부담부분은 구상권자 및 다른 자력 있는 채무자가 각자의 부담부분에 비례하여 부담한다. 그러나 구상을 게을리 하던 중에 1인의 연대채무자가 무자력이 된 경우에는 다른 연대채무자에 대하여 분담을 청구하지 못한다. 무자력자의 부담부분을 분담할 다른 채무자가 연대의 면제를 받은 때에는 그 채무자의 분담부분은 채권자의 부담으로 된다.

◎ ①의 경우 乙, 丙은 2억원에 대하여만 연대채무가 있으며, ②의 경우 丁은 1억원의 채무가 있고, 乙과 丙은 2억원에 대하여 연대채무가 있다. ③의 경우 乙, 丙, 丁은 1억 5000만원의 연대채무가 남아 있으며, 丙이 상계하지 않아도 乙과 丁은 부담부분인 1억원 한도에서 상계할 수 있으므로 乙과 丁은 2억원의 연대채무가 있다. ④의 경우 부담부분금액은 1억원이나 공동면책액 중 분담비율은 2천만원이므로 丙, 丁에 대하여 각 2,000만원 씩 구상할 수 있다. ⑤의 경우에는 乙과 丁이 丙의 부담부분을 각각 5000만원씩

부담하므로 乙 자신은 1억 5000만원을 부담하고 丁에게 1억 5000만원을 구상할 수 있다. ⑥의 경우는 丁의 부담부분 5000만원을 채권자 甲이 부담하여야 하므로, 乙은 1억 5000만원을 부담하고 丁에게 1억원을, 甲에게 5000만원을 구상할 수 있다.

35. 부진정연대채무 [3-1-3-3]

(35-1)

　A 회사의 피용자 甲이 서류를 위조하여 A 회사 명의로 乙이 은행으로부터 1억원을 대출받는데 보증하였다. A 회사는 甲의 사용자로서 甲의 불법행위로 인한 감독자의 책임을 지는데 대출은행이 심사업무를 제대로 하지 않은 데 대한 과실 30%가 인정되어 70%의 책임을 지게 되었다. 1억원의 채무자인 乙이 우선 4000만원을 변제한 경우 A 회사의 책임은 얼마나 남는가?

◎ 서로 별개의 원인으로 발생한 독립된 채무(동일한 손해에 대하여 수인이 각자 손해배상책임을 지는 경우)라 하더라도(주관적 공동관계가 없더라도) 그 수인은 연대채무자와 동일한 효과를 받는 경우를 부진정연대채무라 한다.

◎ 공동불법행위자의 불법행위 책임 상호간, 자동차 대인사고에서 가해운전자 자동차운행자 보험자의 책임 상호간, 피용자 자신의 불법행위책임과 사용자의 배상책임 상호간, 책임무능력자의 불법행위에 대한 법정감독의무자와 대리감독자의 배상책임 상호간, 임차물을 훼손당한 경우 임차인의 채무불이행책임과 훼손자의 불법행위에 의한 손해배상책임 상호간, 법인의 불법행위책임과 대표기관 개인의 손해배상책임 상호간 등에서 인정되고 있다.

◎ 부진정연대채무자의 1인이 한 변제 대물변제 공탁 상계는 다른 채무자에 대하여 절대적 효력이 있다. 부진정연대채무자 사이에서는 고유의 의미에

서의 부담부분이 존재하지 않는다.(다만 부진정연대채무자들 사이의 내부
관계에서 형평의 원칙상 각자의 고의 과실의 정도에 따라 내부적 부담부
분을 인정하여 상호 구상관계가 인정된다). 1인의 부진정연대채무자가 채
권자에 대한 자신의 채권을 가지고 상계하지 않더라도 다른 부진정연대채
무자는 상계할 수 없다. 면제는 상대적 효력만 있을 뿐이어서 피해자가 부
진정연대채무자 1인에 대하여 손해배상에 관한 권리를 포기하거나 채무를
면제하는 의사표시를 하였더라도 다른 부진정연대채무자에 대하여 효력이
미치지 않으므로 채무를 면제받았음을 이유로 구상을 거절할 수 없다.

◎ 금액이 다른 채무가 서로 부진정연대 관계에 있을 때 다액채무자가 일부
변제를 하는 경우 변제로 인하여 먼저 소멸하는 부분은 다액채무자가 단
독으로 채무를 부담하는 부분이다. 당사자의 의사와 채무 전액의 지급을
확실히 확보하려는 부진정연대채무 제도의 취지에 비추어서 그렇게 해석
한다. 이러한 법리는 사용자의 손해배상액이 피해자의 과실을 참작하여 과
실상계를 한 결과 타인에게 직접 손해를 가한 피용자 자신의 손해배상액
과 달라졌는데 다액채무자인 피용자가 손해배상액의 일부를 변제한 경우
에 적용된다. 그리고 공동불법행위자들의 피해자에 대한 과실비율이 달라
손해배상액이 달라졌는데 다액채무자인 공동불법행위자 중 1인이 손해배
상액의 일부를 변제한 경우에도 적용된다. 중개보조원을 고용한 개업공인
중개사의 공인중개사법(제30조 제1항)에 따른 손해배상액이 과실상계를
한 결과 거래당사자에게 직접 손해를 가한 중개보조원 자신의 손해배상액
과 달라졌는데 다액채무자인 중개보조원이 손해배상액의 일부를 변제한
경우에도 마찬가지이다. ★

◎ A 회사의 사용자책임에 기한 손해배상채무와 乙의 대출금채무는 부진정연
대채무의 관계에 있다. 다액 채무자인 乙이 일부변제한 액은 乙이 단독으

★ 대법원 2018. 3. 22. 선고 2012다74236 전원합의체 판결 [부당이득금]

로 부담하는 부분을 먼저 소멸시키는 것으로 보아야 하므로 을은 6000만
원(1억 −4000만)의 채무를 부담하고, A 회사도 6000만원을 부담하게 된다.

(35-2)

  A 회사의 피용자 甲이 피해자에게 불법행위로 1억원의 손해를 입혔다. 피해자의
부주의로 인한 과실 비율이 30%이다. 甲의 배상책임과 A 회사의 책임은 부진정연대
채무 관계에 있게 되는데, 甲이 4000만원을 일부변제하였다면 A 회사의 채무는 얼마
나 남는가?

◎ 甲의 일부변제액 중 사용자의 과실 비율에 상응하는 만큼 A 회사의 배상
채무에서 일부 변제된 것으로 본다. 즉 甲은 6000만원(1억 − 4000만)의 채
무를 부담하고, A 회사는 과실비율을 초과하는 1000만원만 A 회사의 책
임액에서 감액하는 방법(즉 7000만 − 1000만 = 6000만원)과 A 회사의 책
임비율을 곱하여 안분된 부분 만큼 A 회사의 책임비율이 줄여서 2800만
원이 변제된 것으로 보게 되어(4000만원 × 70%). 결국 A 회사는 4200만
원의 채무가 남아있는 것으로 보는 방법이 있다.

36. 보증채무 [3-1-3-4]

> **(36-1)**
> 甲은 乙로부터 토지를 매수하면서 대금을 10회 분할지급하기로 하였다. 乙은 분할
> 지급을 보증해 줄 것을 요구하여 甲은 보증보험회사로부터 이행보증보험증권을 받아
> 서 주었다. 그런데 甲이 6회 분할지급부터 10회까지 계속 이행지체를 하자 乙은 보증
> 보험회사로부터 분할대금을 보증금으로 지급받았다. 그후 乙은 이 토지 매매계약을 해
> 제하고 이미 지급받은 매매대금 중 계약금을 공제하고 1회부터 5회까지 분할대금을
> 반환하였다. 보증보험회사는 자신이 지급한 보증금의 반환을 乙에게 요구하고 있다.

◎ 주채무자가 이행을 하지 않는 경우 주채무와 동일한 내용의 급부를 보증인
인 이행하여야 하는 채무를 보증채무라 한다. 채권자와 보증인 사이의 별
도의 보증계약에 의해 성립하는데 보증계약은 보증인의 기명날인이나 서
명이 있는 서면으로 해야 유효하다. 보증채무의 소멸시효기간은 따로 진행
되며, 보증채무에 관해 위약금 기타 손해배상액을 따로 정할 수 있고, 보증
채무 자체의 이행지체로 인한 지연손해금은 보증한도에 포함되지 않으며
주채무의 약정 연체이율이 당연히 적용되지 않는다. ★

◎ 보증채무는 주채무에 대하여 성립 존속 소멸 내용 등에 있어서 주종관계에
있다(부종성). 단 피보증채무가 확정될 수 있다면 주채무인 기본계약의 체
결 전이라도 가능하다. 근보증이란 장래의 불특정채무에 대하여 보증하는

★ 대법원 2014. 3. 13. 선고 2013다205693 판결 [보증채무금등]

것인데 보증계약 체결 당시 주채무의 발생원인과 그 내용이 어느 정도 확정되어 있으면 가능하다.

주채무에 무효 취소 원인이 있음을 알고 보증계약을 한 경우는 주채무와 동일한 목적의 독립채무를 부담한다. 그러나 모르고 보증한 경우 주채무자가 채권자에 대하여 취소권 해제권 해지권을 가지는 동안에는 보증채무의 이행을 거절할 수 있다. 일반 보증의 경우 주채무자에게 자력이 있고 그 재산에 대하여 먼저 집행할 것을 항변할 수 있다(최고 검색의 항변권, 연대보증은 해당되지 않음).

◎ 채권자는 주채무자에 관한 신용정보 등을 보증인에게 제공하고 통지할 의무가 있다. 주채무의 내용이 사후적으로 변경되어 주채무의 내용이 확장 가중되는 경우 보증인은 원래의 주채무에 대해서만 책임이 있다. 그런데 주채무의 변제기의 연장은 보증인의 책임을 가중하는 것이 아니어서 보증인에게도 효력이 있으나, 보증인보호특별법에 의하여 효력이 부정될 수도 있다.

◎ 보증보험계약은 주계약인 매매계약을 그 전제로 하고 보험계약자인 甲이 매매계약에 따른 분할대금채무를 이행하지 아니함으로써 피보험자인 乙이 입게 되는 손해를 약관이 정하는 바에 따라 보험가입금액의 범위 내에서 보상하기로 한 계약으로서, 형식적으로는 보험계약이나 실질적으로는 보증계약과 같은 효과를 목적으로 하는 것이다, 보험계약자인 甲이 분할대금채무를 이행하지 아니하여 보험자인 보증보험회사가 피보험자인 乙에게 분할대금 상당을 보험금으로 지급하였다면, 그 후 乙이 나머지 매매대금에 관한 甲의 채무불이행을 이유로 매매계약을 해제함으로써 매매계약이 소급적으로 무효가 되었으므로, 보험자인 보험회사는 乙을 상대로 이미 지급한 보험금을 부당이득으로 반환청구할 수 있다. ★

(36-2)

　甲이 乙로부터 대출을 받는데 丙이 연대보증하였다. 乙의 甲에 대한 채권은 상사채권이 이어서 5년의 소멸시효가 지났다. 그런데 乙은 소멸시효 직전에 연대보증인인 丙의 부동산에 대한 가압류결정을 받아서 가압류등기를 하였다. 그후 이 부동산에 대한 강제경매절차가 진행되어 주채무의 소멸시효기간이 훨씬 지나서 매각을 원인으로 가압류등기가 말소되고 乙이 배당금을 수령하여 주채무인 대출금채권의 일부 변제에 충당되었고, 丙이 이에 대하여 아무런 이의를 하지 않았다. 丙은 나중에 주채무의 소멸시효가 완성되었음을 알고 乙을 상대로 보증채무의 부존재로 인한 부당이득반환청구를 하였다.

◎ 보증채무에 대한 소멸시효가 중단되었다 하더라도 주채무에 대한 소멸시효가 완성된 경우에는 시효완성의 사실로써 주채무가 당연히 소멸되므로 보증채무 역시 소멸된다(보증채무의 부종성). ★ 그리고 주채무에 대한 소멸시효가 완성되어 보증채무가 소멸된 상태에서 보증인이 보증채무를 이행하거나 승인하였다고 하더라도, 주채무자가 아닌 보증인의 행위에 의하여 주채무에 대한 소멸시효 이익 포기 효과가 발생된다고 할 수 없다. ★★ 다만 주채무의 시효소멸에도 불구하고 보증채무를 이행하겠다는 의사를 표시한 경우 등과 같이 그 부종성을 부정하여야 하는 경우에는 보증인은 여전히 책임이 있다. 채권자와 주채무자 사이의 확정판결에 의하여 주채무가 확정되어 그 소멸시효기간이 10년으로 연장되었다 할지라도 그 보증채무까지 당연히 단기소멸시효의 적용이 배제되어 10년의 소멸시효기간이 적용되는 것은 아니고, 채권자와 연대보증인 사이에 있어서 연대보증채무의 소멸시효기간은 여전히 종전의 소멸시효기간에 따른다. ★★★

◎ 丙의 연대보증채무의 소멸시효는 가압류에 의하여 중단되어 그 효력이 적어도 그 가압류등기가 존속한 매각시점까지는 계속되었다. 그러나 주채무

★ 대법원 2004. 12. 24. 선고 2004다20265 판결 [보험금반환]

★ 대법원 2012. 1. 12. 선고 2011다78606 판결 [청구이의]

★★ 대법원 2012. 7. 12. 선고 2010다51192 판결 [채무부존재확인]

★★★ 대법원 2006. 8. 24. 선고 2004다26287 판결 [채무부존재확인등·구상금]

자인 乙에 대한 대출금 채권의 소멸시효는 이와 별도로 진행되고 그 채권이 소멸시효 완성으로 소멸된 경우에는 부종성에 따라 연대보증채무도 소멸된다. 경매로 인한 배당금을 대출금 채권의 일부 변제에 충당함에 대하여 丙이 아무런 이의를 진술하지 않았더라도 주채무에 대한 소멸시효의 이익을 포기한 것으로 볼 수는 없다. 그리고 그러한 사정만으로는 丙이 대출금 채무의 시효소멸에도 불구하고 자신의 보증채무를 이행하겠다는 의사를 표시한 것으로 보기에는 부족하다.

◎ 따라서 丙은 乙에게 보증채무로 배당된 금액을 반환받을 수 있다.

(36-3)

甲은 乙과 물품거래를 하면서 乙에 대한 물품구입대금채무에 관하여 丙에게 연대보증을 부탁하여 丙은 乙에게 甲의 채무에 대하여 연대보증하였다. 甲이 거래 종기에 이르러 2000만원의 채무가 남아 있자 乙은 甲과 丙에게 채무지급을 독촉하였다. 이에 甲은 乙에게 우선 1000만원을 지급하였다. 그런데 甲이 이 일부 변제 사실을 丙에게 알려주지 않아서 丙은 乙에게 2000만원을 변제하였다. 丙이 나중에 이중변제된 1000만원을 甲에게 돌려달라고 요구하였다.

◎ 주채무자가 변제한 경우 수탁보증인에 대하여 통지하여야 하는데, 보증인이 이를 모르고 변제한 경우 보증인은 자신의 면책행위의 유효를 주장할 수 있다. 보증인은 주채무자에게 구상할 수 있고, 주채무자는 채권자에게 부당이득반환청구를 한다.

◎ 보증인이 주채무자에게 사전통지를 하지 않고 채권자에게 변제를 한 경우 주채무자가 채권자에게 대항할 수 있는 사유가 있으면 그 사유로 보증인에게 대항할 수 있다. 그런데 대항사유가 상계라면 상계채권은 보증인에게 이전된다. 또 보증인이 변제 후에 주채무자에게 통지하지 않아서 주채무자가 선의로 채권자에게 변제하면 주채무자는 자신의 변제가 유효함을 주장할 수 있어서 보증인은 주채무자에게 구상할 수 없고, 채권자에게 부당이

득반환청구를 할 수 있을 뿐이다.

◎ 수탁보증에 있어서 주채무자가 면책행위를 하고도 그 사실을 보증인에게 통지하지 아니하고 있던 중에 보증인도 사전 통지를 하지 아니한 채 이중의 면책행위를 한 경우에, 보증인은 주채무자에 대하여 자기의 면책행위의 유효를 주장할 수 없다. 따라서 이중변제의 기본 원칙으로 돌아가 먼저 이루어진 주채무자의 면책행위가 유효하고 나중에 이루어진 보증인의 면책행위는 무효로 보아야 하므로 보증인은 주채무자에게 구상권을 행사할 수 없다.

◎ 주채무자 甲의 사후통지 해태와 보증인 丙의 사전통지 해태가 결합된 경우 甲의 변제가 유효하므로 丙은 甲에게 구상권을 행사할 수 없고, 채권자 乙에게 부당이득반환청구를 할 수 있을 뿐이다.

(36-4)

甲은 乙로부터 3000만원을 빌렸다. 甲의 乙에 대한 채무를 丙, 丁, 戊가 연대보증하였다. 丙이 3000만원 전액을 변제하였다.

① 甲이 丙에게 1000만원을 변제하면 丙은 丁과 戊에게 얼마씩 구상할 수 있는가?

② 甲이 丙에게 2000만원을 변제하면 丙은 丁과 戊에게 얼마씩 구상할 수 있는가?

◎ 공동연대보증인 중 1인이 자신의 부담부분을 넘는 출재를 한 경우 주채무자에 대한 구상권과 다른 연대보증인에 대한 구상권은 병존하며, 주채무자의 구상채무와 다른 연대보증인의 구상채무는 부진정연대채무 관계에 있다.

◎ 채무전액을 변제한 공동연대보증인 중 1인에 대하여 주채무자가 구상금의 일부를 상환한 경우 다른 연대보증인의 구상채무에 미치는 범위에 관하여 논란이 있다. 일부상환은 공동보증인 전원을 위한 것이므로 공동보증인의 분담비율에 상응하는 주채무자의 구상채무에 충당된다는 견해(안분설)와

주채무자의 구상채무 부분에 먼저 충당되고 나머지는 공동보증인에게 분담된다는 견해(외측설)가 있는데 판례는 후자이다.

◎ 공동연대보증인 중 1인이 채무 전액을 대위변제한 후 주채무자로부터 구상금의 일부를 상환받은 경우, 주채무자의 구상금 일부 상환은 대위변제를 한 연대보증인의 부담 부분에 상응하는 주채무자의 구상채무를 먼저 감소시키고 이 부분 구상채무가 전부 소멸되기 전까지는 다른 연대보증인들이 부담하는 구상채무의 범위에는 아무런 영향을 미치지 않는다. 그 이유는 대위변제를 한 연대보증인은 자기의 부담 부분에 관하여는 다른 연대보증인들로부터는 구상을 받을 수 없고 오로지 주채무자로부터만 구상을 받아야 하므로 주채무자의 변제액을 자기의 부담 부분에 상응하는 주채무자의 구상채무에 먼저 충당할 정당한 이익이 있고, 대위변제를 한 연대보증인이 다른 연대보증인들에 대하여 각자의 부담 부분을 한도로 갖는 구상권은 주채무자의 무자력 위험을 감수하고 먼저 대위변제를 한 연대보증인의 구상권 실현을 확보하고 공동연대보증인들 간의 공평을 기하기 위하여 인정된 권리이어서 다른 연대보증인들로서는 주채무자의 무자력시 주채무자에 대한 재구상권 행사가 곤란해질 위험이 있다는 사정을 내세워 대위변제를 한 연대보증인에 대한 구상채무의 감면을 주장하거나 이행을 거절할 수 없기 때문이다. 그러나 주채무자의 구상금 일부 상환 금액이 대위변제를 한 연대보증인의 부담 부분을 넘는 경우에는 그 넘는 상환 금액은 주채무자의 구상채무를 감소시킴과 동시에 다른 연대보증인들의 구상채무도 각자의 부담비율에 상응하여 감소시킨다. ★

◎ ①의 경우 甲이 丙에게 변제한 1000만원은 甲의 부담부분 1000만원에 상응하는 甲의 구상채무에 먼저 충당된다. 따라서 丙은 丁과 戊에게 각 1000만원의 구상금채권을 갖는다. ②의 경우 甲이 丙에게 변제한 2000만원은

★ 대법원 2010. 9. 30. 선고 2009다46873 판결 [구상금]

甲의 부담부분 1000만원의 구상채무에 충당되고 나머지는 丁과 戊의 분담
비율에 따라 충당되어 丙은 丁과 戊에게 각 500만원의 구상채권을 갖게
된다.

(36-5)
　甲은 A 회사의 이사로 재직 중인데, A 회사가 은행과 체결한 기업여신거래약정으
로부터 부담하는 모든 채무에 대하여 연대보증하였다. 보증기간과 한도액이 정함이
없었다. A 회사는 은행에 대하여 대출금 1억원과 어음할인 대출금 5000만원의 채무
가 있는 상태이고 경영상태가 거의 부도직전이었다. 그런데 A 회사는 다시 은행으로
부터 1억원의 거액을 대출받았고, A 회사와 특수관계에 있는 B 회사의 5000만원의
대출금보증까지 하였다.
　① 甲은 추가대출과 대출보증을 반대하면서 사직서를 제출하였고, 은행에 대해서도
　　연대보증계약의 해지를 통고하였다. 그후 A 회사는 다시 은행으로부터 5000만
　　원을 대출받았다. A 회사는 결국 도산하였다. 은행은 甲에게 3억 5000만원의
　　보증채무금 청구를 하였다.
　② 甲이 추가대출과 대출보증을 반대하다가 사망하였고, 그후 A 회사는 다시 은행
　　으로부터 5000만원을 대출받았다. A 회사가 결국 도산하였다. 은행은 甲의 상
　　속인 乙에 대하여 3억 5000만원의 보증채무금 청구를 하였다.

◎ 장래에 발생할 불특정한 채무를 보증하는 계속적 보증에 있어서는 보증한
도액을 정하지 않아도 유효하다. 보증기간을 정하지 않은 경우는 원칙적으
로 보증계약 당시 이미 발생한 채무도 포함된다.

◎ 회사의 이사가 회사의 제3자와의 계속적 거래로 인한 채무를 보증한 경우
재직 중의 채무에만 한정되지 않는다. 다만 이사의 지위 때문에 부득이하
게 연대보증하였고, 거래 시마다 재직 이사들의 연대보증을 새로이 받아
오는 등의 사정이 있으면 재직 중의 채무만 보증한다. 회사의 임원이나 직
원의 지위에 있었기 때문에 부득이 회사와 제3자 사이의 계속적 거래에서
발생하는 회사의 채무를 연대보증한 사람이 그 후 회사에서 퇴직하여 임직
원의 지위에서 떠난 때에는 연대보증계약의 기초가 된 사정이 현저히 변경
되어 그가 계속 연대보증인의 지위를 유지하도록 하는 것이 사회통념상 부

당하다고 볼 수 있다. 이러한 경우 연대보증인은 연대보증계약을 일방적으로 해지할 수 있다고 보아야 한다. 보험계약자와 현재 또는 장래에 체결하는 보증보험계약에 관하여 보증기간과 보증한도액을 정하여 보증보험 한도거래 약정을 하면서 보험계약자의 채무불이행 보험사고 발생으로 보험금을 지급할 경우, 보험계약자가 보험자에게 부담하게 될 불확정구상채무를 보증한 사람도 이러한 회사의 지위에 인한 경우라면 해지권을 행사할 수 있다. ★

◎ 기간을 정하지 않은 계속적 보증인 경우 상당한 기간이 지났다고 하여 바로 해지권이 발생되지 않는다. 다만 보증계약 후 보증인에게 책임을 지우는 것이 당사자의 의도 해석, 신의칙 상 상당하지 못하다고 인정되는 현저한 사정의 변경이 있는 경우 해지할 수 있다. 해지의 효과는 장래에 향하여 발생하므로 그 이전 까지 발생한 채무에 대하여는 보증책임이 있다.

◎ 계속적 보증계약에서 보증인은 변제기에 있는 주채무 전액에 대하여 책임을 지는 것이 원칙이고, 다만 보증 당시 주채무의 액수를 보증인이 예상하였거나 예상할 수 있었을 경우에는 그 예상 범위로 보증책임을 제한할 수 있으나, 그 예상 범위를 상회하는 주채무 과다 발생의 원인이 채권자가 주채무자의 자산 상태가 현저히 악화된 사실을 잘 알거나 중대한 과실로 알지 못한 탓으로 이를 알지 못하는 보증인에게 아무런 통보나 의사 타진도 없이 고의로 거래 규모를 확대함에 연유하는 등 신의칙에 반하는 사정이 있는 경우에 한하여 보증인의 책임을 합리적인 범위 내로 제한할 수 있다.

◎ 계속적 어음할인거래로 인하여 장래에 부담하게 될 채무에 관하여 보증한도액과 보증기간의 정함이 없는 연대보증계약에 있어서는 보증인의 지위는 상속인에게 상속된다고 할 수 없고 기왕에 발생된 보증채무만이 상속되

★ 대법원 2018. 3. 27. 선고 2015다12130 판결 [구상금]

며 연대보증인의 사망 후에 생긴 주채무에 대하여는 그 상속인이 보증채무
를 승계하여 부담하지 않는다. 보증한도액이 정해진 계속적 보증계약의 경
우 보증인이 사망하였다 하더라도 보증계약이 당연히 종료되는 것은 아니
고 상속인들이 보증인의 지위를 승계한다. ★

◎ ①의 경우 甲의 보증은 계속적 보증이고 단순히 일반이사로 고용되었다가
부득이 보증인이 되었고 사직 정황을 보아 보증계약 당시에 비해 현저한
사정변경이 있으므로 해지할 수 있다. 사임 전에 발생한 채무는 보증책임
이 있다. 그리고 사임 전 채무 가운데서도 A 회사의 재무상태가 현저히 악
화된 가운데 이루어진 대출과 다른 회사를 위한 보증에 대해서는 신의칙상
제한될 수 있다. ②의 경우 보증기간과 한도액이 없는 연대보증에서의 보
증인의 지위는 상속될 수 없으므로 甲의 사망 후에 생긴 채무에 대해서는
상속인이 보증채무를 부담하지 않는다.

★ 대법원 1999. 6. 22. 선고 99다19322, 19339 판결 [구상금]

37. 구상권, 구상금청구

(37-1)
  초등학교 학생이 현장체험학습 물놀이를 하다가 유수풀에서 의식을 잃은 채 발견
되어 사망하였다. 아버지는 유수풀 운영회사로부터 합의금으로 1억 5천만원을 지급받
는 대신 사고에 관하여 어떠한 민·형사상 이의를 제기하지 않기로 합의하였다. 그
후 아버지는 학교안전공제보상심사위원회에 학교안전사고 예방 및 보상법에 따른 공
제급여의 지급을 신청하였는데 재결에 의해 유족급여(일실소득, 위자료)와 장의비를
산정받은 후 합의금을 공제한 금액을 받았다. 이에 학교안전공제회가 유수풀 운영회
사를 상대로 구상금청구를 하였다.

◎ 구상권이란 타인을 위하여 변제를 한 사람이 그 타인에 대하여 가지는 반
환청구의 권리를 말한다. 어느 연대채무자가 변제 기타 자기의 출재로 공
동면책이 된 때에는 다른 연대채무자의 부담부분에 대하여 구상권을 행사
할 수 있으며, 이 때 구상범위에는 면책된 날 이후의 이자 및 피할 수 없는
비용 기타 손해배상이 포함된다(제425조 연대채무자의 구상권). 주채무자의
부탁으로 보증인이 된 자가 과실 없이 변제 기타의 출재로 주채무를 소멸
하게 한 때에는 주채무자에 대하여 구상권이 있다(제441조 수탁보증인의 구상
권). 주채무자의 부탁 없이 보증인이 된 자가 변제 기타 자기의 출재로 주
채무를 소멸하게 한 때에는 주채무자는 그 당시에 이익을 받은 한도에서
배상하여야 하며, 주채무자의 의사에 반하여 보증인이 된 자가 변제 기타
자기의 출재로 주채무를 소멸하게 한 때에는 주채무자는 현존 이익의 한도
에서 배상하여야 하고, 이 경우에 주채무자가 구상한 날 이전에 상계원인

이 있음을 주장한 때에는 그 상계로 소멸할 채권은 보증인에게 이전된다 (제444조 부탁 없는 보증인의 구상권).

◎ 수탁보증인은 보증인이 과실 없이 채권자에게 변제할 재판을 받은 때, 주 채무자가 파산선고를 받은 경우에 채권자가 파산재단에 가입하지 아니한 때, 채무의 이행기가 확정되지 아니하고 그 최장기도 확정할 수 없는 경우 에 보증계약후 5년을 경과한 때, 채무의 이행기가 도래한 때 등의 경우 사 전구상권을 행사할 수 있다(제442조 수탁보증인의 사전구상권).

◎ 보증인·물상보증인(物上保證人)이 채무를 변제한 경우에는 주채무자에게, 저당부동산의 제3취득자가 저당권자에게 변제한 경우에는 채무자에게 각 각 반환을 청구할 수 있다. 어느 연대채무자나 어느 불가분채무자를 위하 여 보증인이 된 자는 다른 연대채무자나 다른 불가분채무자에 대하여 그 부담부분에 한하여 구상권이 있다(제447조 연대, 불가분채무의 보증인의 구상 권). 수인의 보증인이 있는 경우에 어느 보증인이 자기의 부담부분을 넘은 변제를 한 때에는 제444조의 규정을 준용하며, 주채무가 불가분이거나 각 보증인이 상호 연대로 또는 주채무자와 연대로 채무를 부담한 경우에 어느 보증인이 자기의 부담부분을 넘은 변제를 한 때에는 제425조 내지 제427 조의 규정을 준용한다(제448조 공동보증인간의 구상권).

◎ 타인의 행위로 인해 배상의무를 지게 된 자가 그 타인에게 (민법 제465조 = 채권자의 선의 소비, 양도와 구상권, 제756조 = 사용자 감독자의 배상과 구상권, 제 758조 = 공작물 등의 점유자, 소유자의 배상과 구상권), 타인 때문에 손해를 입은 자가 그 타인에게 (민법 제1038조 = 한정승인상속인으로부터 부당변제임을 알고 변제받은 상속채권자나 수유증자에 대한 구상권, 제1051조 = 상속재산분리와 부당변 제임을 알고 변제받은 상속채권자나 수유증자에 대한 구상권, 제1056조 = 상속인 없 는 재산에서 부당변제를 받은 상속채권자나 수유증자에 대한 구상권), 변제에 의해 서 타인에게 부당이득을 발생하게 하였을 경우 변제자가 그 타인에게 (민

법 제745조 착오에 의한 타인의 채무의 변제를 받은 채권자의 선의에 의한 증서훼손 등의 경우 채무자에 대한 구상권) 구상권을 행사할 수 있다.

◎ 학교안전사고가 피공제자의 고의 또는 중대한 과실로 인하여 발생하거나, 피공제자 또는 공제가입자가 아닌 자의 고의・과실로 인하여 발생하고, 학교안전공제회가 수급권자에게 공제급여를 지급한 경우, 학교안전공제회는 수급권자에게 지급한 공제급여에 상당하는 금액의 지급을 학교안전사고를 일으킨 자 또는 그 보호자 등에게 청구할 수 있다(학교안전사고 예방 및 보상에 관한 법률 제44조 제1항). 학교안전법에 따른 공제급여의 수급권자가 공제급여와 학교안전사고를 일으킨 자로부터의 손해배상을 중복 지급 받는 것을 방지함과 아울러 배상책임이 있는 학교안전사고를 일으킨 자가 공제급여의 지급으로 손해배상에서 면책되는 것을 차단하고 학교안전공제회의 재정을 확보하기 위한 규정이다.

◎ 그러나 학교안전사고를 일으킨 자는 수급권자에 대하여 지는 손해배상책임의 범위를 넘어서까지 학교안전공제회의 청구에 응할 의무는 없다. 학교안전공제회가 수급권자에게 공제급여를 지급하면 그 공제급여의 한도 내에서 수급권자가 학교안전사고를 일으킨 자에 대하여 가지는 손해배상청구권을 대위취득한다고 보는 것이 타당하다. 따라서 학교안전공제회의 청구는 공제급여 지급 당시 수급권자가 학교안전사고를 일으킨 자에 대하여 손해배상청구권을 가지고 있음을 전제로 하는 것이고, 그 손해배상청구권이 소멸한 후에는 학교안전공제회가 공제급여를 지급하였다고 하더라도 수급권자의 손해배상청구권을 대위취득할 수 없으므로 학교안전사고를 일으킨 자에 대하여 공제급여에 상당한 금액의 지급을 청구하지 못한다. ★

★ 대법원 2016. 12. 15. 선고 2013다82401 판결 [구상금]
  <학교안전공제회의 구상금 사건>

38. 채권양도 [3-1-4]

> **(38-1)**
> 甲은 乙에게 주택공사 도급을 주었다. 주택이 완성되었으나 甲이 공사대금 지급을 하지 못하고 있었다. 그후 乙은 甲에 대한 공사대금채권을 丙에게 양도하였다. 甲에 대한 양도통지를 丙이 자신의 이름으로 하였다. 丙이 甲에 대하여 공사대금채권의 양수금채권의 지급을 요구하였다. 甲이 주택을 점검해보니 누수 등 하자가 많이 발생하였다. 甲은 양도통지가 잘못되었으며 하자보수 손해배상금 채권과 상계를 주장한다.

◎ 구채권자(양도인)로부터 신채권자(양수인)에게 채권이 동일성을 유지하면서 이전되는 것을 채권양도라 한다. 주된 채권이 양도되면 보증인에 대한 채권도 함께 이전된다. 채권양도계약 자체는 처분행위이고 양도의무를 발생시키는 원인행위인 계약을 양도의무계약이라고 하는데, 양도의무계약이 해지되면 채권은 양도인에게 복귀하게 되고 양수인은 양도의무계약의 해지로 양도인에게 부담하는 원상회복의무로서 채무자에 대하여 이를 통지할 의무를 부담한다.

◎ 채권자가 특정된 채권을 지명채권이라 하는데, 채권의 성질이 양도를 허용하지 않거나 당사자가 반대의사를 표시한 경우에는 양도하지 못한다. 그러나 양도금지 의사표시는 선의의 제3자에게 대항하지 못한다(중과실의 경우 악의로 봄). 채권 발생의 기초가 확정되어 특정이 가능하고 가까운 장래에 발생가능성이 상당한 정도로 기대되는 장래의 채권도 양도의 대상이 될

수 있다. 전세금반환채권은 전세권을 존속시키기로 하면서 양도될 수 없으나 전세권 소멸 조건으로 양도 가능하며, 임대차보증금반환채권도 종료시에 목적물반환시까지 임대인에 대한 손해를 공제하고 남은 잔액을 양도하는 것이 가능하다. 가압류 가처분된 채권도 권리가 제한된 상태로 양도양수가 된다. 단 매매에 기한 소유권이전등기청구권은 채무자의 동의나 승낙을 받아야 대항력이 생긴다. 악의의 채권자라도 압류 전부명령에 의해 채권을 취득할 수 있다.

◎ 법률이 양도를 금지하는 채권으로는 이혼의 위자료청구권, 부양청구권, 재해보상청구권, 신체침해의 국가배상청구권, 연금청구권 등이 있다. 임금채권은 양도될 수 있으나 양수인이 사용자에 대하여 직접 청구할 수 없다.

◎ 지명채권의 양도가 채무자나 제3자에 대항하기 위해서는 통지 또는 승낙이 필요하다. 통지는 양도인이 하여야 하나 양수인도 위임을 받아 대리통지를 할 수 있다. 그리고 통지 전까지 양도인에 대항할 수 있는 사유로 양수인에 대하여도 대항할 수 있다. 다만 대항사유가 통지 후에 발생하였더라도 그 성립의 기초가 되는 법률관계가 통지 전에 이미 존재하였다면 대항할수 있다. 채무자의 채권양도인에 대한 자동채권이 발생하는 기초가 되는 원인이 양도 전에 이미 성립하여 존재하고 그 자동채권이 수동채권인 양도채권과 동시이행의 관계에 있는 경우에는, 양도통지가 채무자에게 도달하여 채권양도의 대항요건이 갖추어진 후에 자동채권이 발생하였다고 하더라도 채무자는 동시이행의 항변권을 주장할 수 있고, 따라서 그 채권에 의한 상계로 양수인에게 대항할 수 있다.

◎ 양도 후에 원래의 채권관계가 해제되는 경우에도 양수인에게 대항할 수 있다. 이 경우 합의해제도 포함되는지는 분명치 않다. 양도통지 후에 채권양도계약 자체가 무효 확인되거나 취소, 해제, 합의해제되는 경우에 그러한

내용이 다시 통지되기 전에(즉 양도철회의 통지가 되거나 양도의 취소로 새로운 양도가 이루어지기 전에) 이를 모르는 채무자의 행위는 채권자에 대하여 유효하다. 양도통지의 철회는 양수인의 동의가 있어야 한다.

◎ 채권양도통지 권한을 위임받은 양수인이 양도인을 대리하여 채권양도통지를 할 경우 양도인 본인과 대리인을 표시하여야 한다. 양수인이 서면으로 채권양도통지를 하면서 대리관계의 현명을 하지 아니한 채 양수인 명의로 된 채권양도통지서를 채무자에게 발송하여 도달되었다 하더라도 이는 효력이 없다. 다만 대리에 있어 본인을 위한 것임을 표시하는 현명은 반드시 명시적일 필요는 없고 묵시적으로도 할 수 있는 것이고, 나아가 채권양도통지시 현명을 하지 아니한 경우라도 채권양도통지를 둘러싼 여러 사정에 비추어 양수인이 대리인으로서 통지한 것임을 상대방이 알았거나 알 수 있었을 때에는 유효하다.

◎ 丙의 채권양도통지 자체에 양수받은 채권의 내용이 밝혀져 있고 乙과 丙의 채권양도양수계약서가 통지서에 별도의 문서로 첨부되어 있으며, 甲으로서는 채권양도통지 권한을 丙에게 위임하였는지 여부를 비교적 용이하게 확인할 수 있는 상태가 인정된다면, 채권양도통지의 상대방인 甲으로서는 丙이 乙을 위하여 채권양도통지를 한 것임을 알 수 있었다고 봄이 상당하므로 채권양도통지는 유효하다. 도급계약에 의하여 완성된 목적물에 하자가 있는 경우에 도급인은 수급인에게 하자의 보수를 청구할 수 있고 그 하자의 보수에 갈음하여 또는 보수와 함께 손해배상을 청구할 수 있는데, 이들 청구권은 수급인의 공사대금채권과 동시이행관계에 있다. ★

◎ 공사대금 채권을 양도하고 그 양도통지를 한 후에 비로소 甲의 乙에 대한 하자보수보증금 채권이 발생하였다 하더라도, 甲으로서는 하자보수보증금

★ 대법원 2015. 4. 9. 선고 2014다80945 판결 [양수금]

채권을 들어 양수인인 丙의 공사대금 지급 청구에 대하여 동시이행의 항변권을 행사할 수 있고 이를 자동채권으로 하여 丙의 공사대금 지급 청구에 대하여 상계로 대항할 수 있다.

(38-2)
　甲은 보험회사에 손해보험가입을 하고 보험료를 납부하여 왔다. 甲은 은행으로부터 돈을 빌리면서 그 담보로 보험료환급청구권(중도해지환급금지급청구권)을 양도하였다. 양도통지를 받은 은행은 아무런 이의를 보류하지 않고 승낙하였다. 甲이 돈을 갚지 못하자 은행은 보험회사에 보험료환급청구권의 지급을 청구하였다. 그러자 은행은 甲이 보험료를 미납하여 환급청구권이 발생하지 않는다고 하면서 지급을 거부하였다.

◎ 채권양도의 사실을 통지받은 채무자가 이의를 보류하지 않고 승낙을 한 경우 채무자는 양도인에 대항할 수 있는 사유로 양수에게 대항할 수 없다. 즉 채무자가 채권양도를 승낙하면서 그 채권의 불성립, 무효, 취소, 변제, 면제 등에 의한 채권의 소멸 기타 어떠한 항변을 양도인에게 가지고 있다는 것을 보류하지 않고 단순하게 승낙한 경우네는 채무자는 그러한 항변사유로 양수인에게 대항할 수 없다. 다만 채권의 귀속(이미 채권이 타인에게 양도되었다는 사실)에 대해서는 대항할 수 있다. 그리고 임대차보증금은 목적물을 반환받을 때까지 임차인의 모든 채무를 공제한 나머지 금액에 대해서 이행기가 도달하므로 임대인이 이의를 보류하지 않아도 임차인의 원상복구비용 등 손해배상액은 임대차보증금채권 의 양수인에 대하여 당연히 공제할 수 있다.

◎ 이의를 보류하지 않은 승낙에 대하여 항변사유를 제한한 취지는 양수인은 양수한 채권에 아무런 항변권도 부착되지 아니한 것으로 신뢰하는 것이 보통이므로 채무자의 '승낙'이라는 사실에 공신력을 주어 양수인의 신뢰를 보호하고 채권양도나 질권설정과 같은 거래의 안전을 꾀하기 위한 것이다. 따라서 채권의 양도나 질권의 설정에 대하여 이의를 보류하지 아니하고 승

낙을 하였더라도, 양수인 또는 질권자가 악의 또는 중과실이라면 채무자의 승낙 당시까지 양도인 또는 질권설정자에 대하여 생긴 사유로써도 양수인 또는 질권자에게 대항할 수 있다.

◎ 보험금청구권은 보험자의 면책사유 없는 보험사고에 의하여 피보험자에게 손해가 발생한 경우에 비로소 권리로서 구체화되는 정지조건부권리이고, 그 조건부권리도 보험사고가 면책사유에 해당하는 경우에는 그에 의하여 조건불성취로 확정되어 소멸하는 것이다. 보험금청구권의 양도 또는 질권설정에 대한 채무자의 승낙은 별도로 면책사유가 있으면 보험금을 지급하지 않겠다는 취지를 명시하지 않아도 당연히 그것을 전제로 하고 있다. 그래서 양수인 또는 질권자도 그러한 사실을 알고 있었다고 보아야 할 것이다. 왜냐하면 존재하지도 아니하는 면책사유 항변을 보류하고 이의하여야 한다고 할 수는 없기 때문이다.

◎ 그러나 보험료 미납이라는 사유는 승낙시에 이미 발생할 수 있는 가능성이 있다는 점을 보험자가 누구보다도 잘 알고 있었다고 보아야 할 것이어서, 보험료 미납이라는 면책사유는 당연히 승낙시에 보험자가 이의를 보류할 수 있는 것이라 할 것이고, 그러함에도 보험자가 이의를 보류하지 아니한 경우에까지 면책사유의 일종이라는 이유만으로 양수인 또는 질권자에게 대항할 수 있다고 하는 것은 양수인 또는 질권자의 신뢰보호라는 원칙을 무시하는 결과가 된다 할 것이므로, 보험료 미납을 이유로 한 해지 항변은 보험자가 이의를 보류하지 아니하고 양도 또는 질권설정을 승낙한 경우에는 양수인 또는 질권자에 대하여 대항할 수 없다. ★

◎ 보험계약상 보험료가 현실로 납입된 이상은 중도해지의 경우든 만기 도달의 경우든 어떠한 경우에도 보험료환급금이 발생하게 되어 있어서 보험료

★ 대법원 2002. 3. 29. 선고 2000다13887 판결 [손해배상(기)]

미납이 있으면 당연히 보험료환급청구권이 발생할 여지가 없다고 보아야 하므로 양도시 또는 질권설정 승낙시 이의를 보류하지 않았다면 보험료가 현실적으로 납입된 것으로 추정하는 것이 일반적이다. 따라서 보험료 미납 시에는 보험료환급금을 지급하지 않겠다는 취지를 당연히 전제로 하고 있다고 볼 수도 없다. 그러한 이의를 보류하지 아니하고 채권양도나 질권설정을 승낙한 이상 당연히 질권자에 대하여 대항할 수 없다. 또 환급청구권에 대하여 채권양수인이나 질권자로서는 보험료 미납 사실을 알지 못하는 한 당연히 환급청구권에 대하여 어떠한 항변권도 없다고 믿을 수밖에는 없으므로, 보험료 미납으로 인하여 보험료환급금 지급이 거절될 수도 있다는 예상을 하지 못한 것에 중과실이 있다고 볼 수 없다.

◎ 보험회사가 중도해지환급금청구권에 대한 채권양도에 대하여 아무런 이의를 보류하지 아니하고 승낙을 하였으므로, 보험료 미납을 이유로 한 해지 항변으로써 채권양수인인 은행에게 대항할 수 없다.

◎ 한편 채무자가 채권양도에 대하여 이의를 보류하지 아니하는 승낙을 하였더라도 양도인에게 대항할 수 있는 사유로서 양수인에게 대항하지 못할 뿐이고, 채권의 내용이나 양수인의 권리 확보에 위험을 초래할 만한 사정을 조사, 확인할 책임은 원칙적으로 양수인 자신에게 있으므로, 채무자는 양수인이 대상 채권의 내용이나 그 원인이 되는 법률관계에 대하여 잘 알고 있음을 전제로 채권양도를 승낙할지를 결정하면 되고, 양수인이 채권의 내용 등을 실제와 다르게 인식하고 있는지까지 확인하여 그 위험을 경고할 의무는 없다. 채무자가 그러한 사정을 알리지 아니하였다고 하여 불법행위가 성립한다고 볼 수 없다. 다만 채무자가 양도되는 채권의 성립이나 소멸에 영향을 미치는 사정에 관하여 양수인에게 알려야 할 신의칙상 주의의무가 있는 경우는 예외다. ★

★ 대법원 2015. 12. 24. 선고 2014다49241 판결 [손해배상금]

(38-3)
　甲은 乙로부터 상가점포를 임차보증금 8천만원으로 임차하였다. 임대기간 도중에 甲은 丙으로부터 빌린 돈 3000만원의 담보 목적으로 임대차보증금 중 3600만원을 丙에게 양도하고 통지하였다. 甲은 보증금 일부 채권의 양도 후 丙에게 원리금을 2500만원 정도 변제하였다. 甲은 임대차계약이 종료된 후 乙에게 점포를 반환하였다. 丙은 乙에 대하여 3600만원(원리금 합계)의 양수금청구를 하였다.

◎ 채무자가 채권자에게 채무변제와 관련하여 다른 채권을 양도하는 것은 채무변제를 위한 담보 또는 변제의 방법으로 양도되는 것으로 추정할 것이지 채무변제에 갈음한 것으로 볼 것은 아니어서, 채권양도가 있다고 바로 원래의 채권이 소멸하지는 않는다. 채권자가 양도받은 채권을 변제받은 때에 비로소 그 범위 내에서 채무자가 면책된다. 다만 채무자가 채권자에게 채무변제에 '갈음하여' 다른 채권을 양도하기로 한 경우에는 채권양도의 요건을 갖추어 대체급부가 이루어짐으로써 원래의 채무는 소멸하는 것이고 그 양수한 채권의 변제까지 이루어져야만 원래의 채무가 소멸하는 것은 아니다. 이 경우 대체급부로서 채권을 양도한 양도인은 양도 당시 양도대상인 채권의 존재에 대해서는 담보책임을 지지만 그 채무자의 변제자력까지 담보하는 것은 아니다.

◎ 채권양도가 다른 채무의 담보조로 이루어졌으며 또한 그 채무가 변제되었다고 하더라도, 이는 채권 양도인과 양수인 간의 문제일 뿐이고, 양도채권의 채무자는 채권 양도인과 양수인 간의 채무 소멸 여하에 관계없이 양도된 채무를 양수인에게 변제하여야 한다. ★

◎ 乙은 양수금채무자이므로 청구에 응하여야 한다.

★ 대법원 2013. 5. 9. 선고 2012다40998 판결 [공사대금]
　대법원 1994. 4. 26. 선고 93다24223 전원합의체 판결 [양수금]

(38-4)

　　甲은 乙에 대하여 1000만원의 채권을 가지고 있었다. 甲은 丙에게 2015.12.12. 이 채권을 양도하고 乙에 대하여 12.13. 확정일자 있는 내용증명 우편으로 통지하였고, 乙은 12.14. 이 통지를 받았다. 그런데 甲의 채권자 丁이 甲의 乙에 대한 채권 중 700만원을 가압류한다는 결정을 받았고 그 결정은 12.14. 乙에게 도달되었다. 12.14. 양도통지와 가압류결정이 어느 것이 먼저 도착되었는지는 확인되지 않는다. 丙이 甲에게 양수금청구를 하였다. 丙은 지급하여야 하는가?

◎ 채권양도가 채무자 이외의 제3자에 대항하기 위해서는 확정일자 있는 증서로 통지 또는 승낙이 있어야 한다. 채권의 2중양도의 통지가 모두 확정일자가 있는 경우에 먼저 채무자에게 도달하는 것이 우선권이 있다. 같은 일자에 도달한 경우 시간적 순서로 정한다. 시간적 선후를 정할 수 없는 경우 동시에 도달된 것으로 본다. ★

◎ 丙과 丁은 모두 완전한 대항력을 갖추고 있는데, 乙은 어느 누구에게나 채무 전액을 변제하면 다른 채권자에 대하여도 유효하게 면책된다. 丁은 가압류 단계이므로 乙은 양수금채권자인 丙에게 전액을 지급하여도 된다. 丁이 나중에 본집행 권원을 취득하는 경우 丙과 丁은 각 채권액에 안분하여 내부적으로 정산하여야 한다. 한편 乙은 채권자불확지를 이유로 변제공탁을 하여 법률관계의 불안으로부터 벗어날 수 있다.

★ 대법원 2004. 9. 3. 선고 2003다22561 판결 [배당이의]

39. 채무인수, 이행인수 [3-1-5]

(39-1)

甲은 乙로부터 부동산을 매수하면서 乙이 받은 대출금채권과 그 저당권을 인수하기로 하고 그 채무만큼 매매 중도금에서 공제하고 잔금을 지급함에 동시에 소유권이전등기를 넘겨주기로 하였다. 그런데 잔금 지급 이전에 이미 甲이 대출금 채권의 원리금을 변제하지 않아서 부동산이 경매에 부쳐졌다. 이에 매도인 乙이 이를 막기 위하여 대출금 채무를 변제하였다. 甲은 乙에게 잔금을 지급하면서 소유권이전등기를 청구하였다.

(39-2)

甲은 乙에게 오피스텔을 임대하였다. 그리고는 오피스텔을 丙에게 매도하였다. 매도대금에서 乙의 임대차보증금을 공제하고 丙이 임대인의 지위를 승계하기로 하고 매매대금을 지급받았다. 丙은 오피스텔 매수 이후 소유권이전등기를 마치고 은행으로부터 돈을 빌리면서 근당권을 설정하여 주었다. 그후 乙은 주민등록을 하고 확정일자를 받았다. 그런데 丙이 돈을 갚지 못하여 오피스텔에 대하여 임의경매절차가 개시되었다. 乙은 배당요구를 하였으나 임차보증금을 회수하지 못하였다. 이에 乙은 甲에게 임대차보증금반환을 요구하였다.

◎ 채무인수에는 병존적 채무인수와 면책적 채무인수가 있다. 병존적 채무인수는 제3자가 종래의 채무자와 더불어 동일한 내용의 채무를 부담하는 것인데, 채무자와 인수인 사이에 체결되는 경우 제3자를 위한 계약으로서 채권자의 수익의 의사표시가 필요하다. 채권자는 인수인에 대하여 채무이행을 청구하거나 기타 채권자로서의 권리를 행사하는 방법으로 수익의 의사표시를 함으로써 인수인에 대하여 직접 청구할 권리를 갖게 된다. 한편 채

무자에 대한 채권을 상실시키는 효과가 있는 면책적 채무인수의 경우 채권자의 승낙이 계약의 효력발생요건인데, 채무자와 인수인의 합의에 의한 중첩적 채무인수의 경우 채권자의 수익의 의사표시는 그 계약의 성립요건이나 효력발생요건이 아니라 채권자가 인수인에 대하여 채권을 취득하기 위한 요건이다. 면책적 채무인수인은 전채무자의 채권자에 대한 항변사유로 대항할 수 있으나, 구 채무자에 대한 항변사유로 채권자에 대항할 수 없고, 구 채무자가 채권자에 대해 가지는 상계권으로 상계할 수 없다.

◎ 부동산을 매매하면서 매도인과 매수인 사이에 중도금 및 잔금은 매도인의 채권자에게 직접 지급하기로 약정한 경우, 그 약정은 매도인의 채권자로 하여금 매수인에 대하여 그 중도금 및 잔금에 대한 직접청구권을 행사할 권리를 취득케 하는 제3자를 위한 계약에 해당하고 동시에 매수인이 매도인의 그 제3자에 대한 채무를 인수하는 병존적 채무인수에도 해당한다. ★

◎ 이행인수는 채무자와 인수인 사이의 계약으로 인수인이 변제 등으로 채무를 소멸시켜 채무자의 책임을 면하게 할 것을 약정하는 것이다. 인수인은 채무자에 대한 관계에서 채무자를 면책하게 하는 채무를 부담하게 되며 채권자로 하여금 직접 인수인에 대한 채권을 취득하게 하는 것이 아니다. 인수인이 그 채무를 이행하지 않는 경우 채무자는 인수인에 대하여 채권자에게 이행할 것을 청구하고 강제집행할 수도 있다. 또 채권자는 채권자 대위권에 의하여 채무자의 인수인에 대한 청구권을 대위행사할 수 있다.

◎ 부동산을 매수하는 사람이 근저당채무 등 그 부동산에 결부된 부담을 인수하고 그 채무액만큼 매매대금을 공제하기로 약정하는 경우에, 매수인의 그러한 채무부담의 약정이 이행인수에 불과한지 아니면 병존적 채무인수 즉 제3자를 위한 계약인지를 구별하는 판별 기준은, 계약 당사자에게 제3자

★ 대법원 1997. 10. 24. 선고 97다28698 판결 [부당이득금반환]
　대법원 1997. 6. 24. 선고 97다1273 판결 [소유권이전등기말소]

또는 채권자가 계약 당사자 및 당사자와 제3자 사이의 이해관계, 거래 관행 등을 종합적으로 고려하여 그 의사를 해석하여야 하는 것인데, 인수의 대상으로 된 채무의 책임을 구성하는 권리관계도 함께 양도한 경우이거나 채무인수인이 그 채무부담에 상응하는 대가를 얻을 때에는 이행인수가 아닌 병존적 채무인수로 보아야 한다. ★

◎ 부동산의 매수인이 매매목적물에 관한 근저당권의 피담보채무를 인수하면서 그 채무액을 매매대금에서 공제하기로 약정한 경우, 이는 매도인을 면책시키는 채무인수가 아니라 이행인수로 본다. 매수인이 인수 채무를 현실적으로 변제할 의무를 부담한다고 해석할 수 없으며, 매수인은 매매대금에서 그 채무액을 공제한 나머지를 지급함으로써 대금지급의무를 다한 것이다. 그리고 채무이행인수인이 인수채무의 일부인 근저당권의 피담보채무의 변제를 게을리 한 상태에서는 매매계약을 해제할 수 없다. 그러나 근저당권의 실행으로 임의경매절차가 개시되고 매도인이 경매절차의 진행을 막기 위하여 피담보채무를 변제하였다면, 매도인은 매수인인 채무이행인수인에 대하여 손해배상채권을 취득하는 이외에 이 사유를 들어 매매계약을 해제할 수 있다. 매도인이 매수인의 인수채무불이행으로 말미암아 또는 임의로 인수채무를 대신 변제하였다면, 그로 인한 손해배상채무 또는 구상채무는 인수채무의 변형으로서 매매대금지급채무에 갈음한 것의 변형이므로, 매수인의 손해배상채무 또는 구상채무와 매도인의 소유권이전등기의무는 대가적 의미가 있어 이행상 견련관계에 있으며, 양자는 동시이행의 관계에 있다.

◎ 한편 위의 경우 면책적 채무인수로 보기 위해서는 이에 대한 채권자 즉 임차인의 승낙이 있어야 한다. 임차인의 승낙은 반드시 명시적 의사표시에 의하여야 하는 것은 아니고 묵시적 의사표시에 의하여서도 가능하다. 주택

★ 대법원 2008. 3. 13. 선고 2007다54627 판결 [소유권이전등기말소등]

의 임차인이 제3자에 대한 대항력을 갖추기 전에 임차주택의 소유권이 양도되었는데 양수인이 임대인의 지위를 승계하고 임대차보증금 반환채무를 면책적으로 인수한 것으로 보려면 임차인의 승낙이 있어야 한다. 주택임차인의 어떠한 행위를 임대차보증금 반환채무의 면책적 인수에 대한 묵시적 승낙의 의사표시에 해당한다고 볼 것인지 여부는 그 행위 당시 임대차보증금의 객관적 회수가능성 등 제반 사정을 고려하여 신중하게 판단하여야 한다. 근저당권 설정 이후에 대항력을 취득하고 임대차계약서에 확정일자를 받은 임차인의 임대차보증금 반환채권이 경매절차에서 회수가능성이 의문시되는 상황이라면, 임차인으로서 그 경매절차에서 배당요구를 하였다고 하더라도 이를 보증금 반환채무의 면책적 인수에 대한 묵시적 승낙이나 추인으로 볼 수는 없다.

◎ (39-1)의 경우 甲의 손해배상채무와 乙의 소유권이전등기의무는 동시이행 관계에 있으므로 甲이 대출원리금을 제공하여야만 가능하다. (39-2)의 경우 乙은 丙이 임대차보증금반환 채무를 면책적으로 인수하는 것에 대한 승낙을 한 것으로 볼 수 없으므로 甲은 여전히 반환채무를 진다.

40. 제3자에 의한 변제 [3-1-6-1]

(40-1)

　　은행은 甲에 대한 채권을 담보하기 위하여 甲 소유의 부동산과 乙 소유의 부동산에 관하여 공동근저당권설정등기를 마쳤다. 丙은 乙에 대한 채권을 담보하기 위하여 乙 소유 부동산에 관하여 공동근저당권등기보다 후순위로 소유권이전청구권가등기를 마쳤다. 그런데 甲이 돈을 갚지 못하여 乙 소유의 부동산이 먼저 임의경매절차에 의하여 매각되었고, 그 매각대금은 은행에게 전액 배당되었지만, 은행의 甲에 대한 채권은 일부 남았다. 丙은 甲 소유의 부동산에 대하여 경매신청을 하기 위하여 甲의 채무잔액을 대위 변제하려고 하였으나 은행은 甲의 동의가 없다는 이유로 수령을 거절하였다.

◎ 채무의 변제는 제3자도 할 수 있으나, 채무의 성질 또는 당사자의 의사표시로 제3자의 변제를 허용하지 않는 때는 안되며, 이해관계 없는 제3자는 채무자의 의사에 반하여 변제하지 못한다. 한편 변제할 정당한 이익이 있는 자는 변제로 당연히 채권자를 대위한다.

◎ 이해관계 내지 변제할 정당한 이익이 있는 자는 변제를 하지 않으면 채권자로부터 집행을 받게 되거나 채무자에 대한 자기의 권리를 잃게 되는 지위에 있어서 변제함으로써 당연히 대위의 보호를 받아야 할 법률상의 이익을 가지는 자를 말하고, 단지 사실상의 이해관계를 가지는 자는 제외된다. 이런 경우는 채무자의 의사에 반하여도 변제할 수 있고 채무자에 대하여 구상권을 갖게 된다. 채무자 소유의 부동산에서의 후순위 저당권자, 부동

산의 매수인, 채무 담보 목적 가등기가 있는 부동산을 시효취득하여 소유
권이전등기청구권을 취득한 자 등이 이에 해당된다.

◎ 공동저당의 목적인 물상보증인 소유의 부동산에 후순위저당권이 설정되어
있는 경우, 물상보증인 소유의 부동산에 대하여 먼저 경매가 이루어져 그
경매대금의 교부에 의하여 선순위 공동저당권자가 변제를 받았다면, 물상
보증인은 채무자에 대하여 구상권을 취득함과 동시에 변제자대위에 의하
여 채무자 소유의 부동산에 대한 선순위저당권을 대위취득하며, 후순위저
당권자는 선순위저당권에 대하여 물상대위를 할 수 있다. 이 때 선순위저
당권등기는 말소될 것이 아니라 물상보증인 앞으로 대위에 의한 저당권이
전의 부기등기가 경료되어야 할 성질의 것이며, 따라서 아직 경매되지 아
니한 공동저당물의 소유자로서는 선순위저당권자에 대한 피담보채무가 소
멸하였다는 사정만으로는 그 말소등기를 청구할 수 없다. 그리고 위 후순
위저당권자는 자신의 채권을 보전하기 위하여 물상보증인을 대위하여 선
순위저당권자에게 그 부기등기를 할 것을 청구할 수 있다. ★

◎ 乙은 甲 소유의 부동산에 대한 은행의 선순위근저당권을 대위취득하고, 丙
은 위 선순위근저당권에 대하여 물상대위함으로써 우선하여 변제를 받을
수 있으므로, 丙이 甲 소유의 부동산에 대하여 직접 경매신청을 하기 위하
여 채무 잔액을 변제하려고 하는 것은 채권자로부터 집행을 받게 되거나
또는 채무자에 대한 자기의 권리를 잃게 되는 지위가 아니라 사실상의 이
해관계에 지나지 않는다. 따라서 丙은 甲의 은행에 대한 채무 잔액 변제에
있어서 '이해관계 있는 제3자' 내지 '변제할 정당한 이익이 있는 자'에 해당
한다고 볼 수 없다.

★ 대법원 2009. 5. 28. 자 2008마109 결정 [공탁공무원의 처분에 대한 이의]

41. 제3자(채권의 준점유자)에 대한 변제 [3-1-6-1]

<table>
<tr><td>

(41-1)

　甲은 乙에 대한 채권을 피보전채권으로 하여 乙이 은행에 대하여 가지고 있는 예금채권에 대한 가압류결정을 받았다. 가압류결정 정본이 12:00경 은행의 본점에 송달되고 본점에서 관련 지점에게 통보한 것은 12:30이었다. 관련 지점은 14:05 乙의 계좌를 지급정지 조치하였다. 그런데 乙은 12:25 일부예금을 인출하였고, 다시 13:41 일부예금을 인출하였다. 甲은 판결을 받고 강제집행 압류추심명령을 받아 은행에 추심금을 청구하였으나 은행은 예금이 이미 인출되었다는 이유로 지급하지 않았다.

</td></tr>
</table>

◎ 채권을 사실상 행사하는 자로서 거래관념상 타인에게 진정한 채권자라고 믿게 할 만한 외관을 가지고 있는 자를 채권의 준점유자라 하고, 이 사람에 대한 변제가 변제자의 선의 무과실인 경우 변제로서의 효력을 인정한다. 위조된 영수증의 소지자, 표현상속인, 사칭대리인, 비밀번호를 아는 예금통장과 인장의 소지인, 임대인의 채무를 인수한 자가 보증금반환채권이 양도된 줄 모르고 전 임차인에게 지급한 경우 등이 이에 해당하며, 이들에 대한 변제는 유효하고 진정한 채권자는 채무자에게 채무 이행을 청구하지 못하게 된다.

◎ 은행이 예금청구자에게 예금 수령의 권한이 있는지 없는지를 판별하는 방편의 하나로 예금청구서에 압날한 인영과 은행에 신고하여 예금통장에 찍힌 인감을 대조 확인할 때에는 인감 대조에 숙련된 은행원으로 하여금 그

직무수행상 필요로 하는 충분한 주의를 다하여 인감을 대조하도록 하여야 할 것이고, 그러한 주의의무를 다하지 못하여 예금 수령의 권한이 없는 자에게 예금을 지급하였다면 은행으로서는 그 예금 지급으로서 채권의 준점유자에 대한 변제로서의 면책을 주장할 수 없다. 은행 직원이 단순히 인감 대조 및 비밀번호 확인 등의 통상적인 조사 외에 당해 청구자의 신원을 확인하거나 전산 입력된 예금주의 연락처에 연결하여 예금주 본인의 의사를 확인하는 등의 방법으로 그 청구자가 정당한 예금인출권한을 가지는지 여부를 조사하여야 할 업무상 주의의무를 부담하는 것으로 보기 위하여는 그 예금의 지급을 구하는 청구자에게 정당한 변제수령권한이 없을 수 있다는 의심을 가질 만한 특별한 사정이 인정되어야 한다.

사실혼관계에 있던 자의 동의 없이 은행에서 예금청구서에 위조 명의의 도장을 날인하여 예금통장과 함께 제출하고, 비밀번호 입력기에 비밀번호를 입력하여 예금을 인출한 경우, 인감 대조에 숙련된 금융기관 직원이 충분히 주의를 다하여도 육안에 의한 통상의 대조 방법으로는 예금거래신청서와 예금청구서상의 각 인영이 다른 인감에 의하여 날인되었다는 것을 확인할 수 없고, 나아가 정당한 변제수령권한이 없을 수 있다는 의심을 가질 만한 특별한 사정이 있어 예금주의 의사를 확인하는 등의 방법으로 정당한 예금인출권한 여부를 조사하여야 할 업무상 주의의무가 있었던 것으로 보기 어렵다면, 예금을 인출하여 은행의 출금 담당 직원들에게 과실이 있다고 할 수 없으므로 은행의 예금 지급은 채권의 준점유자에 대한 변제로서 유효하다. ★

◎ 예금가압류가 된 사실을 모르고 은행이 본점과 지점 사이의 연락관계의 시간과 주의를 고려하여 불가피한 시간 내에서 예금 지급을 한 것이라면 채권의 준점유자에 대한 변제에서의 채무자의 선의 무과실을 유추적용하여 변

★ 대법원 2013. 1. 24. 선고 2012다91224 판결 [예금반환]

제의 효력이 있다. (통상 은행들의 경우 본점에서 매일 평균 100건이 넘는 등기우편물들을 일시에 송달받게 되고, 문서수발 담당직원이 이를 개봉·분류하여 문서수발대장에 등재하고 직접 또는 본점 내의 예금 담당직원에게 가압류 사실을 알려 지급정지조치를 취하는 데에는 적어도 30분 가량의 시간이 소요되고 있고, 당시 다른 은행들의 경우 본점에서 가압류결정 정본을 송달받으면 본점에서 직접 가압류된 예금계좌에 대하여 바로 지급정지조치를 취할 수 있었는데, 은행은 소관지점에 가압류 사실을 연락하여 소관지점으로 하여금 예금지급정지조치를 취하도록 한 방식은 비록 그것이 관행에 따른 것이라 하더라도 합당한 방식이라고 할 수 없으므로 소관지점에 가압류 사실을 통보한 12:30경 이후부터 지점에서 지급정지조치가 취하여지기까지 걸린 시간은 가압류된 예금채권에 대한 지급정지조치를 취하기 위하여 불가피한 시간이라고 볼 수 없다),

◎ 12:25의 인출은 변제의 효력이 있으나, 13:41의 인출은 선의 무과실의 변제라고 볼 수 없다.

42. 변제의 충당 [3-1-6-1]

(42-1)

甲은 乙로부터 3차례의 대출을 받았는데, 1번 대출에는 친구인 丙의 토지가 담보로 들어가 있고, 2,3번 대출은 다른 친구인 丁의 연대보증이 되어 있었다. 3차례의 대출 모두 이행기가 지났다. 그후 甲은 乙에게 전체 대출금액의 50% 정도되는 돈을 갚으면서 1,2,3번 대출 중 어디에 먼저 충당되는지를 지정하지 않았다. 그러자 乙은 2번 대출이 변제기가 가장 빨리 도래하였는데도, 물상보증인 丙이 있는 1번 대출을 먼저 다 갚았다. 그리고 乙은 2번 대출의 연대보증인인 丁에 대하여 보증금 청구를 하였다.

◎ 한 채무자가 같은 종류의 여러 개의 채무를 지고 있는 경우 변제가 어느 채무의 변제에 충당할 것인가의 문제가 변제충당이다. 합의충당, 지정충당, 법정충당의 순서로 정한다. 지정변제충당이 있더라도 비용 이자 원본 순서로 충당된다. 또 공동으로 부담되지 않는 채무에 먼저 충당된다. 1차 지정권자인 변제자가 지정하는 경우 변제수령자는 이의를 제기하지 못하지만, 변제수령자가 지정하는 경우 변제자가 이의를 제기하면 법정충당으로 한다.

◎ 법정충당은 이행기 도래 순서, 변제이익 순서로 하되, 같은 경우는 채무액 비례 충당으로 한다. 변제이익은 이자부 채무, 고이율 채무, 단순채무, 주채무, 저당권부채무 등이 우선이다. 보증인부 채무, 물상보증 채무가 그렇지 않은 채무보다 변제이익이 더 많다고 보지 않는다.

◎ 연대보증인이 주채무자의 채무 중 일정 범위에 대하여 보증을 한 경우에 주채무자가 일부변제를 하면, 일부변제금은 주채무자의 채무 전부를 대상으로 변제충당의 일반원칙에 따라 충당되고, 연대보증인은 변제충당 후 남은 주채무자의 채무 중 보증한 범위 내의 것에 대하여 보증책임을 부담한다. ★

◎ 丁은 이행기가 먼저 도래한 자신의 채무에 충당되어야 함을 주장할 수 있고 乙의 청구는 기각된다.

★ 대법원 2016. 8. 25. 선고 2016다2840 판결 [대여금]
  <일부보증인이 있는 경우 주채무자의 일부변제금의 충당방법에 관한 사건>

43. 변제자 대위 [3-1-6-1]

(43-1)
　甲이 乙에게 1억원을 빌려주면서 乙 소유의 토지(8000만원 상당)에 저당권을 설정받았고, 丙을 연대보증인으로 세우게 하였다. 그후 乙이 토지를 丁에게 양도하였다.
　① 丙이 乙의 채무를 모두 변제하고서 丁에 대하여 甲의 저당권을 실행할 수 있는가?
　② 丁이 乙의 채무를 모두 변제하고서 丙에 대하여 채무보증금을 청구할 수 있는가?
　③ 丙이 乙의 채무 중 5000만원을 변제하였다. 丙은 甲의 저당권을 실행할 수 있는가?
　④ ③에서 甲의 경매신청으로 토지가 경매되어 8000만원에 매각되었다. 丙은 얼마를 배당받을 수 있는가?
　⑤ 丁이 甲의 저당권을 말소시키고서 丙에게 채무보증금을 청구한다면 丙은 전액을 다 변제하여야 하는가?

◎ 채무자를 위하여 채권자에게 변제를 한 자가 채무자에게 대하여 구상권을 가지게 되고, 채권자의 승낙을 얻거나(임의대위) 변제할 정당한 이익이 있다면(법정대위) 채권자의 채권과 담보권을 행사할 수 있다는 것이 변제자 대위이다. 채권자의 채권과 담보권이 변제자에게로 이전된다. 다만 전부변제한 보증인은 저당권 이전 등기 없이도 대위자로서 당연히 이전을 받으나(이전 부기등기 청구는 가능), 제3취득자가 등기하기 전에 대위의 부기등기를 하여야 한다.

◎ 보증인은 담보물의 담보력을 보고서 보증인이 되었지만, 제3취득자는 담보의 부담을 가지고 부동산을 취득한 자이므로 보증인은 담보목적물의 제3

취득자에 대하여 채권자를 대위할 수 있으나, 제3취득자는 보증인에 대하여 채권자를 대위하지 못한다. ②의 경우 丙에 대하여 변제자 대위가 안되므로 丙에게 보증금을 청구할 수 없다.

◎ 채권의 일부에 대하여 대위변제가 있는 경우 저당권 일부이전의 부기등기를 할 권리가 있으나, 대위변제자는 채권자가 담보권을 행사한다면 채권자와 함께 권리를 행사할 수 있을 뿐이다. 또 채권자의 담보물권 실행에 의한 배당에서도 채권자가 우선변제권을 갖는다. ★

◎ 법정대위자가 있는 경우 채권자의 고의나 과실로 담보가 상실되거나 감소된 때에는 법정대위자는 그 상실 또는 감소로 인하여 상환받을 수 없는 한도에서 책임을 면한다.(법정대위자를 위한 채권자의 담보보존의무) ★★

◎ 丙이 전액 변제하면 甲의 저당권을 이전받게 되므로 저당권을 행사할 수 있으나, 일부 변제하면 단독으로 저당권을 실행할 수 없다. 일부변제의 경우 주채무자가 우선변제권을 가지므로 丙은 나머지 3000만원만 배당받을 수 있다. ⑤의 경우 丙은 2000만원만 지급하면 된다.

(43-2)
　甲은 농협으로부터 돈을 빌리면서 채무자 명의를 乙로 하고 甲과 乙이 공동 소유하는 건물에 저당권을 설정하였다. 그후 甲은 丙으로부터 돈을 빌리면서 자기 지분에 대하여 丙에게 저당권을 설정해 주었고, 乙은 丁으로부터 돈을 빌리면서 자기 지분에 대하여 丁에게 저당권을 설정해 주었다.
　① 농협이 대출금을 회수하기 위해 乙 소유 지분을 먼저 경매에 넘겨 채권 전액을 배당받았다. 이 경우 丁의 권리는 어떻게 되는가?
　② 농협이 甲 소유 지분을 먼저 경매에 넘겨 채권전액을 배당받았다면 甲은 농협의 乙 소유지분에 대한 저당권을 행사할 수 있는가? 이 경우 丙의 권리는 어떻게 되는가?

★ 대법원 2017. 7. 18. 선고 2015다206973 판결 [손해배상(기)]
★★ 대법원 2014. 10. 15. 선고 2013다91788 판결 [대여금]

◎ 채무자 소유 부동산과 물상보증인 소유 부동산이 공동저당되어 있다가 채무자 소유 부동산에 대하여 먼저 경매가 이루어져 그 경매대금의 교부에 의하여 1번 공동저당권자가 변제를 받은 경우, 채무자 소유 부동산의 후순위 저당권자는 1번 공동저당권자를 대위하여 물상보증인 소유의 부동산에 대하여 저당권을 행사할 수 없다.

◎ 채무자 소유 부동산과 물상보증인 소유 부동산이 공동저당되어 있다가 물상보증인 소유 부동산에 먼저 경매가 되어 선순위 공동저당권자가 변제를 받은 경우 물상보증인은 채무자에 대하여 구상권을 취득함과 동시에 변제자대위에 의하여 채무자 소유 부동산에 대한 선순위 공동저당권을 대위취득한다. 만일 물상보증인 소유 부동산에 대한 후순위저당권자가 있으면 그는 물상보증인에게 이전한 선순위 공동저당권에 대하여 물상대위를 하여 우선하여 변제를 받을 수 있다.

◎ 물상보증인은 자기의 권리에 의하여 구상할 수 있는 범위에서 채권 및 그 담보에 관한 권리를 행사할 수 있는 것이다. 그래서 물상보증인이 채무를 변제하거나 저당권의 실행으로 인하여 저당물의 소유권을 잃었더라도 채무자에 대하여 어떠한 이유로 구상권이 없는 경우에는 채권자를 대위하여 채권자의 채권 및 그 담보에 관한 권리를 행사할 수 없다. ★

대출명의자와 실질 채무자가 다르면서 대출명의자와 실질 채무자의 공동 소유 부동산을 담보로 제공한 경우 실질적 물상보증인인 대출명의자(형식적 채무자)는 채권자에 대하여 채무자로서의 책임을 지는지와 관계없이 내부관계에서는 실질 채무자가 변제를 하였더라도 그에 대하여 구상의무가 없다. 따라서 실질 채무자(형식적 물상보증인)가 채권자를 대위하여 채무자에 대한 담보권을 취득한다고 할 수 없다. 그리고 대출명의자와 실질 채

★ 대법원 2014. 4. 30. 선고 2013다80429 판결 [채무부존재확인등 · 구상금]
  대법원 2013. 7. 18. 선고 2012다5643 전원합의체 판결 [대여금및사해행위취소]

무자 공동 소유의 각 부동산에 공동저당이 설정된 후에 각각 후순위저당권이 설정된 경우, 물상보증인이 채무자에 대한 구상권이 없어 변제자대위에 의하여 채무자 소유의 부동산에 대한 선순위공동저당권자의 저당권을 대위취득할 수 없으므로, 물상보증인 소유의 부동산에 대한 후순위저당권자는 물상대위할 대상이 없으므로 채무자 소유의 부동산에 대한 선순위공동저당권자의 저당권에 대하여 물상대위를 할 수 없다고 보아야 한다.

◎ ①의 경우 丁은 甲 소유지분에 대하여 아무런 권리를 갖지 못한다. ②의 경우 乙이 실질적 주채무자가 아니므로 구상의무가 없으며 따라서 甲은 구상권을 갖지 못하므로 변제자대위가 성립되지 않는다. 甲과 丙 모두 乙 소유 지분에 대하여 아무런 권리가 없다.

44. 공탁 [3-1-6-2]

(44-1)

甲은 乙과 丙에게 채무가 있어서 乙과 丙에게 지급하려 했으나, 乙과 丙이 서로 분쟁이 생겨 수령하지 못하고 있다. 그래서 乙과 丙을 피공탁자로 하여 지급금을 공탁하였다. 乙은 자신의 지분이 2/3라고 주장하나 丙은 이를 인정치 않고 있다. 乙이 丙을 상대로 초과지분 1/6(2/3 – 1/2)이 자신의 것이라는 확인판결을 받고서 공탁소에 2/3의 지급을 청구하였다.

◎ 채권자의 수령불능, 수령거절, 채권자의 상대적 불확지의 경우 채무자가 변제목적물을 공탁소에 임치함으로써 채무를 면할 수 있다.

◎ 변제공탁의 공탁물출급청구권자는 피공탁자 또는 그 승계인이고 피공탁자는 공탁서의 기재에 의하여 형식적으로 결정되므로, 실체법상의 채권자라고 하더라도 피공탁자로 지정되어 있지 않으면 공탁물출급청구권을 행사할 수 없다. 따라서 피공탁자 아닌 제3자가 피공탁자를 상대로 하여 공탁물출급청구권 확인판결을 받았다 하더라도 그 확인판결을 받은 제3자가 직접 공탁물출급청구를 할 수 없다. 수인을 공탁금에 대하여 균등한 지분을 갖는 피공탁자로 하여 공탁한 경우 피공탁자 각자는 공탁서의 기재에 따른 지분에 해당하는 공탁금을 출급청구할 수 있을 뿐이며, 비록 피공탁자들 내부의 실질적인 지분비율이 그 공탁서상의 지분비율과 다르다고 하더라도 이는 피공탁자 내부 간에 별도로 해결해야 할 문제이다. ★

◎ 乙은 공탁물의 1/2 만을 출급할 수 있을 뿐이며, 1/6은 乙과 丙 사이에 내부적으로 해결되어야 한다.

★ 대법원 2006. 8. 25. 선고 2005다67476 판결 [공탁금출급청구권]
  대법원 2016. 3. 24. 선고 2014다3122 판결 [주권인도청구 · 주권인도청구]

45. 상계 [3-1-6-3] offset

(45-1)

甲은 아파트를 소유하다가 경매를 당하여 乙이 낙찰받았다. 乙은 수협으로부터 돈을 빌리면서 수협 앞으로 근저당권을 설정하였다. 그후 甲은 乙로부터 이 아파트를 임차하여 살고 있었는데 乙의 승낙하에 리모델링 공사를 하였다. 乙이 돈을 갚지 못하여 경매가 되어 丙이 경락받아 대금완납하고 소유권이전등기하였다. 丙이 甲에 대하여 아파트의 명도와 경락대금 완납일 이후의 임료상당액의 부당이득반환청구를 하였다. 甲은 이에 대하여 리모델링 공사의 유익비에 관한 유치권항변을 하였고 유익비의 현존가치가 평가되자, 丙은 부당이득반환채권과 유익비채권을 상계하자고 하였다.

◎ 상계는 당사자 쌍방이 서로 같은 종류를 목적으로 한 채무를 부담한 경우에 서로 같은 종류의 급부를 현실로 이행하는 대신 어느 일방 당사자의 의사표시로 그 대등액에 관하여 채권과 채무를 동시에 소멸시키는 것이다. 서로 대립하는 두 당사자 사이의 채권·채무를 간이한 방법으로 원활하고 공평하게 처리할 수 있다. 상계의 의사표시가 있으면 각 채무가 상계할 수 있는 때(상계적상 시점)에 대등액에 관하여 소멸한 것으로 본다(상계의 소급효).

◎ 자동채권(상계자가 피상계자에 대하여 가지는 채권)으로 수동채권(피상계자가 상계자에 대하여 가지는 채권)을 상계하는데, 수동채권으로 될 수 있는 채권은 상대방이 상계자에 대하여 가지는 채권이어야 하고, 상대방이 제3자에 대하여 가지는 채권과는 상계할 수 없다. 만약 상대방이 제3자에

대하여 가지는 채권을 수동채권으로 하여 상계할 수 있다고 한다면, 이는 상계의 당사자가 아닌 상대방과 제3자 사이의 채권채무관계에서 상대방이 제3자에게서 채무의 본지에 따른 현실급부를 받을 이익을 침해하게 될 뿐 아니라, 상대방의 채권자들 사이에서 상계자만 독점적인 만족을 얻게 되는 불합리한 결과를 초래하게 되므로, 상계의 담보적 기능과 관련하여 법적으로 보호받을 수 있는 당사자의 합리적 기대가 이러한 경우에까지 미친다고 볼 수는 없기 때문이다.

◎ 유치권이 인정되는 아파트를 경락·취득한 자가 아파트를 점유·사용하고 있는 유치권자에 대한 임료 상당의 부당이득금 반환채권을 자동채권으로 하고 유치권자의 종전 소유자에 대한 유익비상환채권을 수동채권으로 하여 상계의 의사표시를 한 경우 상대방이 제3자에 대하여 가지는 채권을 수동채권으로 하여 상계할 수 없다. ★

◎ 丙의 상계 주장은 허용되지 않는다.

(45-2)
　A회사는 甲에게 상가점포를 매매대금 1억원으로 하여 분양계약을 체결하였다. 甲은 A회사에게 계약금과 중도금만 지급한 상태에서 상가를 인도받았다. A 회사는 B회사에게 상가건물 전체를 매도하였다. B 회사는 甲에게 잔금 미지급을 이유로 분양계약을 해제한다고 하면서 점포부분의 인도와 점유기간 동안의 임료 상당의 부당이득 반환청구를 하였다. 甲은 부당이득반환청구에 대하여 자신의 계약금 및 중도금반환채권과 상계한다고 하였다.

◎ 상계가 채무의 성질상 허용되지 않는 것이 있다. 동시이행항변권의 대항을 받는 채권을 자동채권으로 하는 경우, 주채무자의 면책청구 항변의 대항을 받는 보증인의 사전구상권, 수익자의 가액배상채권을 자동채권으로 하고 수익자의 채무자에 대한 채권을 수동채권으로 하는 경우 등이다. ★★

★ 대법원 2011. 4. 28. 선고 2010다101394 판결 [건물명도]

◎ 상계가 법률상 제한되는 것도 있다. 고의의 불법행위로 인한 손해배상채권을 수동채권으로 하는 경우(중과실에 의한 경우는 허용), 사용자책임에 따른 손해배상채권을 수동채권으로 하는 경우, 압류금지채권(부양료, 임금 퇴직금의 1/2)을 수동채권으로 하는 경우(양도되어도 마찬가지임, 압류금지채권을 자동채권으로 하는 경우는 허용), 지급금지채권을 수동채권으로 하는 경우(지급금지명령 송달 이후에 취득한 채권을 자동채권으로 하는 것), 질권이 설정된 채권을 수동채권으로 하는 경우 등이다. 다만 계산의 착오 등으로 초과지급된 임금이 있는 경우 근로자가 임금 퇴직금 청구를 할 때 초과지급한 임금의 반환청구권을 자동채권으로 하여 임금채권 퇴직금 채권과 상계할 수 있으며, 1/2 금액에 한해서만 허용된다.

◎ 지급금지명령 송달 이후에 취득한 채권이라도 자동채권의 성립의 기초가 금지명령 이전에 존재하였으면 상계가 허용된다. 지급금지명령 송달 이전에 채권이 취득되었으나 금지명령 이후에 변제기가 도래하는 경우에는 제3채무자의 채무자에 대한 자동채권의 변제기가 피압류채권(수동채권)의 변제기와 동시에 혹은 그보다 먼저 도래하면 상계가 허용된다.

◎ 甲의 계약금 및 중도금 반환청구는 점포인도의 동시이행항변을 받는 채권이므로 상계가 허용되지 않는다. 거꾸로 부당이득반환채권을 자동채권으로 하여 계약금 및 중도금반환채권의 수동채권에 대하여 상계하는 것은 동시이행항변권을 포기할 수 있으므로 가능하다.

★★ 대법원 2005. 7. 22. 선고 2004다17207 판결 [매매중도금]

46. 경개와 준소비대차 [3-1-6-4]

(46-1)

지역주택조합이 건설회사와 아파트건설도급계약을 체결하고 아파트의 일반분양 부분의 대금에서 공사대금을 주기로 하였다. 그런데 주택조합의 채권자가 이 분양대금 정산채권을 가압류하고 소송이 진행되어 시일이 걸리자, 건설회사는 보관 중인 자금 중 10억원을 이자를 붙여서 임시로 사용하기로 하였고 주택조합에 통지하여 주택조합이 승낙하였다. 이에 채권자는 건설회사를 상대로 대여금채무를 다시 가압류하였다.

◎ 경개계약은 채무의 중요한 부분을 변경하여 신채무를 성립시키는 동시에 구채무를 소멸시키는 계약이다. 구채무의 소멸은 신채무의 성립에 의존하므로, 경개로 인한 신채무가 원인의 불법 또는 당사자가 알지 못한 사유로 인하여 성립하지 않거나 취소된 때에는 구채무는 소멸하지 않는다. 특히 경개계약에 조건이 붙어 있는 이른바 조건부 경개의 경우에는 구채무의 소멸과 신채무의 성립 자체가 그 조건의 성취 여부에 걸려 있게 된다. 신채무의 불이행은 경개계약의 불이행이 아니므로 이를 이유로 경개계약을 해제할 수 없다.

한편 <경개의 당사자는 구 채무의 담보를 그 목적의 한도에서 신 채무의 담보로 할 수 있다. 그러나 제3자가 제공한 담보는 그 승낙을 얻어야 한다>는 규정은 당사자의 편의를 위하여 부종성에 대한 예외를 인정할 수 있다는 것이므로, 경개계약으로 구 채무에 관한 저당권 등이 신 채무에 이전되기 위하여는 당사자 사이에 그러한 뜻의 특약이 이루어져야 하지만, 반드시 명시적인 것을 필요로 하지는 않고, 묵시적인 합의로도 가능하다.

◎ 이미 확정적으로 취득한 폐기물 소각처리시설 관련 권리를 포기하는 대신 상대방이 수주할 수 있는지 여부가 분명하지 않은 매립장 복원공사를 장차 그 상대방으로부터 하도급받기로 하는 내용의 약정은 상대방이 복원공사를 수주하지 못할 것을 해제조건으로 한 경개계약이라고 해석한다. 따라서 상대방이 복원공사를 수주하지 못하는 것으로 확정되면 이 약정은 효력을 잃게 되어 신채무인 복원공사의 하도급 채무는 성립하지 아니하고 구채무인 소각처리시설 관련 채무도 소멸하지 않는다.

◎ 준소비대차란 당사자 쌍방이 소비대차가 아닌 다른 방식으로 금전 기타의 대체물을 지급할 의무가 있는 경우에 당사자가 그 목적물을 소비대차의 목적으로 할 것을 약정함으로써 성립하는 계약이다. 경개나 준소비대차는 모두 기존채무를 소멸하게 하고 신채무를 성립시키는 계약인 점에 있어서는 동일하지만, 경개는 기존채무와 신채무 사이에 동일성이 없는 반면, 준소비대차는 원칙적으로 동일성이 인정된다는 점에 차이가 있다. 기존채무와 신채무의 동일성이란 기존채무에 동반한 담보권, 항변권 등이 신채무에도 그대로 존속한다는 의미이다.

◎ 기존 채권·채무의 당사자가 목적물을 소비대차의 목적으로 하기로 한 약정을 경개로 볼 것인가 준소비대차로 볼 것인가에 대하여 당사자의 의사가 명백하지 않을 때에는 일반적으로 준소비대차로 보아야 한다. 왜냐하면 동일성을 상실함으로써 채권자가 담보를 잃고 채무자가 항변권을 잃게 되는 것과 같이 스스로 불이익을 초래하는 의사를 표시하였다고는 볼 수 없기 때문이다. 그러나 신채무의 성질이 소비대차가 아니거나 기존채무와 동일성이 없는 경우에는 준소비대차로 볼 수 없다.

◎ 그래서 채권자가 채무자 발행의 전환사채를 인수하고 채무자는 그 인수대금으로 채권자에 대한 기존의 대출금채무를 변제한 경우에 인수계약의 성질을 소비대차계약이라고 볼 수 없고 전환사채와 기존의 대출금채권 사이에 동일성이 있다고 할 수도 없으므로, 기존의 대출금채권에 대한 담보의 효력이 전환사채에까지 미치지 않는다. 그러나 현실적인 자금의 수수 없이 형식적으로만 신규 대출을 하여 기존 채무를 변제하는 이른바 대환은 형식적으로는 별도의 대출에 해당하나, 실질적으로는 기존 채무의 변제기 연장에 불과하므로, 그 법률적 성질은 기존 채무가 여전히 동일성을 유지한 채 존속하는 준소비대차이다. 이러한 경우 기존 채무에 대한 보증책임이 존속된다. ★

◎ 가압류채무자가 가압류에 반하는 처분행위를 한 경우 그 처분의 유효를 가압류채권자에게 주장할 수 없는 것이지만, 이러한 가압류의 처분제한의 효력은 가압류채권자의 이익보호를 위하여 인정되는 것으로서 가압류채권자는 그 처분행위의 효력을 긍정할 수도 있다. 그리고 이자의 약정이 없는 일반분양대금 정산채권보다 이자의 약정이 있는 준소비대차에 의한 대여금채권을 주장하는 것이 가압류가 채권자에게 더 유리한 경우 채권자가 일반분양대금 정산채권 쪽을 선택하지 않고 준소비대차의 효력을 긍정하여 이자가 포함된 대여금채권에 대한 압류·추심을 하는 것은 얼마든지 허용된다 할 것이다.

◎ 채권가압류의 대상이 된 '건설회사가 주택조합에 대하여 이미 부담하고 있는 일반분양대금 정산채무' 중 일부인 10억 원을 소비대차의 목적으로 하여 '대여금채무'로 전환할 것을 건설회사가 청약하였고, 주택조합이 이를 승낙한 것은 일반분양대금 정산채무와 별개로 새로이 대여금채무를 성립시켜 별개로 존속시키려는 의사가 아니라, 일반분양대금 정산채무 중 10억

★ 대법원 2012. 2. 23. 선고 2011다76426 판결 [사해행위취소등]

원을 소비대차로 발생원인을 변경시키는 준소비대차계약을 체결하려는 의도라고 보아야 한다. 준소비대차에 의한 10억 원의 대여금채권이 성립되기 전에 일반분양대금 정산채권에 대하여 추심을 한 채권자가 다시 대여금 채권에 대한 추심을 주장하는 것은 금반언 내지 신의칙에 반하여 원칙적으로 허용될 수 없다. 다만 이미 행한 추심의 대상에 포함되지 아니한 대여금채권의 이자에 관한 부분에 대한 추심만 허용될 수 있다. ★

★ 대법원 2007. 1. 11. 선고 2005다47175 판결 [추심금]

47. 혼동 [3-1-6-6]

(47-1)
　甲은 아들인 丙을 조수석에 태우고 운전하고 가다가 중앙선을 침범하여 마주오던 차와 충돌하는 사고를 내서 丙이 사망하였다. 차는 남편인 乙의 소유이고 乙이 자동차보험계약을 체결하였고 피보험자는 성년 가족이었다. 甲과 乙은 보험회사에 대하여 丙의 손해배상청구권을 상속받았다는 이유로 보험금청구를 하였다.

◎ 채권과 채무가 동일한 주체에 귀속하는 것을 혼동이라 하고, 채권 채무가 소멸하게 된다. 한편 물권의 혼동은 동일한 물건에 대한 소유권과 제한물권이 동일인에게 귀속되는 것을 말한다.

◎ 그러나 채권과 채무가 동일인에게 귀속되더라도 채권이 제3자의 권리의 목적인 때에는 채권의 존재가 채권자 겸 채무자로 된 사람의 제3자에 대한 권리행사의 전제가 되고 채권의 존속을 인정해야할 정당한 이익이 있다면 채권은 소멸하지 않는다.

◎ 자동차 운행 중 사고로 인한 자동차손해배상보장법 상의 손해배상채권과 채무가 상속으로 동일인에게 귀속하더라도 피해자의 운행자에 대한 손해배상청구권은 상속에 의한 혼동에 의하여 소멸되지 않는다. 왜냐하면 교통사고의 피해자에게 책임보험 혜택을 부여하여 이를 보호하여야 할 사회적 필요성은 동일하고 책임보험의 보험자가 혼동이라는 우연한 사정에 의하

여 자신의 책임을 면할 합리적인 이유가 없기 때문이다.(단 가해자가 피해자의 상속인이 되는 경우는 예외이다) ★

◎ 乙은 丙의 자동차손해배상채권을 상속하였으므로 보험회사에 대하여 1/2 지분에 대하여 청구할 수 있고, 甲은 가해자이므로 피해자의 손해배상채권과 손해배상채무가 혼동으로 인하여 소멸하였으므로 청구권을 행사할 수 없다. 그러나 甲이 상속포기를 하게 되면 丙의 손해배상채권과 보험금청구권이 다른 상속인인 乙에게 귀속되므로 乙은 전부에 대하여 청구할 수 있다. 상속으로 인하여 소멸하였을 권리가 상속포기로 인하여 소멸하지 않게 되었다 하더라도 이를 신의칙에 반하여 무효라고 할 수 없다. 한편 乙의 청구에 대하여 甲의 과실을 이유로 한 과실상계도 되지 않는다.(乙이 동승하지 않았고 부부지간이어 지휘감독관계고 성립하지 않는다)

★ 대법원 2005. 1. 14. 선고 2003다38573 판결 [채무부존재확인·손해배상(자)]

48. 전부금·추심금

◎ 제3채무자의 채권의 처분을 금지하는 압류명령과 동시에 혹은 이후에 전부명령과 추심명령이 발령된다. 전부명령은 집행채권의 변제에 갈음하여 압류채권자에게 이전시키는 명령이고, 추심명령은 압류채권자가 제3채무자에 대하여 피압류채권의 이행을 청구하고 이를 수령하여 자기 채권의 변제에 충당할 수 있는 추심권능을 주는 명령이다.

◎ 전부명령은 확정되어야 되고 확정되면(채무자의 이의가 없는 경우) 제3채무자에 대한 송달시로 소급하여 효력을 발생하고, 추심명령은 제3채무자에게 송달된 때 효력을 발생한다.

◎ 전부명령은 다른 채권자의 압류와 경합하여 제3채무자에 대한 송달시를 기준으로 각 채권압류명령의 압류액의 합계가 피압류채권을 초과하면 당

해 전부명령은 무효이다. 추심명령은 압류액의 합계가 피압류채권을 초과하더라도 유효하며 추심채권자는 모든 채권자를 위하여 추심하고 배당절차를 거치게 된다. ★

◎ 전부명령과 추심명령 모두 제3채무자가 명령의 송달 전에 채무자에 대하여 가지고 있던 모든 항변으로 전부채권자와 추심채권자에게 대항할 수 있다. 상계항변의 경우 송달 전에 채권을 취득하고 변제기가 도달되었으면 송달 후에도 대항할 수 있고, 변제기가 도달되지 않아도 변제기가 피전부채권의 변제기와 동시에 또는 그보다 먼저 도달한다면 대항할 수 있다. 송달 전에 채권의 기초가 성립되고 송달 후에 채권이 발생되어도 동시이행관계에 있으면 대항할 수 있다.

◎ ①의 경우 戊의 전부명령은 무효이나, 추심명령은 유효하다. ②의 경우 집행채권의 부존재나 소멸의 항변을 할 수 없다. ③의 경우 甲에게 압류명령의 송달 전에 甲이 채권을 취득하고 그 변제기가 도달된 거면 가능하다.

★ 대법원 2002. 7. 26. 선고 2001다68839 판결 [전부금]
이때 동시송달된 확정일자부 채권양도통지 상의 양도금액은 합산하지 않는다.

49. 청약과 청약의 유인, 승낙, 계약체결상의 과실 [3-2-1-1]

> **(49-1)**
> 甲은 아파트형 공장을 분양받아 사용을 시작한 후에 보니 분양회사가 준공 전 분양을 위해 제작한 분양카탈로그에 나타나 있는 내용과 달리 공용부분 중 A동 퍼팅공원, B동 옥상휴게공원, B동 복도 휴게공간이 다르게 시공된 것을 알게 되었다. 이에 甲은 분양회사를 상대로 시공상의 하자를 이유로 하자보수에 드는 비용을 손해배상청구하였다.

◎ 상가나 아파트의 분양광고의 내용은 일반적으로 청약의 유인으로서의 성질을 갖는 데 불과하다. 그런데 선분양·후시공의 방식으로 분양되는 대규모 아파트단지 등의 거래사례에서, 분양광고의 내용, 견본주택의 조건 또는 그 무렵 분양회사가 수분양자에게 행한 설명 중 아파트 등의 외형·재질·구조 및 실내장식 등에 관한 것으로서 사회통념에 비추어 수분양자가 분양회사에게 계약 내용으로서 이행을 청구할 수 있다고 보이는 사항에 관하여는 수분양자는 이를 신뢰하고 분양계약을 체결하는 것이고 분양회사도 이를 알고 있었다고 보아야 할 것이므로, 분양회사와 수분양자 사이에 이를 분양계약의 내용으로 하기로 하는 묵시적 합의가 있었다고 본다. ★ 한편 분양에 있어 중요한 사항인 다락의 형상에 관하여 신의성실의 의무에 비추어 비난받을 정도로 허위·과장한 내용의 분양광고를 한 사안에서, 분양자(시행사) 뿐만 아니라 시공사도 공동불법행위로 인한 손해배상책임을 부

★ 대법원 2015. 5. 28. 선고 2014다24327 판결 [분양대금반환등]

담한다. ★

◎ 반면 선시공·후분양의 방식으로 분양되거나, 당초 선분양·후시공의 방식으로 분양하기로 계획되었으나 계획과 달리 준공 전에 분양이 이루어지지 아니하여 준공 후에 분양이 되는 아파트 등의 경우에는 수분양자는 실제로 완공된 아파트 등의 외형·재질 등에 관한 시공 상태를 직접 확인하고 분양계약 체결 여부를 결정할 수 있어 완공된 아파트 등 그 자체가 분양계약의 목적물로 된다. 따라서 비록 준공 전에 분양안내서 등을 통해 분양광고를 하거나 견본주택 등을 설치한 적이 있는데, 그러한 광고내용과는 다르게 아파트 등이 시공되었다고 하더라도, 완공된 아파트 등의 현황과 다르게 분양광고 등에만 표현되어 있는 아파트 등의 외형·재질 등에 관한 사항에 관해서는 이를 분양계약의 내용으로 하기로 하는 묵시적 합의가 있었다고 보기는 어렵다. ★★

◎ 그리고 선분양·후시공의 방식으로 분양하기로 한 아파트 등의 단지 중 일부는 준공 전에, 일부는 준공 후에 분양된 경우에는 각 수분양자마다 분양계약 체결의 시기 및 아파트 등의 외형·재질 등에 관한 구체적 거래조건이 분양계약에 편입되었다고 볼 수 있는 사정이 있는지 여부 등을 개별적으로 살펴 분양회사와 각 수분양자 사이에 이를 분양계약의 내용으로 하기로 하는 묵시적 합의가 있었는지 여부를 판단하여야 한다.

◎ 상가를 분양하면서 그 곳에 첨단 오락타운을 조성·운영하고 전문경영인에 의한 위탁경영을 통하여 분양계약자들에게 일정액 이상의 수익을 보장한다는 광고를 하고, 분양계약 체결시 이러한 광고내용을 계약상대방에게 설명하였더라도, 체결된 분양계약서에는 이러한 내용이 기재되지 않았고 그 후의 상가 임대운영경위 등에 비추어 볼 때, 이러한 광고 및 분양계약

★ 대법원 2009. 4. 23. 선고 2009다1313 판결 [손해배상(기)]
★★ 대법원 2014. 11. 13. 선고 2012다29601 판결 [손해배상(기)등]

체결시의 설명은 청약의 유인에 불과할 뿐 상가 분양계약의 내용으로 되었다고 볼 수 없고, 따라서 분양 회사는 위 상가를 첨단 오락타운으로 조성·운영하거나 일정한 수익을 보장할 의무를 부담하지 않는다. ★

(49-2)

甲과 乙은 갑의 물품에 대한 매매여부를 논의한 후에 서로 연락하기로 하였다. 甲은 물품을 1000만원에 매도하겠으며 그에 대하여 일주일 이내에 회답 여부가 없으면 매매를 승낙한 것으로 보겠다는 통지를 乙에게 보냈다. 乙이 일주일이 지나도록 회신이 없자, 甲은 물품을 송부하고 매매대금을 청구하였다.

◎ 청약과 승낙에 있어서 청약 수령자는 승낙 여부의 의사표시를 하여야 할 의무를 부담하지 않는다. 다만 상인이 상시 거래관계에 있는 자로부터 그 영업부류에 속한 계약의 청약을 받은 때에는 지체 없이 낙부(諾否)의 통지를 발송하여야 하고, 이를 해태하면 승낙한 것으로 보게 된다.

◎ 청약시 승낙기간을 정한 경우에는 그 승낙기간이 도과되면, 승낙기간이 없는 경우에는 상당한 기간이 도과되면 그 청약은 실효된다. 이 때의 상당한 기간은 청약이 상대방에게 도달하여 상대방이 그 내용을 받아들일지 여부를 결정하여 회신을 함에 필요한 기간을 가리키는 것으로, 이는 구체적인 경우에 청약과 승낙의 방법, 계약 내용의 중요도, 거래상의 관행 등의 여러 사정을 고려하여 객관적으로 정하여진다. 청약이 상시거래관계에 있는 자 사이에 그 영업부류에 속한 계약에 관하여 이루어진 것으로 상인의 낙부통지의무가 적용될 수 있는 경우가 아니라면, 청약의 상대방에게 청약을 받아들일 것인지 여부에 관하여 회답할 의무가 있는 것은 아니므로, 청약자가 미리 정한 기간 내에 이의를 하지 아니하면 승낙한 것으로 간주한다는 뜻을 청약시 표시하였다고 하더라도 이는 상대방을 구속하지 아니하고 그 기간은 경우에 따라 단지 승낙기간을 정하는 의미를 가질 수 있을 뿐이다.

★ 대법원 2001. 5. 29. 선고 99다55601, 55618 판결 [손해배상(기)·매매대금]

◎ 甲과 乙의 거래관계가 상인으로서의 상시거래관계와 영업부류에 속하는가에 따라 달라질 수 있다.

(49-3)

甲은 무역센터 부지 내에 수출 1,000억 $ 달성을 기념하는 영구조형물을 건립하기로 하고 그 건립방법에 관하여 분야별로 5인 가량의 작가를 선정하여 조형물의 시안 (試案) 제작을 의뢰한 후 그 중에서 최종적으로 1개의 시안을 선정한 다음 그 선정된 작가와 조형물의 제작·납품 및 설치계약을 체결하기로 하였다. 그후 甲은 乙 등 조각가 4인에게 시안의 작성을 의뢰하면서 시안이 선정된 작가와 조형물 제작·납품 및 설치계약을 체결할 것이라고 통지하였다. 당시 조형물의 제작비, 제작시기, 설치장소를 구체적으로 통보하지 않았다. 그런데 작가들이 제출한 시안 중 乙이 제출한 시안을 당선작으로 선정하고 통보하였다. 그러나 甲은 내부적 사정과 외부의 경제여건 등으로 乙과 제작비, 설치기간, 설치장소 및 그에 따른 제반사항을 정한 구체적인 계약을 체결하지 않고 있다가 당선사실 통지시로부터 약 3년이 경과한 시점에 乙에게 조형물 설치를 취소하기로 하였다고 통보하였다. 乙은 어떻게 배상받을 수 있는가?

◎ 계약이 성립하려면 당사자의 서로 대립하는 수개의 의사표시의 객관적 합치가 필요하고, 객관적 합치가 있다고 하기 위해서는 당사자의 의사표시에 나타나 있는 사항에 관하여는 모두 일치하고 있어야 한다. 한편 계약 내용의 중요한 점 및 계약의 객관적 요소는 아니더라도 특히 당사자가 그것에 중대한 의의를 두고 계약 성립의 요건으로 할 의사를 표시한 때에는 이에 관하여 합치가 있어야 계약이 적법·유효하게 성립한다.

◎ 계약이 성립하기 위한 법률요건인 청약은 그에 응하는 승낙만 있으면 곧 계약이 성립할 정도의 구체적, 확정적 의사표시여야 하므로, 청약은 계약의 내용을 결정할 수 있을 정도의 사항을 포함시키는 것이 필요하다.

◎ 어느 일방이 교섭단계에서 계약이 확실하게 체결되리라는 정당한 기대 내지 신뢰를 부여하여 상대방이 그 신뢰에 따라 행동하였음에도 상당한 이유 없이 계약의 체결을 거부하여 손해를 입혔다면 이는 신의성실의 원칙에 비추어 볼 때 계약자유원칙의 한계를 넘는 위법한 행위로서 불법행위를 구성

한다. 그래서 계약교섭의 부당한 중도파기가 불법행위를 구성하는 경우 그러한 불법행위로 인한 손해는 일방이 신의에 반하여 상당한 이유 없이 계약교섭을 파기함으로써 계약체결을 신뢰한 상대방이 입게 된 상당인과관계 있는 손해로서 계약이 유효하게 체결된다고 믿었던 것에 의하여 입었던 손해 즉 신뢰손해에 한정된다. 신뢰손해란 예컨대, 그 계약의 성립을 기대하고 지출한 계약준비비용과 같이 그러한 신뢰가 없었더라면 통상 지출하지 아니하였을 비용 상당의 손해이다. 아직 계약체결에 관한 확고한 신뢰가 부여되기 이전 상태에서 계약교섭의 당사자가 계약체결이 좌절되더라도 어쩔 수 없다고 생각하고 지출한 비용, 예컨대 경쟁입찰에 참가하기 위하여 지출한 제안서, 견적서 작성비용 등은 여기에 포함되지 않는다. 한편 침해행위와 피해법익의 유형에 따라서는 계약교섭의 파기로 인한 불법행위가 인격적 법익을 침해함으로써 상대방에게 정신적 고통을 초래하였다고 인정되는 경우라면 그러한 정신적 고통에 대한 손해에 대하여는 별도로 배상을 구할 수 있다. ★

(48-4)

강원 고성군 현내면에 있는 통일전망대 인근에 박물관을 건립한 甲은 고성군수에게 박물관에 관한 위탁관리계약을 체결하였다. 그 내용은 고성군수가 박물관을 위탁관리하면서 통일전망대와 박물관 입장이 모두 가능한 단일입장권을 발행하여 입장료를 통합 징수한 다음 박물관 입장료에 해당하는 부분에서 박물관 관리운영비를 공제한 나머지를 甲에게 지급하는 것이었다. 그런데 고성군수가 법률상 단일입장권을 발행할 권한이 없다는 것을 나중에 알게 되었다. 이에 甲은 고성군수에게 그동안의 박물관입장료 수입과 甲이 투자한 박물관전시품 등에 대한 손해배상을 청구하였다.

◎ 계약체결상의 과실책임이란 계약체결의 준비단계나 성립과정에서 당사자 일방이 책임 있는 사유로 상대방에게 손해를 끼친 경우에 배상책임을 인정하는 것이다. 계약책임과 불법행위책임만 인정되는 경우 이 두 책임으로 해결될 수 없는 부분을 새로운 채무불이행책임으로 구성하자는 이론이다.

★ 대법원 2003. 4. 11. 선고 2001다53059 판결 [손해배상(기)]

◎ 민법은 계약목적이 처음부터 불능인 경우에(원시적 객관적 불능) 불능을 알았거나 알 수 있었던 자는 상대방이 계약의 유효를 믿었음으로 인하여 받은 손해(신뢰이익 상당 손해)를 배상하여야 한다고 하면서 그 배상액은 이행이익을 넘지 못한다고 한다. 그래서 계약의 성립이 좌절된 경우, 계약이 무효가 된 경우, 계약교섭이 부당하게 파기된 경우는 불법행위책임으로 처리된다.

◎ 통일전망대 입장료는 고성군수나 그로부터 위탁받은 자가 폐기물관리법 등 관계 법령에 따라 청소비 명목의 입장료를 징수하는 것이지만 이 사건 박물관의 입장료는 민간 기업이 운영하는 박물관의 입장료로서 그 법적 성질을 달리하는 점 등에 비추어 고성군수가 통일전망대 입장료를 징수하면서 이 사건 박물관에 대한 입장료를 통합 징수할 목적으로 단일입장권을 발행하는 것은 계약 당시부터 사실상, 법률상 불가능한 상태였다. 그러므로 위탁관리계약은 그 의무이행이 원시적으로 불능이어서 무효이다. ★

◎ 따라서 고성군수가 계약 체결 당시 그 불능을 알았거나 알 수 있었다고 봄이 상당하므로 신뢰이익 상당의 손해를 배상할 의무가 있다. 그동안의 박물관입장료 수입을 반환하고, 갑이 투자한 박물관전시품 등 손해를 배상하여야 한다.

★ 대법원 2011. 7. 28. 선고 2010다1203 판결 [부당이득금반환등·토지인도]

50. 채권자의 귀책사유로 인한 위험부담 [3-2-1-2]

(50-1)

甲은 회사에서 해고당하였는데 부당해고 구제절차에서 회사의 부당해고가 인정되었다. 甲은 해고기간 중 임금을 청구하였다. 그런데 해고기간 중 甲은 다른 직장에 임시직으로 취업하여 임금을 받았다. 회사는 이 이익을 공제하여야 한다고 주장한다.

◎ 사용자의 귀책사유로 인하여 해고된 근로자는 그 기간 중에 노무를 제공하지 못하였더라도 채권자 귀책사유로 인한 근로제공의무의 이행불능이어서 그 위험을 채권자인 회사가 부담하여야 한다. 따라서 사용자에게 그 기간 동안의 임금을 청구할 수 있다. 이 경우에 근로자가 자기의 채무를 면함으로써 얻은 이익이 있을 때에는 이를 사용자에게 상환할 의무가 있다. 근로자가 해고기간 중에 다른 직장에 종사하여 얻은 수입은 근로제공의 의무를 면함으로써 얻은 이익이라고 할 것이므로 사용자는 근로자에게 해고기간 중의 임금을 지급함에 있어서 이 이익 (이른바 중간수입)을 공제할 수 있다. 그러나 상환하여야 할 이익은 채무를 면한 것과 상당인과관계에 있는 것에 한하므로 해고기간 중 노동조합기금으로부터 받은 금원은 이익으로 보지 않는다.

◎ 그런데 근로기준법은 근로자의 최저생활을 보장하려는 취지에서 사용자의 귀책사유로 인하여 휴업하는 경우에는 사용자는 휴업기간 중 당해 근로자

에게 그 평균임금의 100분의 70 이상의 수당을 지급하여야 한다고 규정하고 있고, 여기서의 휴업에는 개개의 근로자가 근로계약에 따라 근로를 제공할 의사가 있음에도 불구하고 그 의사에 반하여 취업이 거부되거나 또는 불가능하게 된 경우도 포함된다. 근로자가 사용자의 귀책사유로 인하여 해고된 경우에도 위 휴업수당에 관한 근로기준법이 적용될 수 있다. 이 경우 근로자가 지급받을 수 있는 해고기간중의 임금액 중 위 휴업수당의 한도에서는 이를 중간수입공제의 대상으로 삼을 수 없고, 그 휴업수당을 초과하는 금액범위에서만 공제한다. ★

◎ 甲이 다른 직장에서 얻은 수입이 종전 회사의 임금의 70%가 넘는 부분에 대해서만 공제당하고 나머지를 받을 수 있다.

(50-2)
　甲은 건설회사로부터 아파트를 분양받았는데, 중도금은 건설회사가 지정하는 은행으로부터 대출받아서 지급하고, 잔금을 따로 지급하고 소유권이전등기한 후 즉시 은행에게 근저당권을 설정해 주기로 하였다(후취담보약정, 건설회사의 연대보증). 아파트가 준공되었는데 甲은 중도금의 이자와 잔금을 지급하지 않았고, 이에 은행은 건설회사로부터 아파트에 근저당권을 설정 받았다. 그러자 甲은 공용시설의 미시공을 주장하며 분양계약을 취소하면서 납입한 분양대금반환청구 소송을 제기하였고, 건설회사는 분양대금청구의 반소를 제기하였다. 이 사건에서 甲의 분양대금 지급과 건설회사의 시설설치 등 조정결정이 이루어 졌다. 그럼에도 甲이 계속 분양대금을 지급하지 않자 은행은 아파트를 경매에 넘겼고 제3자가 경락을 받았다. 그리고 건설회사는 조정결정에 기한 채무불이행을 이유로 강제집행을 하였다. 이에 甲은 이 강제집행을 불허해달라는 청구이의의 소를 제기하였다.

◎ 민법은 쌍무계약에 관한 채무자위험부담원칙의 예외로서 <쌍무계약의 당사자 일방의 채무가 채권자의 책임 있는 사유로 이행할 수 없게 된 때에는 채무자는 상대방의 이행을 청구할 수 있다>고 정하고 있다. 여기에서 "채권자의 책임 있는 사유"라고 함은 채권자의 어떤 작위나 부작위가 채무의

★ 대법원 1993. 11. 9. 선고 93다37915 판결 [해고무효확인등]

내용인 급부의 실현을 방해하고 그 작위나 부작위는 채권자가 이를 피할 수 있었다는 점에서 신의칙상 비난받을 수 있는 경우를 의미한다.

◎ 甲이 조정결정상의 분양잔금지급의무를 이행하였더라면 건설회사로부터 아파트의 소유권을 이전받는 데 아무런 장애가 없었음에도 甲이 그 의무를 이행하지 않았다. 또한 은행에 대하여 중도금대출금채무를 연대보증한 건설회사에 대한 관계에서 은행에 대출금채무의 이자를 지급하고 아파트를 후취담보로 제공할 의무가 있음에도 이를 이행하지 않았다. 은행은 甲의 채무불이행을 원인으로 연대보증인인 건설회사에 대하여 보증채무의 이행을 청구하여 아파트에 대한 강제집행을 할 수 있는 상황이었으므로, 결국 아파트는 甲이 소유권을 취득하여 대출금채무의 담보로 제공되거나 은행이 건설회사에게 보증책임을 묻는 경우 공매취득의 대상이 될 재산으로서 甲의 대출금채무의 만족을 위한 책임재산에 해당한다. 따라서 건설회사가 아파트에 관하여 은행에 근저당권을 설정하면서 그 피담보채무를 자신의 연대보증채무로 하였다고 하더라도 그 실질은 여전히 甲의 대출금채무를 담보하기 위한 것이다. 그렇다면 근저당권이 실행되어 제3자가 아파트의 소유권을 취득한 결과 건설회사의 소유권이전의무가 이행불능이 된 것은 그 채권자인 甲이 자신의 분양잔금지급의무, 나아가 대출금 및 그 이자의 지급의무를 이행하지 아니한 귀책사유로 인한 것이므로 "채권자의 책임 있는 사유"로 인하여 채무자의 채무가 이행할 수 없게 된 때에 해당한다. ★

◎ 아파트에 관한 소유권이전의무가 甲의 귀책사유에 의하여 그 이행이 불가능하게 된 이상, 甲은 이를 이유로 분양계약을 해제할 수 없고, 건설회사는 여전히 甲에게 분양계약에 기한 잔금지급채무(잔금지급채무는 조정결정에 의하여 변경됨)의 이행을 청구할 수 있다. 甲의 청구이의의 소는 기각된다.

★ 대법원 2011. 1. 27. 선고 2010다41010,41027 판결 [분양계약무효·계약해제로 인한잔금 무효]

51. 제3자를 위한 계약 [3-2-1-2]

(51-1)

　甲은 乙로부터 토지를 매수하고, 매매대금은 乙의 丙에 대한 채무 3000만원을 甲이 丙에게 지급함으로써 갈음하기로 하였다. 그런데 丁이 이 토지의 소유권을 취득하였다. 乙의 甲에 대한 토지의 소유권이전등기의무가 이행불능이 되어 甲은 매매계약을 해제하였다. 甲은 丙에게 지급한 돈의 반환을 청구하였다.

◎ 일방(낙약자)이 제3자(수익자)에게 이행할 것을 상대방(요약자)에게 약정한 경우 제3자가 수익의 의사표시를 하면 그 제3자는 채무자(낙약자)에게 직접 그 이행을 청구할 수 있다.

◎ 요약자와 낙약자의 관계를 기본관계라 하는데 기본관계의 하자는 계약의 효력에 영향을 미치고 낙약자는 기본관계 상의 항변으로 수익자에게 대항할 수 있다. 요약자와 수익자의 관계를 대가관계라 하는데 대가관계는 제3자를 위한 계약에서의 내용이 아니므로 계약의 성립이나 효력에 영향이 없다. 낙약자는 요약자와 수익자 사이의 법률관계에 기한 항변으로 수익자에게 대항하지 못하며, 요약자도 대가관계의 부존재나 효력의 상실을 이유로 자신이 낙약자에게 부담하는 채무의 이행을 거부할 수 없다. 낙약자와 수익자의 관계를 수익관계라 하는데 수익자가 수익의 의사표시를 하면 낙약자에 대하여 급부청구권을 가진다. 그러나 수익자가 낙약자의 채무불이행을 원인으로 한 손해배상을 청구할 수는 있으나, 직접 계약을 해제할 수는 없다. ★

◎ 제3자를 위한 계약관계에서 낙약자와 요약자 사이의 법률관계(이른바 기본관계)를 이루는 계약이 해제된 경우 그 계약관계의 청산은 계약의 당사자인 낙약자와 요약자 사이에 이루어져야 하므로, 낙약자가 이미 제3자에게 급부한 것이 있더라도 낙약자는 계약해제에 기한 원상회복 또는 부당이득을 원인으로 제3자를 상대로 그 반환을 구할 수 없다. 제3자를 위한 계약에서의 제3자가 계약해제시 보호되는 제3자에 해당하지 않음은 물론이나, 그렇다고 당연히 계약해제로 인한 원상회복의무를 부담해야 하는 것은 아니다. 또한 낙약자는 미지급급부에 대해서는 계약해제에 따른 항변으로 제3자에게 그 지급을 거절할 수 있지만, 이는 이미 지급한 급부에 대해 계약해제에 따른 원상회복을 구하는 것과는 다른 경우로서 동일한 법리가 적용될 수는 없는 것이다.

◎ 기본관계를 이루는 매매계약이 적법하게 해제되었다고 하더라도, 丙에 대한 甲의 모든 급부는 기본관계를 이루는 매매계약의 당사자인 甲과 乙 사이의 채권관계에 기한 급부일 뿐이므로 이로 인한 부당이득반환의무는 당연히 甲과 乙 사이에서만 발생한다. 기본관계는 해제로 인하여 무효라 하더라도 대가관계에 아무런 하자가 없는 경우 제3자의 급부수령은 요약자와의 관계에 기한 정당한 수령으로서 부당이득반환의 대상이 되지 않는다. 또한 제3자에 대한 낙약자의 급부에 의하여 요약자가 채무를 면하게 되며, 요약자와 제3자 사이의 유효한 결제를 부인할 필요가 없으므로, 낙약자로서는 제3자가 아닌 요약자에 대하여 부당이득의 반환을 청구하여야 한다. 계약관계의 청산은 매매계약의 당사자인 甲과 乙 사이에서 이루어져야 할 것이고, 제3자인 丙을 상대로 하여 해제에 따른 원상회복 또는 부당이득(지급받은 매매대금)이라는 이유로 그 반환을 구할 수는 없다. ★

◎ 甲은 丙에 대하여 반환청구를 할 수 없다.

★ 대법원 2003. 12. 11. 선고 2003다49771 판결 [부동산소유권이전등기]
★ 대법원 2005. 7. 22. 선고 2005다7566 판결 [손해배상(기)·약정금]

52. 약정해제권 [3-2-1-3]

(52-1)

　甲은 乙에게 아파트를 매도하였다. 매매대금은 계약금 4000만원, 잔금 3억 6000만원이었는데, 계약 당일 계약금 중 1,000만원만 받고 나머지는 다음 날 송금해주기로 하였다. 그런데 아파트 가격이 계속 상승하고 있어서 甲은 다음 날 나머지 계약금을 송금할 필요가 없다고 하면서 매매계약을 해제한다고 하였다. 그러자 乙은 이를 거부하면서 나머지 계약금 3,000만원을 공탁하였고, 甲도 2,000만원을 공탁하였다. 계약은 해제되었는가?

◎ 계약시 해제권 발생을 약정한 경우를 약정해제라 한다. 매매계약을 하면서 계약금이 교부된 경우 당사자 일방이 이행에 착수할 때까지 교부자는 이를 포기하고 수령자는 그 배액을 상환하여 매매계약을 해제할 수 있는데 이를 해약금의 성질을 가지고 있다고 민법은 규정하고 있다. 계약금 배액의 상환은 이행의 제공이 있으면 충분하고 상대방이 이를 수령하지 않아도 해제의 의사표시와 동시에 계약은 해제된다.

◎ 그런데 계약금계약은 요물계약이어서 계약금 전부가 교부되어야만 유효하다. 주된 계약과 더불어 계약금계약을 한 경우에는 민법 규정에 따라 임의해제를 할 수 있기는 하나, 계약금계약은 금전 기타 유가물의 교부를 요건으로 하므로 단지 계약금을 지급하기로 약정만 한 단계에서는 아직 계약금으로서의 효력, 즉 위 민법 규정에 의해 계약해제를 할 수 있는 권리는 발

생하지 않는다. 당사자가 계약금의 일부만을 먼저 지급하고 잔액은 나중에 지급하기로 약정하거나 계약금 전부를 나중에 지급하기로 약정한 경우, 교부자가 계약금의 잔금이나 전부를 약정대로 지급하지 않으면 상대방은 계약금 지급의무의 이행을 청구하거나 채무불이행을 이유로 계약금약정을 해제할 수 있고, 나아가 위 약정이 없었더라면 주계약을 체결하지 않았을 것이라는 사정이 인정된다면 주계약도 해제할 수도 있을 것이나, 교부자가 계약금의 잔금 또는 전부를 지급하지 아니하는 한 계약금계약은 성립하지 아니하므로 당사자가 임의로 주계약을 해제할 수는 없다. ★

◎ 매수인 乙로부터 계약금이 전부 교부되지 아니한 이상 아직 계약금계약은 성립되지 않았으므로, 매도인은 매수인의 채무불이행이 없는 한 매매계약을 임의로 해제할 수 없으며, 계약금을 수령하기 전에 매도인 甲이 일방적으로 한 매매계약 해제의 의사표시는 부적법하여 효력이 없다.

◎ 한편 매도인이 계약금 일부만 지급된 경우 '실제 교부받은 계약금'의 배액만을 상환하여 매매계약을 해제할 수 있다고 한다면 이는 당사자가 일정한 금액을 계약금으로 정한 의사에 반하게 될 뿐 아니라, 교부받은 금원이 소액일 경우에는 사실상 계약을 자유로이 해제할 수 있어 계약의 구속력이 약화되는 결과가 되어 부당하기 때문에, 수령자가 매매계약을 해제할 수 있다고 하더라도 해약금의 기준이 되는 금원은 '실제 교부받은 계약금'이 아니라 '약정 계약금'이라고 봄이 타당하므로, 매도인이 계약금의 일부로서 지급받은 금원의 배액을 상환하는 것으로는 매매계약을 해제할 수 없다고 한다. ★★ 이 논리에 의하면 甲은 8,000만원을 반환하면 계약을 해제할 수 있는 것으로 된다. 그러나 손해배상액의 예정으로 보아 여러사정을 참작하여 감액될 수는 있다.

★ 대법원 2008. 3. 13. 선고 2007다73611 판결 [손해배상(기)]
★★ 대법원 2015. 4. 23. 선고 2014다231378 판결 [손해배상(기)]

(52-2)

甲은 乙에게 토지를 매도하였는데, 매도 후 그 토지 일대가 고도제한구역에서 해제되면서 토지의 가격이 급등하였다. 이에 甲은 매매대금의 증액을 요청하였다. 그러자 乙은 일방적으로 매도인을 찾아와서 중도금 지급기일 이전에 중도금을 지급하겠다고 하였다. 甲이 이를 거부하자 乙은 중도금을 공탁하였다. 이에 甲도 계약금의 배액을 공탁하였다. 계약은 해제되었는가?

◎ 민법은 해제권 행사의 시기를 당사자의 일방이 이행에 착수할 때까지로 제한하고 있다. 그 이유는 당사자의 일방이 이미 이행에 착수한 때에는 그 당사자는 그에 필요한 비용을 지출하였을 것이고, 또 그 당사자는 계약이 이행될 것으로 기대하고 있는데 만일 이러한 단계에서 상대방으로부터 계약이 해제된다면 예측하지 못한 손해를 입게 될 우려가 있으므로 이를 방지하기 위해서이다. 그리고 이행기의 약정이 있는 경우라 하더라도 당사자가 채무의 이행기 전에는 착수하지 않기로 하는 특약이 없는 한 이행기 전에 이행에 착수할 수 있다.

◎ 이행에 착수한다는 것은 객관적으로 외부에서 인식할 수 있는 정도로 채무의 이행행위의 일부를 하거나 또는 이행을 하기 위하여 필요한 전제행위를 하는 경우를 말하는 것으로서, 단순히 이행의 준비를 하는 것만으로는 부족하나 반드시 계약내용에 들어맞는 이행의 제공의 정도에까지 이르러야 하는 것은 아니다. 매수인이 매도인의 동의하에 매매계약의 계약금 및 중도금 지급을 위하여 은행도어음을 교부한 경우 매수인은 계약의 이행에 착수하였다고 본다. 매수인이 매도인의 의무이행을 촉구하였다거나, 매도인이 그 의무 이행을 거절함에 대하여 의무이행을 구하는 소송을 제기하여 1심에서 승소판결을 받았다 하더라도 매수인이 그 계약의 이행에 착수하였다고 볼 수 없다. 매매계약에서 중도금의 지급 시점을 이행에 착수한 시점으로 보고 있다.

◎ 매매계약의 체결 이후 시가 상승이 예상되자 매도인이 구두로 구체적인 금액의 제시 없이 매매대금의 증액요청을 하였고, 매수인은 이에 대하여 확답하지 않은 상태에서 중도금을 이행기 전에 제공하였는데, 그 이후 매도인이 계약금의 배액을 공탁하여 해제권을 행사한 경우, 시가 상승만으로 매매계약의 기초적 사실관계가 변경되었다고 볼 수 없어 '매도인을 당초의 계약에 구속시키는 것이 특히 불공평하다'거나 '매수인에게 계약내용 변경요청의 상당성이 인정된다'고 할 수 없고, 이행기 전의 이행의 착수가 허용되어서는 안 될 만한 불가피한 사정이 있는 것도 아니므로 매도인은 해제권을 행사할 수 없다. ★

◎ 그런데 매도인이 매수인에게 계약을 해제하겠다는 의사표시를 하고 일정한 기한까지 해약금의 수령을 최고하였다면, 중도금 등 지급기일은 매도인을 위하여서도 기한의 이익이 있는 것이므로 매수인은 매도인의 의사에 반하여 이행할 수 없다.

★ 대법원 2006. 2. 10. 선고 2004다11599 판결 [소유권이전등기]

53. 법정해제권 [3-2-1-3]

> (53-1)
> 甲은 乙로부터 토지를 2억원에 매수하였으나 잔금 1억원을 지급하지 못하고 있었다. 그후 甲과 乙은 구두로 매매대금을 3억원으로 증액하기로 합의하였다. 그러나 甲은 구두합의의 증거가 없다는 이유로 여전히 매매대금 2억원을 주장하며 잔금 1억원을 지급할테니 소유권이전등기서류를 달라고 하였다. 증액과 관련된 분쟁이 생겼는데 甲은 조사과정에서도 계속 증액 사실을 인정하지 않았다. 그러다가 갑자기 甲은 증액된 매매계약에 기한 소유권이전등기청구소송을 제기하였다. 이에 乙은 甲의 이행거절로 인하여 계약이 해제되었다고 주장하였다.

◎ 채무자가 이행기에도 채무를 이행하지 않는 이행지체가 있고(쌍무계약에서 동시이행항변권을 가지는 경우는 자신의 반대채무도 이행하거나 이행제공하여야 상대방이 이행지체에 빠진다), 다시 채권자가 상당한 기간을 정하여 이행을 최고하였고(최고기간 중에도 계속해서 반대채무의 이행제공이 있어야 하며 이때는 이행의 준비만으로 충분하다), 그 기간 내에도 이행하지 않는다면, 채권자는 채무자의 이행지체를 이유로 계약을 해제할 수 있다. 단 채무자가 미리 이행거절의 의사표시를 명백히 한 경우나 정기행위의 경우에는 이행최고가 필요 없다. 그런데 이행거절의 의사표시가 철회된 경우에는 상대방은 다시 자신의 채무의 이행을 제공하고 상당한 기간을 정하여 최고한 후가 아니면 계약을 해제할 수 없다. ★

★ 대법원 1989. 3. 14. 선고 88다1516 판결 [지분소유권이전등기]

◎ 이행지체를 이유로 계약을 해제하면서 일정한 기간을 정하여 채무이행을 최고함과 동시에 그 기간 내 이행이 없으면 계약을 해제하겠다는 의사표시는 정지조건부 해제로서 유효하고 그 기간의 경과로 계약은 해제된 것으로 본다. 소제기로써 해제권을 행사한 경우 그 뒤 소송을 취하하였더라도 해제의 효력은 여전히 유지된다.

◎ 甲이 증액된 새로운 매매계약에 기하여 乙에게 소유권이전등기청구를 하고 있다면 이전의 이행거절의 의사표시를 철회하고 증액된 잔대금 지급의무를 이행할 의사를 표시한 것이다. 따라서 乙은 자신의 반대급부의 이행이나 그 제공을 하고 다시 상당한 기간을 정하여 이행을 최고한 후가 아니면 계약을 해제할 수 없다.

(53-2)

甲은 乙이 한국토지공사로부터 매수한 토지의 지상에 지하 1층 지상 5층으로 신축할 예정인 상가건물 1개의 점포 부분에 관하여 분양계약을 체결하였다. 乙은 수분양자들로부터 분양대금의 일부를 수령하였음에도 불구하고 상가건물의 신축공사를 착공하지 아니하고 그에 대한 건축허가도 받지 아니한 상태에서 부도를 내어 지명수배를 받고 있을 뿐만 아니라 막대한 부채를 지고 채권자들의 추적을 받게 되자 해외로 도피하였다. 이에 甲은 乙이 상가점포를 인도하고 소유권이전등기를 해 줄 채무가 이행불능상태에 빠졌다고 보고 계약을 해제하였는데, 다만 점포부분에 해당하는 토지의 지분에 대해서는 소유권이전등기가 가능하다고 판단하여 소송을 제기하였다.

◎ 상대방 채무가 그의 귀책사유로 이행불능이 되면 이행기까지 기다릴 필요도 없고 또 최고할 필요도 없이 계약을 해제할 수 있다. 당사자 일방이 부담하는 채무의 일부만이 채무자의 책임 있는 사유로 이행할 수 없게 된 때에는, 그 이행이 불가능한 부분을 제외한 나머지 부분만의 이행으로는 계약의 목적을 달성할 수 없다면 채무의 이행은 전부가 불능이라고 본다. 그래서 채권자로서는 채무자에 대하여 계약 전부를 해제하거나 또는 채무 전부의 이행에 갈음하는 전보배상을 청구할 수 있을 뿐이지, 이행이 가능한 부분만의 급부를 청구할 수는 없다.

◎ 이행불능의 판단은 절대적 물리적 불능 뿐만 아니라 거래관념상 채무자의 이행실현을 기대할 수 없는 경우도 그 기준이 된다.

◎ 일반적으로 토지와 그 지상건물을 매매한 경우 토지와 그 지상의 건물은 법률적인 운명을 같이 하게 되는 것이 거래의 관행이고 당사자의 의사나 경제의 관념에도 합치된다. 장래에 건축될 집합건물인 상가 내의 특정 점포를 분양받기로 하는 계약에 있어서는 분양자가 수분양자들에 대하여 부담하는 분양 점포에 관한 소유권이전등기 의무와 상가 총면적 중 분양 점포면적에 해당하는 비율의 대지 지분에 관한 소유권이전등기 의무는 불가분의 관계에 있어 분양 점포에 관한 소유권이전등기의무의 이행이 불능에 이르렀다면 그 대지 지분에 관한 소유권이전등기 의무의 이행이 가능하다고 하더라도 그 이행만으로는 피분양자들이 최초분양계약 당시 의욕하였던 계약의 목적을 달성할 수는 없는 것이므로 분양자의 수분양자에 대한 분양계약상의 채무는 전부 이행불능 상태에 이르렀다고 본다. ★ 따라서 甲은 乙에 대하여 대지 지분에 관한 소유권이전등기 절차의 이행만을 구할 수는 없다.

★ 대법원 1995. 7. 25. 선고 95다5929 판결 [소유권이전등기]

54. 해제권의 행사와 효과 [3-2-1-3]

(54-1)

　甲은 乙에게 토지와 건물을 매도하였는데, 乙이 대금의 일부를 현금으로 지급하고 나머지 대금은 甲의 채무를 인수하는 조건이었다. 甲은 乙에게 소유권이전등기를 해주었다. 그리고 乙은 丙에게 대여금채무가 있었는데, 丙은 그 토지와 건물에 대하여 소유권이전청구권가등기를 하였다. 그런데 乙이 甲의 채무를 인수하지 않자 甲은 乙에 대하여 매매계약을 해제한다고 통보하였다. 丙의 가등기는 없어지는가?

◎ 계약해제로 인한 원상회복의무는 제3자의 권리를 해하지 못한다. 제3자란 그 해제된 계약으로부터 생긴 법률적 효과를 기초로 하여 새로운 이해관계를 가지고 물권 또는 대항력 있는 권리를 취득한 자를 말한다. 그래서 계약상의 채권(매매대금채권이나 소유권이전등기청구권)을 양수한 자 또는 압류한 자는 해당되지 않는다. 다만 주택인도를 받은 미등기매수인으로부터 임차하고 대항력을 갖춘 임차인은 제3자에 해당한다. 한편 등기를 마친 매수인의 채권자가 목적물을 가압류한 경우는 제3자이나, 선순위 가처분등기가 있어서 가처분의 본안소송 결과에 따라 등기가 말소가 되는 경우는 해당되지 않는다.

◎ 제3자는 해제의 의사표시 이전에 이해관계를 맺은 선의 악의자 뿐만 아니라, 해제의 의사 표시 후 해제로 인한 원상회복등기가 있기 전에 이해관계를 가진 선의자도 포함된다. 계약의 해제 전에 그 해제와 양립되지 않는

법률관계를 가진 제3자에 대하여는 계약의 해제에 따른 법률효과를 주장할 수 없고, 이는 제3자가 그 계약의 해제 전에 계약이 해제될 가능성이 있다는 것을 알았거나 알 수 있었다 하더라도 달라지지 아니한다.

◎ 丙은 선의 악의에 관계 없이 가등기권자로서 계약의 해제로부터 보호되는 제3자에 해당된다.

(54-2)

甲은 乙에게 자신이 수입하는 기계의 성능을 보장한다고 하면서 그 기계의 국내 독점판매권을 주었다. 乙이 甲의 기계를 국내에 판매하였는데, 기계가 국내의 작업 현장에 잘 맞지 않았고 甲이 A/S부품이나 장착부품 또는 장착시방서를 제대로 공급하지 아니하여 乙이 기계를 판매하는 데에 많은 지장을 초래하였다. 이에 乙은 甲에게 판매계약을 해지하였다. 乙은 甲에게 판매계약이 제대로 이행되었더라면 乙이 받았을 이익과 乙이 판매점을 준비하고 관리하면서 지출한 비용을 모두 손해배상으로 청구하였다.

◎ 계약이 해제가 되면 당사자는 원상회복의무와 손해배상의무가 있다. 해제 후에도 채무불이행으로 인한 손해가 현실적으로 남게 되어 이에 대한 배상을 인정하는데 여전히 채무불이행책임으로 본다. 그래서 채무자는 채무불이행으로 인한 손해(이행이익의 손해)와 계약의 해제로 인한 손해(신뢰이익의 손해)를 입게 되고 그 중 하나를 선택하여 청구할 수 있다. 그런데 채권자는 손해배상을 통해 이행되었을 경우 보다 더 높은 재산상의 배상을 받아서는 안되므로 신뢰이익의 배상을 청구하는 경우 이행이익을 초과할 수 없다.

◎ 채무불이행을 이유로 계약해제와 아울러 손해배상을 청구하는 경우 그 계약이행으로 인하여 채권자가 얻을 이익 즉 이행이익의 배상을 구하는 것이 원칙이고, 다만 일정한 경우에는 그 계약이 이행되리라고 믿고 채권자가 지출한 비용 즉 신뢰이익의 배상도 구할 수 있는 것이지만, 중복배상 및

과잉배상 금지원칙에 비추어 그 신뢰이익은 이행이익에 갈음하여서만 구할 수 있고, 그 범위도 이행이익을 초과할 수 없다. ★

◎ 판매계약이 제대로 이행되었더라면 乙이 얻었을 이익 즉 이행이익(계약이 제대로 이행되었을 경우의 예상 판매량 및 판매이익률에 따른 일실이익)과, 계약이 제대로 이행될 것으로 믿고 乙이 지출한 판매 및 관리비용 즉 신뢰이익(지출한 판매 및 관리비용 총액에서 실제로 얻은 매출이익을 공제한 나머지 금액)을 모두 인정하는 것은 안된다. 이행이익의 범위를 초과하는 신뢰이익에 대한 배상책임을 인정하거나, 이행이익과 신뢰이익에 대한 중첩적인 배상책임을 인정하는 것은 위법하다.

(54-3)
　甲은 乙로부터 트랙터를 2300만원에 구입하였다. 이 트랙터에는 丙의 가압류가 등록되어 있었다. 乙은 트랙터를 인도받아 1000만원을 들여 수리하였고 트랙터를 빌려주고 수입을 올리고 있었다. 그런데 丙이 경매를 신청하여 트랙터는 다른 사람에게 경락되었다. 이에 乙은 트랙터매매계약을 해제하고 매매대금반환청구 소송을 제기하자, 甲은 트랙터의 사용수익을 공제하여야 한다고 주장한다.

◎ 계약해제로 인한 원상회복의무에서 그 의무자가 목적물을 이용한 경우 그 사용이익은 반환해야 한다. 매수인이 목적물을 사용하여 취득한 순수입에는 목적물 자체의 사용이익뿐만 아니라 목적물의 수리비 등 매수인이 투입한 현금자본의 기여도 포함되어 있으므로, 매수인의 순수입에 현금자본의 투입비율을 고려하지 않고 단순히 현금자본에 해당하는 금액만을 공제하는 방식으로 목적물의 사용이익을 산정할 수 없다. 그리고 매수인의 영업수완 등 노력으로 인한 운용이익이 포함된 것으로 볼 여지가 있는 경우에 운용이익은, 사회통념상 매수인의 행위가 개입되지 않았더라도 그 목적물로부터 당연히 취득하였으리라고 생각되는 범위 내의 것이 아닌 한, 매수

★ 대법원 2007. 1. 25. 선고 2004다51825 판결 [손해배상(기)]

인이 반환하여야 할 사용이익의 범위에서 제외되어야 한다. ★

◎ 원물이 멸실 훼손 소비되거나, 원물반환이 불가능하게 된 경우 해제 당시의 가액을 반환하여야 하는데 판례는 이행불능 당시의 가액을 반환해야 한다고 한다. 한편 양도목적물이 양수인에 의하여 사용되어 감가 내지 소모가 되는 경우 이를 훼손으로 볼 수 없는 한 그 감가비 상당액은 반환할 성질의 것이 아니다.

◎ 乙의 수리비의 수익 투입비율, 乙 자신의 운용이익 비율 등이 고려되어 산정되어야 한다.

★ 대법원 2006. 9. 8. 선고 2006다26328 판결 [매매대금반환등·사용이익반환]

55. 실권조항 [3-2-1-3]

(55-1)
　甲은 乙과 토지를 매도하는 매매계약을 체결하면서 乙이 잔금을 약정한 기일까지 지급하지 않으면 계약이 자동적으로 해제되는 것으로 정하였다. 이 약정은 유효한가?

◎ 채무불이행의 경우 채권자의 특별한 의사표시가 없어도 계약이 자동적으로 효력이 상실되도록 하는 조항을 실권조항이라 한다. 이 실권약정은 해제조건약정이 아니라 해제권 유보 약정으로 보기 때문에 이행최고를 하여야 하며 쌍무계약에서는 자신의 이행제공이 있어야 한다.

◎ 계약금의 경우는 배액 상환이 있어야 하나, 중도금 이행지체의 실권약정은 유효하며, 잔금 이행지체의 실권약정은 자신의 이행제공이 있어야 하고 자동해제되지 않는다. 다만 잔금 지급기일을 수차례 연기해주고 실권약정을 한 경우에는 자동해제를 인정한다.

◎ 乙의 잔금이행지체 시 甲이 소유권이전등기 서류의 이행제공이 있었다는 것이 증명되어야 한다.

56. 증여 [3-2-2]

◎ 서면에 의하지 않은 증여는 자유롭게 해제할 수 있다. 그러나 이미 이행한 부분에 대하여는 영향을 미치지 않는다.

◎ 증여의 의사가 서면으로 표시되지 않은 경우라도 증여자가 생전에 부동산을 증여하고 그의 뜻에 따라 그 소유권이전등기에 필요한 서류를 제공하였다면 증여자가 사망한 후에 그 등기가 경료되었다고 하더라도 증여자의 의사에 따른 증여의 이행으로서의 소유권이전등기가 경료된 것이므로 증여는 이미 이행되었다고 본다. 따라서 증여자의 상속인이 서면에 의하지 아니한 증여라는 이유로 증여계약을 해제하지 못한다.

◎ 서면에 의한 증여에 한하여 증여자의 해제권을 제한하고 있는 입법취지는 증여자가 경솔하게 증여하는 것을 방지함과 동시에 증여자의 의사를 명확

히 하여 후일에 분쟁이 생기는 것을 피하려는 데 있다. 비록 서면의 문언 자체는 증여계약서로 되어 있지 않더라도 그 서면의 작성에 이르게 된 경위를 아울러 고려할 때 그 서면이 바로 증여의사를 표시한 서면이라고 인정되면 위 서면에 해당하고, 나아가 증여 당시가 아닌 그 이후에 작성된 서면에 대해서도 마찬가지로 볼 수 있다. 이러한 서면에 의한 증여란 증여계약 당사자 사이에 있어서 증여자가 자기의 재산을 상대방에게 준다는 취지의 증여의사가 문서를 통하여 확실히 알 수 있는 정도로 서면에 나타난 것을 말하는 것으로, 이는 수증자에 대하여 서면으로 표시되어야 한다. 증여자의 의사에 기하지 않은 원인무효의 등기가 경료된 경우에는 증여계약의 적법한 이행이 있다고 볼 수 없으므로 증여자가 서면에 의하지 아니한 증여라는 이유로 증여계약을 해제한 데 대해 수증자가 실체관계에 부합한다는 주장으로 대항할 수 없다. ★

◎ 증여자가 매수한 토지를 등기하지 않은 채로 서면에 의하지 않고 증여하고 매도인에게 통지하였다면, 그 이후 상속인들이 서면에 의하지 않는 증여라는 이유로 해제할 수 없다.(목적물의 소유권을 증여한 것이 아니라 소유권이전등기청구권을 증여한 것으로 본다)

◎ 甲이 구두에 의한 증여표시를 하였으나, 직접 서면을 작성하지 않는 동안 수증자가 증여의 취지를 담은 서면을 만들어 등기한 경우는 무효이다.

★ 대법원 2009. 9. 24. 선고 2009다37831 판결 [지분이전등기등말소]

57. 매수인의 대금지급거절권 [3-2-3-2]

(57-1)

甲은 乙에게 토지를 매도하였는데, 당시 근저당권(채권최고액 1억원)이 설정되어 있었고 甲이 이를 말소해주기로 하였다. 乙이 토지를 인도받았지만 근저당권이 말소되지 않아 잔금 2억원의 지급을 보류하고 있다. 甲은 토지 인도 당시 근저당권의 채권최고액 1억원이나 실제 채무액은 5000만원이었으므로 1억 5000만원 및 인도일 이후의 이자를 요구하고 있다.

◎ 매매목적물에 대하여 권리를 주장하는 자가 있어 매수인이 매수한 권리의 전부 또는 일부를 잃을 염려가 있는 때에는 매수인은 그 위험의 한도에서 대금의 전부나 일부의 지급을 거절할 수 있고, 여기에는 매매목적물에 저당권과 같은 담보권이 설정되어 있는 경우도 포함된다.

◎ 매도인이 말소할 의무를 부담하고 있는 매매목적물상의 근저당권을 말소하지 못하고 있다면 매수인은 그 위험의 한도에서 매매대금의 지급을 거절할 수 있고, 매수인이 매매목적물을 인도받았다고 하더라도 미지급 대금에 대한 인도일 이후의 이자를 지급할 의무가 없으나, 이 경우 지급을 거절할 수 있는 매매대금이 어느 경우에나 근저당권의 채권최고액에 상당하는 금액인 것은 아니고, 매수인이 근저당권의 피담보채무액을 확인하여 이를 알고 있다면 지급을 거절할 수 있는 매매대금은 확인된 피담보채무액에 한정된다.

◎ 乙이 토지 매매대금 중 잔금 2억원의 지급을 보류할 당시 甲의 근저당권 실채무액이 5000만원이라는 것을 확인하였으므로 乙은 甲에게 미지급 잔 대금에서 위 실채무액을 공제한 금 1억 5000만원에 대하여 토지의 인도일 이후의 법정이자 상당 금원을 지급할 의무가 있다.

58. 매도인의 담보책임 [3-2-3-2]

(58-1)
　甲의 소유 토지를 乙이 관련 서류를 위조하여 자신의 명의로 등기한 후 丙에게 매도하였다. 丙은 이러한 사실을 모르는 채 그 토지를 다시 丁에게 매도하였다. 나중에 이러한 사실을 안 甲이 乙, 丙, 丁을 상대로 말소등기청구 소송을 제기하였다.
　① 丙은 丁과 체결한 매매계약을 해제할 수 있는가?
　② 丁은 매매계약을 해제하고 어떠한 손해배상을 청구할 수 있는가?
　③ 丙이 丁에게 손해배상을 지급하고 을에게 손해배상을 청구하는 경우 그 배상액은?

◎ 타인의 권리를 매매하는 것은 유효하고 매도인은 권리취득 이전의무를 부담한다. 매매 당시 형식적으로는 매도인이 권리자였으나 매도인이 전 권리자로부터 권리를 취득하였던 원인이 무효이어서 매수인이 권리를 추탈당한 경우에 권리는 처음부터 매도인이 아닌 타인에게 귀속하였던 것이 되어 타인 권리 매매에 해당한다.

◎ 매도인이 권리취득 이전의무를 이행할 수 없는 경우 담보책임을 진다. 매도인의 귀책사유는 요건이 아니다. 매수인이 선의이면 계약 해제와 손해배상청구 또는 곧바로 이행이익의 배상청구를 할 수 있다. 악의의 매수인은 계약을 해제할 수 있으나 담보책임에 기한 손해배상은 청구할 수 없고, 채무불이행책임에 따라 손해배상을 청구할 수 있다. 매도인이 선의라면 매수인의 손해를 배상하고 계약을 해제할 수 있다.

◎ 이행불능 시점을 기준으로 손해배상액을 산정한다. 즉 매도인의 소유권이 말소되는 판결이 확정되는 시점을 기준으로 한다(등기말소 시점이 아님). 매수인이 물건의 소유권이 매도인에게 속하지 않는다는 것을 알지 못한 과실이 인정되면 과실상계도 가능하다.

◎ 매도인의 자신이 소유권자인 것처럼 상대방을 기망하여 매수인으로부터 매매대금을 편취한 불법행위를 원인으로 손해배상을 청구한다면 그 범위는 매매대금 상당액이 된다.

◎ ①의 경우 丙이 선의인 경우 손해를 배상하고 계약을 해제할 수 있고, 이때 丁이 악의라면 손해를 배상하지 않고 계약을 해제할 수 있다. ②의 경우 丁이 선의라면 계약을 해제하고 이행불능 당시 즉 乙이 甲으로부터 소송에서 패소 확정된 시점을 기준으로 손해배상액을 정하여 배상받을 수 있다. ③의 경우 丙이 담보책임의 이행으로 丁에게 지급한 금액에서 자신이 이득을 취한 금액을 공제한 나머지를 乙에게 배상액으로 청구할 수 있다.

(58-2)
　甲은 乙로부터 대지 및 건물을 매수하였다. 그리고 임차인에게 건물의 일부와 주변 토지를 카센터로 사용하도록 임대하였다. 연접 토지 소유자인 丙이 건물 중 카센터의 일부가 연접한 대지를 일부 침범하여 건축되어 있었고 대지도 일부 침범하였다고 하면서 철거 및 부당이득반환청구 소송을 제기하였다. 이 소송에서 甲은 패소하여 침범 부분의 건물을 철거하고 토지를 인도하였으며 토지의 차임 상당의 부당이득도 반환하였다. 결국 매수 건물 중 일부 및 옹벽과 울타리 안쪽의 점유토지의 일부가 타인의 토지를 침범한 것으로 밝혀지는 바람에 甲에게는 불법점유로 인한 부당이득반환금, 소송에 응소하기 위한 비용, 위반 건축물의 철거이행강제금, 임차인에 대한 기계이전설치 보상금, 축대 등의 이축비용 등 손해가 발생하였다. 이에 甲은 乙에게 타인의 토지를 침범하는 대지 및 건물을 매도함으로써 손해가 발생하였으므로 주위적으로 불법행위 또는 채무불이행책임을, 예비적으로 하자담보책임을 근거로 손해배상을 청구하였다.

◎ 목적물인 권리의 일부가 타인에게 속하고 매도인이 그 부분 권리를 취득하여 이전할 수 없다면, 매수인은 선의 악의를 불문하고 대금감액을 청구할

수 있다. 선의 매수인은 잔존 부분으로는 매수하지 않았을 경우에는 계약 전부를 해제할 수 있고, 더불어 손해배상도 청구할 수 있다.

◎ 건물 및 대지의 매매에서 그 대지의 일부만이 타인에게 속하는 경우에 매도인의 하자담보책임 규정이 적용된다. 그런데 이때 매매목적물인 건물의 일부도 타인의 토지 위에 건립되어 있어서 피침범토지 소유자의 권리행사에 좇아 결국 철거되어야 하는 등 그 존립을 유지할 수 없는 운명에 있다고 하면, 매도인에게 그 건물부분의 존립 자체에 관한 권리가 흠결된 것으로서 매매목적물을 취득하지 못하게 되는 위험요소가 당해 매매계약에 내재하고 있는 흠이 있다. 이 경우도 대지의 일부만이 타인에게 속하는 경우 또는 매매목적물인 건물의 일부만이 타인에게 속하는 경우에 준하여 처리되어야 한다.

◎ 매도인이 그 경계 침범의 건물부분에 관한 대지부분을 취득하여 매수인에게 이전하지 못하는 때에는 매수인은 매도인에 대하여 권리의 일부가 타인에 속하는 경우의 매도인의 담보책임 규정을 유추적용하여 담보책임을 물을 수 있다. 그 경우에 이웃 토지의 소유자가 소유권에 기하여 그와 같은 방해상태의 배제를 구하는 소를 제기하여 승소의 확정판결을 받았으면, 매도인은 그 대지부분을 취득하여 매수인에게 이전할 수 없게 되었다. ★

◎ 매도인의 하자담보책임에 관한 규정은 매매목적물의 물질적 성상에 흠이 있는 경우에 관한 것으로서 매매목적물의 권리상태에 흠이 있는 경우에 쉽사리 적용될 수 없다.

◎ 乙이 매매 당시 매매 목적 토지 및 위 자동차수리센터 건물의 각 일부가 실제로는 이웃하는 토지에 속하거나 그 이웃 토지 위에 건립되어 있었다

★ 대법원 2009. 7. 23. 선고 2009다33570 판결 [부당이득금]

는 사실을 알았다거나 알 수 있었다고 볼 수 없으므로 주위적 청구는 성립되지 않는다. 하자담보책임의 주장(대지 및 건물은 대지의 경계옹벽 및 건물의 일부가 이웃 토지를 침범함으로써 통상의 부동산이 갖추어야 할 상태를 갖추지 못한 하자가 있었다고 봄이 상당하다고 하고, 또한 토지매수인에게 목적 토지가 지적도상의 그것과 정확히 일치하는지의 여부를 미리 확인할 주의의무가 있다고 할 수 없으므로 甲에게 그 하자를 알지 못한 데 대하여 과실이 없다는 이유로 乙이 甲에 대하여 하자담보책임을 진다)은 잘못된 것이다. 권리의 일부가 타인에 속하는 경우의 담보책임에 관한 규정으로 처리되어야 한다.

(58-3)

甲은 이전 소유자의 이해관계인으로부터 가등기가 된 토지를 매수하였다가 乙에게 매도하였다. 이후 가등기권자가 본등기를 함으로 인해 乙의 등기가 말소되었다. 乙은 甲에 대하여 매도인의 담보책임을 묻고자 한다.

◎ 매매의 목적이 된 부동산에 설정된 저당권 또는 전세권의 실행으로 매수인이 소유권을 취득할 수 없거나 취득한 소유권을 상실한 경우 매도인의 담보책임이 발생한다. 매수인은 선의 악의를 불문하고 계약을 해제할 수 있으며 손해배상을 청구할 수 있다. 손해배상의 범위는 신뢰이익(매매대금에 법정이율에 의한 이자를 가산한 금액)으로 본다.

◎ 매수인이 매매목적물에 관한 근저당권의 피담보채무를 인수하는 것으로 매매대금의 지급에 갈음하기로 약정한 경우 매수인은 매도인에 대하여 제576조(저당권의 행사로 인한 매도인의 담보책임)의 담보책임을 면제하여 주었거나 이를 포기한 것으로 본다. 매수인이 근저당권부 채무의 일부만 인수한 경우 매도인이 자신의 부담 채무를 모두 이행한 이상 매수인이 인수한 부분을 이행하지 않음으로 인해 근저당권이 실행되어 매수인이 소유권을 잃었다면 제576조의 담보책임을 물을 수 없다.

◎ 가등기의 목적이 된 부동산을 매수한 사람이 그 뒤 가등기에 기한 본등기가 마쳐짐으로써 그 부동산의 소유권을 상실하게 된 때에는 매매의 목적 부동산에 설정된 저당권 또는 전세권의 행사로 인하여 매수인이 취득한 소유권을 상실한 경우와 유사하므로, 이와 같은 경우 민법 제576조의 규정이 준용된다고 보아 같은 조 소정의 담보책임을 진다고 보는 것이 상당하고, 같은 법 제570조에 의한 담보책임(타인의 권리의 매매 담보책임)을 진다고 할 수는 없다. 570조의 담보책임에 의한 손해배상의 범위는 이행이익(이행불능시의 목적물의 시가)이다. 마찬가지로 가압류가 된 목적물을 매수한 이후 본압류에 따른 강제집행으로 매수인이 소유권을 상실한 경우에도 576조가 적용된다. ★

◎ 따라서 乙은 甲으로부터 신뢰이익 즉 매매대금에 법정이율에 의한 이자를 가산한 금액의 배상을 받을 수 있다.

(58-4)

甲은 자신의 토지를 수용당하였다. 그런데 기업자가 토지를 조사해보니 약 7,500t 상당의 일반폐기물인 소각잔재물 및 특정폐기물인 폐합성수지 등이 대형 구덩이에 쏟아 부어져 있었고 그 위에 다량의 토사가 덮여져 있는 채로 매립됨으로써 토지의 일부 지하에 다량의 토사와 함께 혼합되어 있고, 그 주변의 토양과 지하수를 오염시키고 있었다. 그런데 甲은 이러한 사실을 전혀 모르고 있었다. 기업자는 매도인 甲의 하자담보책임을 묻고자 한다.

◎ 매매의 목적물에 하자가 있고 매수인이 이에 대하여 선의 무과실인데 계약의 목적을 달성할 수 없다면 계약을 해제할 수 있고 손해배상의 범위는 이행이익이다. 이 경우 매도인의 귀책사유는 묻지 않는다. 그런데 확대손해는 하자담보책임의 범위에는 들어가지 않지만, 매도인의 귀책사유를 이유로 한 채무불이행책임에는 포함된다.

★ 대법원 1992. 10. 27. 선고 92다21784 판결 * [손해배상(기)]

◎ 경매에서는 권리의 흠결에 대해서만 담보책임을 인정한고 물건의 하자에 대해서는 인정되지 않는다. 수용재결의 효과로서 수용에 의한 기업자의 토지소유권취득은 토지소유자와 수용자와의 법률행위에 의하여 승계취득하는 것이 아니라 법률의 규정에 의하여 원시취득하는 것이어서, 토지소유자의 토지인도의무에는 수용목적물에 숨은 하자가 있다 해도 하자담보책임이 포함되지 않아서 토지소유자는 수용시기까지 수용 대상 토지를 현존 상태 그대로 기업자에게 인도할 의무가 있을 뿐이다. 제3자가 무단으로 폐기물을 매립하여 놓은 상태의 토지를 수용한 경우, 그 폐기물은 토지의 토사와 물리적으로 분리할 수 없을 정도로 혼합되어 있어 독립된 물건이 아니며, 수용 관련 법상의 이전료를 지급하고 이전시켜야 되는 물건도 아니어서 토지소유자에게 폐기물의 이전의무가 있다고 볼 수 없다. 수용재결이 있은 후에 수용 대상 토지에 숨은 하자가 발견된 때에는 불복기간이 경과되지 아니한 경우라면 공평의 견지에서 기업자는 그 하자를 이유로 재결에 대한 이의를 거쳐 손실보상금의 감액을 내세워 행정소송을 제기할 수 있다. 불복절차를 취하지 않음으로써 그 재결에 대하여 더 이상 다툴 수 없게 된 경우라면 기업자는 그 재결이 당연무효이거나 취소되지 않는 한 재결에서 정한 손실보상금의 산정에 있어서 위 하자가 반영되지 않았다는 이유로 민사소송절차로 토지소유자에게 부당이득의 반환을 구할 수는 없다.

◎ 매수인은 하자의 존재를 안 날로부터 6월 이내에 권리를 행사하여야 한다. 재판상이든 재판외이든 권리를 행사하면 되므로 출소기간은 아니다. 매도인에 대한 하자담보에 기한 손해배상청구권에 대하여는 위 제척기간이 적용되며, 이는 법률관계의 조속한 안정을 도모하고자 하는 데에 취지가 있다. 그리고 하자담보에 기한 매수인의 손해배상청구권은 권리의 내용·성질 및 취지에 비추어 일반 채권의 소멸시효의 규정이 적용된다. 제척기간 규정으로 인하여 소멸시효 규정의 적용이 배제되지는 않는다. 이때 매수인이 매매 목적물을 인도받은 때부터 소멸시효가 진행한다. 부동산을 순차

매수한 최종 매수자가 부동산 지하에 매립되어 있는 폐기물을 처리한 후 직전 매도인을 상대로 처리비용 상당의 손해배상청구소송을 제기하였고, 직전 매도인이 최종 매수자에게 판결에 따라 손해배상금을 지급한 후 그 이전 매도인 등을 상대로 하자담보책임에 기한 손해배상으로서 기지급한 돈의 배상을 구하는 경우, 하자담보에 기한 손해배상청구권은 그 이전 매도인으로부터 직전 매도인이 부동산을 인도받았을 것으로 보이는 소유권 이전등기일로부터 10년의 소멸시효가 진행한다. ★

◎ 기업자는 甲에게 매도인의 하자담보책임을 물을 수 없다.

(58-5)
　甲은 A 자동차판매회사로부터 신차를 구입하였다. 그런데 자동차를 인도받은 지 5일이 지나서 계기판의 속도계가 작동되지 않았다. 점검결과 자동차계기판 자체의 기계적 고장이 있으며, 약간의 수리비로 흠집 없이 수리가 가능하다고 확인되었다. 그러나 甲은 A 회사에 대하여 같은 종류의 다른 신차의 교환을 청구하였다.

◎ 종류물 매매에 있어서 특정된 목적물에 하자가 있고 매수인이 선의 무과실이면 하자로 인해 계약의 목적을 달성할 수 없는 경우 매매계약을 해제할 수 있고 손해배상도 청구할 수 있다. 대신에 하자 없는 완전물급부를 청구할 수도 있다.

◎ 종류매매에서 매수인이 가지는 완전물급부청구권을 제한 없이 인정하는 경우에는 오히려 매도인에게 지나친 불이익이나 부당한 손해를 주어 등가관계를 파괴하는 결과를 낳을 수 있다. 따라서 매매목적물의 하자가 경미하여 수선 등의 방법으로도 계약의 목적을 달성하는 데 별다른 지장이 없는 반면 매도인에게 하자 없는 물건의 급부의무를 지우면 다른 구제방법에 비하여 지나치게 큰 불이익이 매도인에게 발생되는 경우와 같이 하자

★ 대법원 2011. 10. 13. 선고 2011다10266 판결 [손해배상(기)]

담보의무의 이행이 오히려 공평의 원칙에 반하는 경우에는, 완전물급부청구권의 행사를 제한함이 타당하다. 그리고 이러한 매수인의 완전물급부청구권의 행사에 대한 제한 여부는 매매목적물의 하자의 정도, 하자 수선의 용이성, 하자의 치유가능성 및 완전물급부의 이행으로 인하여 매도인에게 미치는 불이익의 정도 등의 여러 사정을 종합하여 사회통념에 비추어 개별적·구체적으로 판단하여야 한다. ★

◎ 甲의 신차교환청구권은 제한될 수도 있다.

(58-6)

甲은 자신의 소유 아파트에 돈을 빌리면서 근저당권을 설정하였다. 그리고 乙에게 임대하였다. 그후 다시 甲은 돈을 빌리면서 2번 근저당권을 설정하였다. 그런데 甲의 다른 채권자가 아파트를 강제경매신청하여 경매가 되어 丙이 낙찰받았다. 대금납부기일 직전에 乙은 甲에게 1번 근저당권을 말소시켜주면 자신의 임차권이 대항력을 가진다고 하면서 1번 근저당권을 소멸시켜달라고 간청하였다. 이에 甲은 대금납부기일 직전에 1번 근저당권자의 채무를 변제하고 근저당권을 말소시켰다. 丙은 경락대금지급기일에 대금을 지급하고 아파트 소유권을 취득하였다. 乙은 丙을 상대로 임차보증금 반환청구 소송을 제기하여 승소하였다. 丙은 甲에 대하여 손해배상을 청구하였다.

◎ 경매의 목적물에 권리의 하자가 있는 것을 알고 있는 채무자에 대하여는 경매에 의한 매매계약을 해제하거나 대금감액을 청구할 수 있다. 채무자가 무자력이라면 배당받은 채권자에게 반환을 청구할 수 있다. 그리고 흠결을 알고 고지하지 않은 채무자에게 손해배상을 청구할 수 있다. 흠결을 알면서도 경매를 신청한 채권자에게도 손해배상을 청구할 수 있다.

◎ 선순위 근저당권의 존재로 후순위 임차권이 소멸하는 것으로 알고 부동산을 낙찰받았으나, 그 후 채무자가 후순위 임차권의 대항력을 존속시킬 목적으로 선순위 근저당권의 피담보채무를 모두 변제하고 그 근저당권을 소

★ 대법원 2014. 5. 16. 선고 2012다72582 판결 [매매대금반환등]

멸시키고도 이 점에 대하여 낙찰자에게 아무런 고지도 하지 않아 낙찰자가 대항력 있는 임차권이 존속하게 된다는 사정을 알지 못한 채 대금지급기일에 낙찰대금을 지급하였다면, 채무자는 경매와 매도인의 담보책임 규정에 의하여 낙찰자가 입게 된 손해를 배상할 책임이 있다. ★ (부동산의 경매절차에서 주택임대차보호법 상의 대항요건을 갖춘 임차권보다 선순위의 근저당권이 있는 경우에는, 낙찰로 인하여 선순위 근저당권이 소멸하면 그보다 후순위의 임차권도 선순위 근저당권이 확보한 담보가치의 보장을 위하여 그 대항력을 상실하는 것이지만, 낙찰로 인하여 근저당권이 소멸하고 낙찰인이 소유권을 취득하게 되는 시점인 낙찰대금지급기일 이전에 선순위 근저당권이 다른 사유로 소멸한 경우에는, 대항력이 있는 임차권의 존재로 인하여 담보가치의 손상을 받을 선순위 근저당권이 없게 되므로 임차권의 대항력이 소멸하지 아니한다.)

◎ 경매에 참가하고자 하는 자는 자기의 책임과 위험부담 하에 경매공고, 경매물건명세서 및 집행기록 등을 토대로 경매목적물에 관한 권리관계를 분석하여 경매참가 여부 및 매수신고가격 등을 결정하여야 하나, 경매기일이 지난 후에 아파트에 대항력 있는 임차권의 존속이라는 부담이 새롭게 발생하게 된 사정을 잘 알면서도 낙찰자인 원고에게 이를 고지하지 않는 사정변경에 대해서는 그로 인한 부담을 최고가매수신고인 또는 경락인에게 귀속시킬 수는 없고 채무자가 손해를 배상할 책임이 있다.

◎ 甲은 丙의 임차보증금 상당의 손해를 배상하여야 한다.

★ 대법원 2003. 4. 25. 선고 2002다70075 판결 [손해배상(기)]

59. 동산의 소유권유보부매매 [3-2-3]

(59-1)
　甲은 A 회사로부터 기계를 소유권유보부매매로 매수하였다. 기계에 대한 대금 완납 전에 甲에게 회생절차개시결정 및 회생계획안 인가결정이 이루어졌다. A 회사는 채무자 회생 및 파산에 관한 법률 제70조의 환취권을 근거로 甲을 상대로 기계를 인도하라는 유체동산인도청구 소송을 제기하였다.

◎ 소유권유보부매매란 매도인이 목적물을 매수인에게 인도하되 매매대금이 모두 지급될 때까지 매도인에게 소유권을 유보하고 매수인이 매매대금을 완납하면 소유권이 자동적으로 매수인에게 이전되는 특약이 있는 매매계약이다. 매도인이 매매대금채권의 담보를 확보하기 위한 수단으로 활용된다. 소유권의 이전은 매수인의 매매대금완납을 정지조건으로 한다. 부동산은 등기에 의하여 소유권이 이전되므로 소유권유보부매매의 개념이 성립될 수 없다.

◎ 소유권유보부매매 이후 목적물이 쌍방의 책임 없이 멸실된 경우에도 매수인의 대금지급의무는 소멸하지 않는다. 목적물의 인도로 위험이 이전되었기 때문이다.

◎ 소유권유보약정에서 매수인 앞으로의 소유권 이전에 관한 당사자 사이의 물권적 합의는 대금이 모두 지급되는 것을 정지조건으로 하여 행해진다.

대금이 모두 지급되지 아니한 상태에서 매수인이 목적물을 다른 사람에게 양도하는 것은 목적물의 소유자가 아닌 사람이 한 것으로서 효력이 없고, 목적물의 소유권이 매수인에게 이전되지 아니한다. 다만 양수인이 선의취득의 요건을 갖추거나 소유자인 소유권유보매도인이 후에 처분을 추인하는 경우는 예외이다. 이 때 목적물의 양수 당시 양수인이 양도인에게 매매계약의 할부금 중 일부를 원래의 매도인에게 지급하지 못하고 있다는 사정이 있다는 것을 알았으면서, 소유권이 유보되어 있는지에 관하여 조사하는 등 양수인에게 통상적으로 요구되는 양도인의 양도권원에 관한 주의의무를 다하지 아니한 과실이 있으면 선의취득이 인정되지 않는다. 그런데 대리점의 경우와 같이 매도인이 매수인을 통하여 판매할 의도를 가지고 있어서 매수인에게 처분권을 주는 경우는 제3자에게까지 소유권유보의 효력이 미친다(연장된 소유권 유보).

◎ 매도인과 매도인 사이에 소유권유보의 특약을 한 경우, 매도인은 대금이 모두 지급될 때까지 매수인뿐만 아니라 제3자에 대해서도 유보된 목적물의 소유권을 주장할 수 있다. 매도인이 매매대금을 다 수령할 때까지 대금채권에 대한 담보의 효과를 취득·유지하려는 의도에서 비롯된 것이어서 담보권의 실질을 가지고 있으므로, 매수인에 대한 회생절차가 진행되고 있는 상황에서는 담보 목적의 양도와 마찬가지로 회생담보권으로 취급함이 타당하고, 매도인은 매매목적물인 동산에 대하여 환취권을 행사할 수 없다. ★

◎ 甲이 담보권리자로서 회생절차에 의한 권리를 행사하지 않고, 회생절차와 별도로 행사할 수 있는 환취권에 의한 청구는 기각된다.

★ 대법원 2014. 4. 10. 선고 2013다61190 판결 [유체동산인도등]

60. 교환 [3-2-4]

(60-1)
　甲과 乙은 각자의 소유 토지를 서로 교환하기로 약정하였다. 그런데 두 토지 모두 공공사업의 시행으로 수용되었다. 토지보상금이 甲의 토지보다 乙의 토지에 더 많이 나왔다. 甲은 乙에게 보상금 차액을 청구할 수 있는가?

◎ 당사자 쌍방이 금전 이외의 재산권을 상호 이전할 것을 약정하는 것을 교환계약이라 한다. 교환목적물의 가격불균등으로 인한 보충금의 지급이 있으면 그 금전에 대하여는 매매대금에 관한 규정을 준용한다.

◎ 쌍무계약의 당사자 일방이 상대방의 급부가 이행불능이 된 사정의 결과로 상대방이 취득한 대상(代償)에 대하여 급부청구권을 행사할 수 있다. 그러나 그 당사자 일방이 대상청구권을 행사하려면 상대방에 대하여 자신의 반대급부를 이행할 의무가 있어야 하는데, 자신의 반대급부도 그 전부가 이행불능이 되거나 그 일부가 이행불능이 되고 나머지 잔부의 이행만으로는 상대방의 계약목적을 달성할 수 없는 등 상대방에게 아무런 이익이 되지 않는다고 인정되는 때에는 당사자 일방은 상대방에 대하여 대상청구권을 행사할 수 없다.

◎ 토지교환계약의 목적물인 두 토지가 공공사업에 의해 수용됨으로써 당사

자 쌍방에 대한 각 토지 소유권이전등기의무가 이행불능으로 되었고, 교환
계약에 따른 소유권이전등기의무가 이행불능이 되었다면 상대방이 취득한
대상의 급부를 청구할 수 없다. 교환계약에 따라 상대방이 이전하기로 약정
하였던 토지에 대한 보상금이 자신이 상대방에게 이전하기로 약정하였던
토지에 대한 보상금보다 많다고 하더라도 상대방이 보상금의 차액을 법률
상 원인 없이 이득한 것이라고 볼 수 없다. 따라서 甲은 청구할 수 없다.

61. 임대차 [3-2-7]

(61-1)
　甲은 전통시장이라 불리는 곳에 있는 점포의 임차인 乙로부터 남은 임대차 기간 동안 임대차하기로 하고 임대인 丙의 승낙을 받았다. 乙이 권리금으로 5000만원을 달라고 하여 주었다. 甲은 이 권리금을 어떻게 회수할 수 있는가?

◎ 2015.5.13.부터 시행되고 있는 상가권리금 보호제도에서 권리금이란 <임대차 목적물인 상가건물에서 영업을 하는 자 또는 영업을 하려는 자가 영업시설·비품, 거래처, 신용, 영업상의 노하우, 상가건물의 위치에 따른 영업상의 이점 등 유형·무형의 재산적 가치의 양도 또는 이용대가로서 임대인, 임차인에게 보증금과 차임 이외에 지급하는 금전 등의 대가>를 말한다고 정의하고, 권리금 계약이란 신규임차인이 되려는 자가 임차인에게 권리금을 지급하기로 하는 계약을 말한다고 한다. 바닥권리금(장소적 이익을 토대로 형성되는 것으로, 최초의 상가분양 시 임대인이 임차인으로부터 받는다), 영업권리금(영업 노하우와 거래처 등의 가치에 대한 권리금으로 새 임차인이 기존 임차인이 운영하던 사업 자체를 인수하고, 단골고객과의 연결고리와 영업비법을 전수받아야 인정된다. 기존 가게를 엎고 업종이나 품목이 바뀌면 인정되지 않는다.), 시설권리금(임차인이 기존 임차인이 투자한 시설과 설비를 인수하는 거래가 이루어 질 때 수수된다), 이익권리금(허가권을 같이 거래하고 그에 대한 대가로 지불한다) 등으로 구별되고 있다.

◎ 영업권리금은 해당 점포의 매출과 관련되는데 통상 1년간의 순수익 기준으로 정해지며, 시설권리금은 기존 점포 개점 시에 시설에 대한 투자금과 관련되고 통상 1년 단위로 20%~30%를 감가하여 정해진다.

◎ 한편 임대인은 임차인의 권리금회수를 방해해서는 안된다. 즉 임차인이 주선한 신규임차인이 되려는 자('신규임차인')에게 권리금을 요구하거나 임차인이 주선한 신규임차인이 되려는 자로부터 권리금을 수수하는 행위, 신규임차인으로 하여금 임차인에게 권리금을 지급하지 못하게 하는 행위, 신규임차인에게 상가건물에 관한 조세, 공과금, 주변 상가건물의 차임 및 보증금, 그 밖의 부담에 따른 금액에 비추어 현저히 고액의 차임과 보증금을 요구하는 행위, 그 밖에 정당한 사유 없이 임대인이 신규임차인과 임대차계약의 체결을 거절하는 행위를 해서는 안된다.

◎ 임대인이 권리금회수 방해행위를 하여 임차인에게 손해를 발생하게 한 때에는 그 손해를 배상할 책임이 있다. 이 경우 그 손해배상액은 신규임차인이 임차인에게 지급하기로 한 권리금과 임대차 종료 당시의 권리금 중 낮은 금액을 넘지 못한다. 임대인에게 손해배상을 청구할 권리는 임대차가 종료한 날부터 3년 이내에 행사하지 아니하면 시효의 완성으로 소멸한다.

◎ 단 임대차 목적물인 상가건물이 「유통산업발전법」 제2조에 따른 대규모점포 또는 준대규모점포의 일부인 경우와 「국유재산법」에 따른 국유재산 또는 「공유재산 및 물품 관리법」에 따른 공유재산인 경우에는 이 보호제도의 대상에서 제외된다. 여기서 "대규모점포"란 건물 안에 하나 또는 여러 개로 나누어 설치되고 상시 운영되며 매장면적의 합계가 3000 ㎡ (909평)이상인 경우이며, "준대규모점포"란 대규모점포를 경영하는 회사 또는 그 계열회사가 직영하는 점포, 상호출자제한기업집단의 계열회사가 직영하는 점포, 이 회사(계열회사)가 직영점형 체인사업 및 프랜차이즈형 체인사업

의 형태로 운영하는 점포 등이다.

◎ 대규모점포에는 백화점, 복합쇼핑몰, 대형마트 외에 전통시장도 포함된다. 따라서 甲은 권리금의 보호를 받지 못할 수 있다.

(61-2)

甲은 乙로부터 다가구주택을 임대차보증금 3,000만 원으로 정하여 임차하고 전입신고를 하고 거주하였다. 乙은 이 주택을 丙에게 양도하고 임차인에 대한 임대인의 지위도 승계시켰다. 丁은 甲에 대한 채권이 있는데, 甲의 丙에 대한 임대차보증금반환채권에 대하여 채권가압류결정을 받았고, 그 결정이 丙에게 송달되었다. 그후 戊는 丙으로부터 이 주택의 소유권을 이전받아 임대인의 지위를 승계한 후, 甲에게 임대차보증금 3,000만 원을 반환하였다. 그리고 丁은 임차인 甲에 대한 확정판결을 집행권원으로 하여 채무자를 甲, 제3채무자를 戊로 가압류를 본압류로 이전하는 채권압류 및 추심명령을 받았고, 그 명령이 戊에게 송달되었다. 丁은 戊를 상대로 추심금청구소송을 제기하였다.

◎ 주택임대차보호법이 정한 대항요건을 갖춘 임대주택의 양수인은 임대인의 지위를 승계한 것으로 보는데, 이는 법률상의 당연승계 규정으로 보아야 하므로, 임대주택이 양도된 경우에 그 양수인은 주택의 소유권과 결합하여 임대인의 임대차 계약상의 권리·의무 일체를 그대로 승계하며, 그 결과 임대주택 양수인이 임대차보증금반환채무를 면책적으로 인수하고, 양도인은 임대차관계에서 탈퇴하여 임차인에 대한 임대차보증금반환채무를 면하게 된다.

◎ 임대차보증금반환채무의 지급금지를 명령받은 제3채무자의 지위는 임대인의 지위와 분리될 수 있는 것이 아니므로, 임대주택의 양도로 임대인의 지위가 일체로 양수인에게 이전된다면 채권가압류의 제3채무자의 지위도 임대인의 지위와 함께 이전된다.

◎ 주택임대차보호법상 임대주택의 양도에 양수인의 임대차보증금반환채무의

면책적 인수를 인정하는 이유는 임대주택에 관한 임대인의 의무 대부분이 그 주택의 소유자이기만 하면 이행가능하고 임차인이 대항요건을 구비하면 임대주택의 매각대금에서 임대차보증금을 우선변제받을 수 있기 때문이다. 임대주택이 양도되었음에도 그 양수인이 채권가압류의 제3채무자의 지위를 승계하지 않는다면 가압류권자는 장차 본집행절차에서 그 주택의 매각대금으로부터 우선변제를 받을 수 있는 권리를 상실하는 중대한 불이익을 입게 된다. 임차인의 임대차보증금반환채권이 가압류된 상태에서 임대주택이 양도되면 양수인이 채권가압류의 제3채무자의 지위도 승계하고, 가압류권자 또한 임대주택의 양도인이 아니라 양수인에 대하여만 위 가압류의 효력을 주장할 수 있다. ★

◎ 丁은 戊로부터 임차보증금의 반환에 해당하는 추심금 청구를 할 수 있다.

(61-3)

甲은 乙과 乙 소유 건물 일부에 관하여 임대차보증금 4억 원, 월 차임 630만 원으로 한 임대차계약을 체결하고, 그 임대차보증금 4억 원을 전세금으로 하여 건물에 관하여 甲 앞으로 전세권설정등기를 경료하였다. 그리고 임대차기간 동안 세무서에 임대차보증금 4억 원만 신고하고 월 차임 630만 원은 신고하지 않기로 합의하면서, 乙은 '만약 4억 원에 630만 원을 임차인이 다 신고하면 월세 630만 원에 대한 부가세 및 소득세 등 제세는 본인이 부담하기로 각서함'이라는 내용의 각서를 교부받았다. 그런데 乙에 대한 세무조사 과정에서 누락신고된 차임이 밝혀졌다. 乙은 甲에게 세금 부담 약정 부분의 이행을 청구하였고 甲은 임대차계약 해지로 인한 보증금반환청구를 하였다.

◎ 임차인의 목적물반환의무와 임대인의 보증금반환(연체차임 등 임차인의 모든 채무를 공제한 나머지)의무는 동시이행의 관계에 있다. 임대인과 임차인이 임대차계약을 체결하면서 임대차보증금을 전세금으로 하는 전세권설정등기를 경료한 경우 임대차보증금은 전세금의 성질을 겸하게 되므로, 임대차보증금 반환의무는 전세권설정등기의 말소의무와도 동시이행관계

★ 대법원 2013. 1. 17. 선고 2011다49523 전원합의체 판결 ★ [추심금]

에 있다. 그러나 주택임대차보호법에 의해 임차권등기가 된 경우 보증금
반환의무가 임차권등기 말소의무 보다 선이행 의무이다.

◎ 보증금반환채권의 양도 통지 후 혹은 보증금반환채권에 대한 전부명령의
송달 후에 생긴 임차인의 채무도 보증금에서 공제할 수 있다.

◎ 각서의 문언에 의하면 이 사건 세금부담 약정은 임차인인 甲이 스스로 세
무서에 차임 약정이 존재한다는 사실을 신고함하는 경우에 관련된 부가가
치세 등을 乙이 부담하게 될 경우 이를 甲이 부담하겠다는 뜻으로 이해해
야 하므로, ★ 乙에 대한 세무조사 과정에서 누락신고된 차임이 밝혀졌다
는 사유만으로 乙에게 추가로 부과된 부가가치세를 세금부담 약정에 따라
甲이 부담하는 것은 아니다.

(61-4)

甲은 乙에게 토지와 그 지상의 공장건물을 임대보증금 5,000만 원, 월 차임 500만
원, 임대차기간 1년으로 정하여 임대하였다. 乙은 당초 토지와 기존 건물을 임차하여
주차장 및 휴게소업을 하려고 했으나 기존 건물이 너무 낡아서 휴게소로 사용하기에
부적합하다고 판단하고 甲의 동의를 받아 5억 원 가량의 비용을 들여 기존 건물을 철
거하고 새로운 건물을 신축하고 甲 명의로 건물에 대하여 건축물 사용승인을 얻어 찜
질방 영업을 시작하였다. 그런데 甲은 임대차계약의 기간이 만료되는 시점으로 건물
을 철거하고 임대목적물을 원상복구하라고 통지하였다. 이에 乙은 건물에 대한 매수
청구를 하였다.

◎ 건물 기타 공작물의 소유를 목적으로 하는 토지임대차의 기간이 만료되는
경우에 건물, 수목 기타 지상시설이 현존한다면 임차인은 임대차의 갱신청
구권을 가지고, 임대인이 갱신을 거부하면 지상물매수청구권을 가진다. 건
물의 소유를 목적으로 하는 토지 임대차의 기간의 정함이 없고 임대인에
의한 해지통고에 의하여 임차권이 소멸되는 경우 임차인의 지상물매수청

★ 대법원 2011. 3. 24. 선고 2010다95062 판결 [임차보증금등반환]

구권은 임차인의 계약갱신 청구의 유무에 불구하고 인정된다. 지상물매수청구권은 강행규정으로 이에 위반하여 임차인에게 불리한 약정은 효력이 없으나, 매수청구권의 포기 특약이 실질적으로 임차인에게 불리하지 않는 것이라면 무효로 보지 않는다. 토지 임차인의 차임연체 등 채무불이행을 이유로 그 임대차계약이 해지되는 경우, 토지 임차인으로서는 토지 임대인에 대하여 그 지상건물의 매수청구를 할 수는 없다.

◎ 임대차가 종료함에 따라 토지의 임차인이 임대인에 대하여 건물매수청구권을 행사할 수 있음에도 불구하고 이를 행사하지 아니한 채, 토지의 임대인이 임차인에 대하여 제기한 토지인도 및 건물철거청구 소송에서 패소하여 그 패소판결이 확정되었다고 하더라도, 그 확정판결에 의하여 건물철거가 집행되지 아니한 이상 토지의 임차인으로서는 건물매수청구권을 행사하여 별소로써 임대인에 대하여 건물매매대금의 지급을 구할 수 있다.

◎ 지상건물 소유자가 임대인에 대하여 행사하는 매수청구권은 매수청구의 대상이 되는 건물에 근저당권이 설정되어 있는 경우에도 인정된다. 이 경우에 그 건물의 매수가격은 건물 자체의 가격 외에 건물의 위치, 주변 토지의 여러 사정 등을 종합적으로 고려하여 매수청구권 행사 당시 건물의 현존 상태 시가 상당액을 의미하고, 여기에서 근저당권의 채권최고액이나 피담보채무액을 공제한 금액을 매수가격으로 정할 것은 아니다. 다만, 매수청구권을 행사한 지상건물 소유자가 근저당권을 말소하지 않는 경우 토지소유자는 권리주장자가 있는 경우의 매수인의 대금지급거절권(민법 제588조)에 의하여 위 근저당권의 말소등기가 될 때까지 그 채권최고액에 상당한 대금의 지급을 거절할 수 있다.

◎ 지상물매수청구권의 대상이 되는 건물은 임대차기간 중에 축조되었다고 하더라도 만료시에 가치가 잔존하고 있으면 그 범위에 포함되고 반드시

임대차 계약 당시의 기존 건물이거나 임대인의 동의를 얻어 신축한 것에 한정되지 않는다. 행정관청의 허가를 받은 적법한 건물일 필요도 없다. 임차인 소유 건물이 임대토지와 제3자 소유 토지 위에 걸쳐서 건립되어 있는 경우 임차지상에 서 있는 건물부분 중 구분소유권의 객체가 될 수 있는 부분에 한하여 매수청구권이 성립되며, 구분소유권의 객체가 될 수 없다면 허용되지 않는다. 매수청구의 대상이 되는 건물에는 임차인이 임차토지상에 그 건물을 소유하면서 그 필요에 따라 설치한 것으로서 건물로부터 용이하게 분리될 수 없고 그 건물을 사용하는 데 객관적인 편익을 주는 부속물이나 부속시설 등이 포함되는 것이지만, 이와 달리 임차인이 자신의 특수한 용도나 사업을 위하여 설치한 물건이나 시설은 이에 해당하지 않는다.

◎ 임대인과 임차인이 토지와 그 지상의 기존 건물에 관하여 임대차계약을 체결한 후 임차인이 임대인의 동의하에 기존 건물을 철거하고 그 지상에 건물을 신축한 경우, 약정 임대차기간이 1년이고 신축 건물 완공 당시의 잔존 임대차기간이 4개월에 불과함에도 임차인이 많은 비용을 들여 내구연한이 상당한 건물을 신축하였고 임대인이 기존 건물의 철거 및 건물신축을 승낙한 점 등에 비추어, 토지와 기존 건물을 임대목적물로 하였던 당초의 임대차계약이 신축 건물의 소유를 목적으로 하는 토지 임대차계약으로 변경되었다고 본다. 지상물매수청구권이 행사되면 임대인과 임차인 사이에서는 임차지상의 건물에 대하여 매수청구권 행사 당시의 건물시가를 대금으로 하는 매매계약이 체결된 것과 같은 효과가 발생하는 것이지, 기존 건물의 철거비용을 포함하여 임차인이 임차지상의 건물을 신축하기 위하여 지출한 모든 비용을 임대인이 보상할 의무를 부담하게 되는 것은 아니다. ★

◎ 甲은 乙에 대하여 乙의 매수청구권 행사로 인하여 감정인이 산정한 건물가격으로부터 간판과 가구 가격 및 乙의 찜질방 영업용의 제반 시설물의

★ 대법원 2002. 11. 13. 선고 2002다46003, 46027, 46010 판결 [건물명도·건물명도등·지상물매수]

가격을 공제하고 나머지를 매매대금으로 지급하여야 한다.

(61-5)

임대차계약서에 "임차인은 임대인의 승인하에 개축 또는 변조할 수 있으나 계약대
상물을 명도시에는 임차인이 일체 비용을 부담하여 원상복구하여야 함."이라는 내용
이 인쇄되어 있다. 그런데 특약사항으로 "보수 및 시설은 임차인이 해야 하며 앞으로
도 임대인은 해주지 않는다. 임차인은 설치한 모든 시설물에 대하여 임대인에게 시설
비를 요구하지 않기로 한다." 의 약정이 있다. 임대인은 임대차종료시에 임차인에게
원상복구비용을 청구할 수 있는가?

◎ 임차인이 임차물 자체의 가치보존을 위해 투입된 비용(필요비)을 지출한
때 임대인에게 그 상환을 청구할 수 있다. 주택에 파손이 생겼다 하더라도
임차인의 주거로 사용하는데 지장이 없는 정도에 불과하다면 파손 부분을
수리하여 비용을 지출하였더라도 비용상환을 청구할 수 없다. 필요비를 지
출하면 지출 즉시 전액 비용상환청구권을 행사할 수 있으며 자신의 차임
지급에 관하여 동시이행을 주장할 수 있고, 임차목적물에 관하여 유치권을
행사할 수도 있다.

◎ 또 임차인이 임차물의 객관적 가치를 증가시키기 위하여 투입한 비용(유익
비)을 지출한 경우 임대차 종료시에 그 가액의 증가가 현존한 때 한하여
임차인의 지출금액이나 그 증가액 중 임대인의 선택으로 상환받을 수 있
다. 임대목적물을 반환한 경우 6월 이내에 청구하여야 하고, 유치권의 항
변을 할 수 있다. 유익비를 지출한 부분이 독립성을 갖게 되면 부속물매수
청구권의 대상이 된다. 그리고 목적물인도의무에 대하여 동시이행항변권을
행사할 수 있다.

◎ 임차인은 시설비용이나 보수비용의 상환청구권을 포기하는 대신 원상복구
의무도 부담하지 않기로 하는 합의가 인정될 수 있다. ★

★ 대법원 1998. 5. 29. 선고 98다6497 판결 [보증금반환]

(61-6)

> 甲은 乙로부터 아파트를 임차하였다. 임대차계약서에는 임대인의 동의 없이 전대할
> 수 없다고 되어 있었다. 그런데 임대기간이 종료되어서 甲이 다른 지역으로 이사를
> 가야되는데도 乙이 부도가 나서 도피 중이어서 연락이 닿지 않았다. 甲은 상당한 기
> 간을 거주하다가 다른 지역으로 꼭 이사를 가야만 하여 丙에게 아파트를 전대하였고,
> 丙은 전입신고와 확정일자를 받았다. 그후 이 아파트는 경매에 넘어갔으며 甲은 소액
> 임차인으로 배당요구를 하였으나 무단전대를 이유로 인정되지 않았다.

◎ 주택임대차보호법에서 정한 대항요건은 임차인이 당해 주택에 거주하면서 이를 직접 점유하는 경우뿐만 아니라 타인의 점유를 매개로 하여 이를 간접점유하는 경우에도 인정될 수 있다. 주택임차인이 임차주택을 직접 점유하여 거주하지 않고 그곳에 주민등록을 하지 아니한 경우라 하더라도, 임대인의 승낙을 받아 적법하게 임차주택을 전대하고 그 전차인이 주택을 인도받아 자신의 주민등록을 마친 때에는, 이로써 당해 주택이 임대차의 목적이 되어 있다는 사실이 충분히 공시될 수 있으므로, 임차인은 주택임대차보호법에 정한 대항요건을 적법하게 갖추었다고 볼 것이다.

◎ 임차인이 비록 임대인으로부터 별도의 승낙을 얻지 아니하고 제3자에게 임차물을 사용·수익하도록 한 경우에 있어서도, 임차인의 당해 행위가 실질적으로 임대인의 인적 신뢰나 경제적 이익을 침해한다거나 그와의 신뢰관계를 파괴하는 배신적 행위라고는 할 수 없는 특별한 사정이 있는 경우라면 임대인은 자신의 동의 없이 전대차가 이루어졌다는 것만을 이유로 임대차계약을 해지할 수 없으며, 전차인은 그 전대차나 그에 따른 사용·수익을 임대인에게 주장할 수 있다.

[◎ 건물 소유를 목적으로 토지를 임차한 사람이 그 토지 위의 소유 건물에 저당권을 설정한 때에는 저당권의 효력은 건물뿐만 아니라 건물 소유 목적의 토지 임차권에도 미친다. 건물 저당권이 실행되어 경락인이 건물 소유권을 취득한 때에는 건물 소유 목적의 토지 임차권도 건물 소유권과 함

께 경락인에게 이전된다. 그러나 토지 임대인에 대한 관계에서는 그의 동의가 없는 한 경락인은 그 임차권의 취득을 대항할 수 없다. (건물 소유 목적 토지임대차는 이를 등기하지 아니한 경우에도 임차인이 그 지상건물을 등기한 때에는 토지에 관하여 권리를 취득한 제3자에 대하여 임대차의 효력을 주장할 수 있다고 규정한 민법 규정은 건물 소유권과 함께 건물 소유 목적 토지 임차권을 취득한 사람이 토지의 임대인에 대한 관계에서 그의 동의가 없이도 임차권의 취득을 대항할 수 있는 것까지 적용되지 않는다.) 다만 임차인의 변경이 임대차를 계속 지속시키기 어려울 정도로 당사자 간의 신뢰관계를 파괴하는 임대인에 대한 배신행위로 볼 수 없는 때에는 임대인은 자신의 동의 없이 임차권이 이전되었다는 것만을 이유로 임대차계약을 해지할 수 없다. 이 경우 경락인은 임대인의 동의가 없더라도 임차권의 이전을 임대인에게 대항할 수 있으며, 특별한 사정이 있는 점은 경락인이 주장·입증하여야 한다.]

◎ 주택의 전대차가 그 당사자 사이뿐 아니라 임대인에 대하여도 주장할 수 있는 적법, 유효한 것이라고 평가되는 경우에는, 전차인이 임차인으로부터 주택을 인도받아 자신의 주민등록을 마치고 있다면 이로써 주택이 임대차의 목적이 되어 있다는 사실은 충분히 공시될 수 있고 또 이러한 경우 다른 공시방법도 있을 수 없으므로, 결국 임차인의 대항요건은 전차인의 직접 점유 및 주민등록으로써 적법, 유효하게 유지, 존속한다고 보아야 한다. 이와 같이 해석하는 것이 임차인의 주거생활의 안정과 임차보증금의 회수확보 등 주택임대차보호법의 취지에 부합함은 물론이고, 또 그와 같이 해석한다고 해서 이미 원래의 임대차에 의하여 대항을 받고 있었던 제3자에게 불측의 손해를 준다거나 형평에 어긋나는 결과가 되는 것도 아니다. ★

★ 대법원 2007. 11. 29. 선고 2005다64255 판결 [배당이의]

◎ 甲은 丙을 통하여 아파트를 간접점유하고 있고 무단전대의 예외적 상황으로서 인정받을 수 있으므로 丙의 대항요건을 자신의 대항요건으로 주장할 수 있다.

62. 도급 [3-2-9]

(62-1)

　국가는 서울시를 위하여 난지도쓰레기장(처리시설 포함) 건설공사를 현대건설에 도급주었다. 실제 쓰레기를 투입하여 제1차 시운전을 실시한 결과 쓰레기가 기계에 걸려 각 공정의 가동이 자주 중단되었고, 퇴비화 물질과 가연성 물질의 선별이 제대로 되지 않아 퇴비재 라인에 가연성물질이 다량 포함된 투입 쓰레기와 같은 형태의 쓰레기가 배출되었다. 이에 현대건설이 추가공사를 하여 시설공사계약의 전공정을 완료한 2년 후 서울시 각 지역에서 수집된 쓰레기를 투입하여 제2차 시운전을 실시하였으나 종전과 같이 기계의 작동 중지, 각종 물질의 선별불량 등의 문제점이 나타났고 새로 설치한 파쇄기도 플라스틱류와 섬유류를 파쇄하지 못하는 등의 문제점이 나타났다. 다시 3차 시운전으로 쓰레기 중 성분이 양호한 지역에서 수거한 쓰레기를 투입하여 성능시험을 하였는데, 추출엘리베이터의 이송불량, 파봉기의 파봉불량, 파쇄기 및 분배기의 성능불량 등으로 잦은 막힘 현상이 나타나 쓰레기 처리설비의 계속적인 가동이 불가능하였을 뿐 아니라, 풍력선별기의 성능불량으로 분리효율이 저조하고 비산물질이 과다하여 기계가 막히고 잔유물에 가연성 물질이 분리되지 않고 남아 있었으며, 고체연료의 성형이 제대로 되지 않았고 시간당 처리능력도 계약내용에는 62.5톤으로 되어 있으나 실제는 38.9톤에 불과하였다. 더구나 사전에 인력으로 처리지장물을 제거한 뒤 투입한 경우에도 역시 그대로 나타났다. 이에 서울시는 쓰레기장 건설공사계약을 해제하고 손해배상을 청구하였다.

◎ 당사자 일방이 일의 완성을 약정하고 상대방이 일의 결과에 대해 보수를 지급하는 약정을 도급이라 한다.(task order contract) 그런데 도급인이 수급인에 대하여 특정한 행위를 지휘하거나 특정한 사업을 도급시키는 경우와 같은 노무도급의 경우에는 비록 도급인이라 하더라도 사용자책임을 질 수 있다.

◎ 당초 예정된 최후의 공정까지 종료하고 주요 구조 부분이 약정된 대로 시공되면 사회통념상 일이 완성되었다고 본다. 그래서 불완전하여 보수를 요할 경우는 목적물에 하자가 있는 것으로 처리된다. 제작물공급계약에서는 최후의 공정까지 완료하고 주요구조부분이 약정된 대로 시공되었다는 것 이외에 사회통념상 일반적으로 요구되는 성능을 갖추고 있어야 한다.

◎ 준공기한 내에 공사를 완성하지 못한 때 도급인에게 배상하는 지연손해금을 지체상금이라고 하며, 손해배상액의 예정으로 보고 부당히 과다하다고 인정되는 경우 감액할 수 있다. 공사도중에 도급계약이 해제되는 경우에는 지체상금이 적용되지 않는다. 그러나 공사가 중단된 상태에서 약정기일을 넘기고 그 후 도급인 해제하는 경우에는 지체상금 약정이 적용되는데, 지체상금의 발생 시기(始期)는 약정준공일 다음 날이며, 종기(終期)는 수급인의 공사중단 혹은 도급인 해제가능한 시점부터 다른 업체가 건물을 완성한 시점까지로 제한되며, 수급인이 책임질 수 없는 사유로 인해 지연된 공기만큼 공제된다. ★

◎ 완성된 목적물 또는 완성 전의 성취된 부분에 하자가 있는 때에는 도급인은 수급인에 대하여 상당한 기간을 정하여 하자 보수를 청구할 수 있다. 다만 그 하자가 중요하지 않고 보수비용이 과다한 경우에는 수급인은 손해배상책임만 부담한다. 도급인의 하자보수청구권과 수급인의 대금청구 사이에는 동시이행항변권이 적용되나, 미지급공사대금에 비해 하자보수비가 적은 편이고 하자보수공사를 하여도 공사대금 지급 여부가 불확실한 경우 도급인의 동시이행항변의 범위는 하자 및 손해에 상응하는 금액으로 한정된다. 하자보수보증금은 손해배상액의 예정이나 실손해가 보증금을 초과하는 경우 실손해액을 입증하여 초과액 상당을 배상받을 수 있는 특수한 손해배상액의 예정이다. 하자보수를 청구할 수 없는 경우 하자로 입은 손

★ 대법원 1989. 7. 25. 선고 88다카6273,88다카6280(반소) 판결 [공사대금]

해(교환가치의 차액)만 청구할 수 있고 하자에 갈음하는 손해는 청구할 수 없다. 교환가치의 차액은 하자 없이 시공하였을 경우의 교환가치에서 하자 있는 상태대로의 교환가치를 뺀 금액이며, 산출이 불가능한 경우 하자 없이 시공할 경우의 시공비용과 하자 있는 상태의 시공비용의 차액이 된다. 완성된 건물에 중대한 하자가 있어 건물 붕괴 등의 위험이 있다면 손해는 건물을 철거하고 다시 건축하는데 드는 비용 상당이다.

◎ 완성된 목적물의 하자로 인하여 계약 목적을 달성할 수 없을 때에는 계약을 해제할 수 있으나, 완성된 목적물이 건물 기타 공작물인 경우에는 해제할 수 없다. 건물인 경우 하자의 보수나 손해배상을 청구할 수밖에 없다.

◎ 공사가 완성되기 전에 수급인의 채무불이행을 이유로 해제하는 경우 미완성부분에 대해서만 실효되고 미완성건물 상태로 대금을 지급해야 하는데, 총공사비에서 기성고비율에 의한 금액이며 실제 지출한 비용이 아니다.

◎ 설계시공일괄입찰(Turn-Key Base, design-build) 방식에 의한 도급계약이란 수급인이 도급인이 의욕하는 공사 목적물의 설치목적을 이해한 후 그 설치목적에 맞는 설계도서를 작성하고 이를 토대로 스스로 공사를 시행하며 그 성능을 보장하여 결과적으로 도급인이 의욕한 공사목적을 이루게 하여야 하는 계약을 의미한다. 국가와 건설회사 사이에 체결된 난지도 쓰레기처리장 건설공사계약은 설계시공일괄입찰 방식에 의한 것으로 비록 도급인인 대한민국이 쓰레기처리장의 입지, 규모, 처리공정의 골격과 처리설비의 최소한의 기능 등 공사 전반의 기본적 사항을 결정하여 제시하고 공사실시도면에 관하여 행정상 필요한 승인을 하였다고 하더라도, 수급인인 건설회사는 도급인이 의욕하는 공사목적물의 설치목적을 이해한 후 그 설치목적에 맞는 설계도서를 작성한 뒤 이를 토대로 스스로 공사를 시행하고 그 성능을 보장하여 결과적으로 도급인이 의욕한 공사목적을 이루게 하여야 하는

것이다.

◎ 난지도 쓰레기처리장 건설공사가 완공된 후 도급계약이 해제된 경우, 토목, 건축공사의 기성고부분에 대하여도 계약의 해제를 인정한다면 수급인에게 과대한 손실을 주게 될 뿐만 아니라 해제의 결과 원상회복을 하게 되면 사회경제적 손실도 크므로, 민법 제668조 단서규정의 취지나 신의칙에 비추어 도급계약해제의 효력은 기계, 전기공사부분에 한하여 미칠 뿐이고 토목, 건축공사의 기성고부분에 대하여는 미치지 않는다.

◎ 대한민국이 서울시를 위하여 건설회사와의 사이에 난지도 쓰레기처리장 건설공사계약을 체결한 이상 그 계약의 당사자는 대한민국과 건설회사이고 서울시는 위 계약상의 수익자이며, 난지도 쓰레기처리시설의 건설이 서울시의 사업으로서 그 기본계획의 입안, 부지의 선정 및 제공, 입찰안내서의 작성, 공사비의 지출, 관리비의 지출 등 계약체결을 제외한 모든 것이 실질적으로 서울시에 의하여 이루어졌을 뿐 아니라 완성된 시설 또한 서울시에 귀속된다고 하여 서울시가 쓰레기처리장 건설공사계약의 당사자가 되는 것은 아니다. 제3자를 위한 계약의 당사자가 아닌 수익자는 계약의 해제권이나 해제를 원인으로 한 원상회복청구권이 있다고 볼 수 없다. 제3자를 위한 계약에 있어서 수익의 의사표시를 한 수익자는 낙약자에게 직접 그 이행을 청구할 수 있을 뿐만 아니라 요약자가 계약을 해제한 경우에는 낙약자에게 자기가 입은 손해의 배상을 청구할 수 있는 것이므로, 수익자가 완성된 목적물의 하자로 인하여 손해를 입었다면 수급인은 그 손해를 배상할 의무가 있다. ★

◎ 난지도 쓰레기 처리시설은 기계설비의 설계 및 시공상의 하자로 인하여 계약의 본래 목적을 달성할 수 없게 되었으므로 수익자인 서울시의 난지도쓰

★ 대법원 1994. 8. 12. 선고 92다41559 판결 [손해배상(기)]

레기종합처리사업소의 유지관리비 지출로 인한 손해배상청구는 인정된다.

(62-2)

甲은 乙에게 지하 1층 지상 5층의 상가건물공사 도급을 주었다. 공사대금은 건물 2층부터 5층을 분양하여 그 분양대금으로 충당하고 토지대금 대신 지상 1층을 甲의 소유로 갈음하기로 하였다. 乙은 甲을 건축주로 하여 건축허가를 받아서 공사를 하다가 5층까지의 골조공사와 외벽공사가 다 된 후 자금난으로 중단하였다. 이에 甲이 다른 공사업자로 하여금 잔여공사를 하게 했다. 그런데 乙이 건축주 명의를 甲에서 乙로 변경하는 절차를 밟은 후 준공검사를 받았다. 완성된 건물은 지하 1층, 지상 5층의 철근콘크리트 외벽에 슬래브 지붕이 덮혀 있는 구조로서 건물의 각 층은 구분되어 구조상 및 이용상의 독립성을 갖추고 있으나, 1층은 일반상가건물로서 그 내부에 아무런 칸막이를 하지 아니하고 1층 전체를 하나의 공간으로 하여 준공을 마쳤다. 그러나 乙은 1층 부분을 임의로 알루미늄 섀시 기둥과 유리로 칸막이 시설을 하여 15개의 구분소유로 만들어 등기하여 다른 사람들에게 분양하였다. 甲은 1층 부분에 대한 乙의 소유권보존등기말소 청구를 하였다.

◎ 신축건물의 소유권은 원칙적으로 자기의 노력과 재료를 들여 이를 건축한 수급인이 원시적으로 취득한다. 그러나 건물신축도급계약에서 수급인이 자기의 노력과 재료를 들여 건물을 완성하더라도 도급인 명의로 건축허가를 받아 소유권보존등기를 하기로 하는 등 완성된 건물의 소유권을 도급인에게 귀속시키기로 합의한 경우에는 그 건물의 소유권은 도급인에게 원시적으로 귀속된다. 이때 신축건물이 집합건물로서 여러 사람이 공동으로 건축주가 되어 도급계약을 체결한 것이라면, 그 집합건물의 각 전유부분 소유권이 누구에게 원시적으로 귀속되느냐는 공동 건축주들 사이의 약정에 따라야 한다.

◎ 건축허가는 행정관청이 건축행정상 목적을 수행하기 위하여 수허가자에게 행정관청의 허가 없이는 건축행위를 해서는 안된다는 상대적 금지를 관계법규에 적합한 경우에 해제하여 줌으로써 건축행위를 하여도 좋다는 자유를 회복시켜 주는 행정처분일 뿐 수허가자에게 어떤 새로운 권리나 능력을 부여하는 것이 아니다. 건축허가서는 허가된 건물에 관한 실체적 권리의

득실변경의 공시방법이 아니며 추정력도 없으므로 건축허가서에 건축주로 기재된 자가 건물의 소유권을 취득하는 것은 아니므로, 자기 비용과 노력으로 건물을 신축한 자는 그 건축허가가 타인의 명의로 된 여부에 관계없이 그 소유권을 원시취득한다.

◎ 건축업자가 타인의 대지를 매수하여 그 대금을 지급하지 아니한 채 그 위에 자기의 노력과 재료를 들여 건물을 건축하면서 건축허가 명의를 대지소유자로 한 경우 건축허가명의인 앞으로 소유권보존등기를 할 수밖에 없는 사정이 있으므로, 그 등기는 대지대금 채무를 담보하기 위한 것이다. 완성된 건물의 소유권은 일단 건축한 채무자인 건축업자가 원시적으로 취득한 후 채권자인 대지소유자 명의로 소유권보존등기를 마침으로써 담보 목적의 범위 내에서 채권자에게 그 소유권이 이전된다. ★

◎ 건축주가 건축공사가 중단되었던 미완성의 건물을 인도받아 나머지 공사를 마치고 완공한 경우, 그 건물이 공사가 중단된 시점에서 이미 사회통념상 독립한 건물이라고 볼 수 있는 형태와 구조를 갖추고 있었다면 원래의 건축업자가 그 건물의 소유권을 원시취득하고, 최소한의 기둥과 지붕 그리고 주벽이 이루어지면 독립한 부동산으로서의 건물의 요건을 갖춘 것이라고 보아야 한다.

◎ 1동의 건물에 대하여 구분소유가 성립하기 위해서는 객관적·물리적인 측면에서 1동의 건물이 존재하고, 구분된 건물부분이 구조상·이용상 독립성을 갖추어야 할 뿐 아니라, 1동의 건물 중 물리적으로 구획된 건물부분을 각각 구분소유권의 객체로 하려는 구분행위가 있으면 된다. 구분행위란 건물의 물리적 형질에 변경을 가함이 없이 법률관념상 건물의 특정 부분을 구분하여 별개의 소유권의 객체로 하려는 법률행위로서, 처분권자의 구분

★ 대법원 2002. 4. 26. 선고 2000다16350 판결 [소유권보존등기등말소]

의사가 객관적으로 외부에 표시되면 인정된다. 구분건물이 물리적으로 완성되기 전에도 건축허가신청이나 분양계약 등을 통하여 장래 신축되는 건물을 구분건물로 하겠다는 구분의사가 객관적으로 표시되면 구분행위의 존재를 인정할 수 있다. 1동의 건물 및 그 구분행위에 상응하는 구분건물이 객관적·물리적으로 완성되면 그 건물이 집합건축물대장에 등록되거나 구분건물로서 등기부에 등기되지 않았더라도 그 시점에서 구분소유가 성립한다. ★

◎ 비록 甲이 건물 완성을 위하여 비용과 노력을 들였다 할지라도, 그 이전에 건물이 사회통념상 독립한 건물이라고 볼 수 있는 형태와 구조 각 층의 기둥, 주벽 및 천장 슬래브 공사가 완성되었다면 乙이 단독으로 건물에 관한 소유권을 원시취득한다. (甲의 노력과 비용을 들여 건물 건축공사의 완성에 일부 협력하였더라도 적어도 이 사건 건물 1층의 소유권은 건축주인 甲에게 원시적으로 귀속되었다고 할 수 없다). 그리고 乙은 약정에 의하여 1층의 소유권을 甲에게 이전해 주어야 한다.

◎ 한편 乙이 구분소유권보존등기를 경료한 건물 1층의 15개 점포는 준공 당시 경계나 특정을 위한 칸막이나 차단시설 등이 전혀 설치되어 있지 않는 등 구분소유의 목적이 될 수 있는 구조상 및 이용상의 독립성을 갖추지 못한 건물의 일부에 불과하므로 구분소유권보존등기는 무효이다. ★★

★ 대법원 2013. 1. 17. 선고 2010다71578 전원합의체 판결 [대지권지분이전등기등]
★★ 대법원 2015. 9. 14. 자 2015마813 결정 [경매개시결정]

63. 여행계약 [3-2-9의2]

(63-1)

甲은 친구 3명과 크로아티아 등 발칸 3개국 11박 12일 단체여행을 240만원의 여행 요금으로 여행사와 계약을 체결하고 일정표를 교부받았다. 그런데 출발 하루 전 90세 모친의 노환이 심각하여져 계약 취소를 여행사에 문의하니 처음에는 거부하고 나중에는 고액의 취소 수수료(요금의 반액)를 물어야 한다기에 그냥 여행을 강행하였다. 출발 후 첫 여행지인 크로아티아 숙소는 일정표에 적힌 특급호텔이 아니라 모텔 수준이었고 더욱이 인근의 공사장 소음으로 인하여 숙면을 못하였다. 또 일정표에 있는 유람선 여행도 일방적으로 생략되어 3박의 크로아티아 여행은 끔직했다. 甲의 모친은 두 번째 여행지인 슬로베니아 여행 중 결국 별세하였는데 甲은 여행을 중단하고 급거 귀국하느라고 추가비용이 100만원 들었다. 나머지 일행은 여행을 계속하였으나 보스니아는 내전 중으로 인하여 그 나라 여행은 생략, 일정을 단축하고 귀국편 비행기를 부랴부랴 마련하느라고 각자 50만원의 추가비용이 발생하였다.

◎ 민법에 여행계약 부분이 새로 신설되어 2016.2.부터 시행되었다. 여행 출발 전 상대방이 입은 손해를 배상하는 것을 전제로 계약으로부터 벗어날 수 있는 자유를 보장하고, 불완전한 여행서비스에 대하여는 여행자가 곧바로 시정조치를 요구하거나 손해배상을 청구할 수 있도록 여행주최자의 담보책임을 부과하였고, 중대한 하자의 경우에는 여행자에게 해지권을 보장하였다. 또한 해외여행 중 부모의 사망과 같이 부득이한 사유가 발생하면 계약을 해지할 수 있고 해외 여행자라 하더라도 귀환운송에 따른 추가비용문제를 각 사정에 따라 합리적으로 조정하였다.

◎ 종래 여행과 관련된 분쟁의 다수는 계약취소의 거부였다. 통상 여행계약이 체결되고 상당한 기간이 지난 후에 여행이 개시되는데, 그 사이에 여행을 할 수 없는 사정이 발생할 수 있으므로 여행자는 여행 개시 전에 계약해제권을 가지지만, 그로 인해 여행주최자가 입은 손해를 배상하여야 한다. 현재 소비자원에서 제정한 '소비자분쟁해결기준'에 의하면 국외여행의 경우 소비자의 사정으로 계약해제를 하는 경우 ▶여행개시 30일전까지 통보 시 계약금 환급, ▶여행개시 20일전까지 통보 시 여행요금의 10% 배상, ▶여행개시 10일전까지) 통보 시 여행요금의 15% 배상 ▶여행개시 8일전까지 통보 시 여행요금의 20% 배상 ▶여행개시 1일전까지 통보 시 여행요금의 30% 배상 ▶여행 당일 통보 시 여행요금의 50%를 배상하는 기준이 있다.

◎ 당사자의 부모 사망이나 천재지변 등 부득이한 사유가 있는 경우에 당사자는 계약을 해지할 수 있는데, 부득이한 사유가 당사자 한쪽의 과실로 인하여 생긴 경우에 그 당사자는 상대방에게 손해를 배상하여야 한다. 국외여행표준약관에 의하면 ① 여행자의 3촌 이내 친족이 사망한 경우 ② 질병으로 여행이 불가능한 경우 ③ 배우자·자녀·부모가 3일 이상 병원에 입원해 여행 전까지 퇴원이 곤란한데, 간병을 해야 할 경우에는 여행자가 계약을 해제하더라도 여행사에 손해를 물어주지 않아도 된다.

◎ 여행에 하자가 있는 경우에, 여행주최자에게 귀책사유가 없더라도, 여행자는 여행주최자에게 하자의 시정 또는 대금의 감액을 청구할 수 있다. 그리고 여행자는 시정청구, 감액청구를 갈음하여 손해배상을 청구하거나 시정청구, 감액청구와 함께 손해배상을 청구할 수 있다. 나아가 여행에 중대한 하자가 있는 경우에 여행자는 그 시정이 이루어지지 않거나 계약의 내용에 따른 이행을 기대할 수 없는 경우에 계약을 해지할 수 있다. 그리고 여행주최자는 계약의 해지로 인하여 필요하게 된 조치를 할 의무를 지며, 계약상 귀환운송의무가 있으면 여행자를 귀환운송하여야 하는데, 상당한 이유

가 있으면 여행주최자는 여행자에게 그 비용의 일부를 청구할 수 있다. 그런데 담보책임에 따른 여행자의 권리는 여행기간 중에도 행사할 수 있으며, 계약에서 정한 여행 종료일부터 6개월 내에 행사하여야 한다.

◎ 현지여행사나 가이드 등의 부당행위에 대해서도 여행주최자는 책임을 진다. 즉 이들은 여행주최자의 이행보조자로서 민법 상 이들의 고의나 과실이 여행주최자의 고의나 과실로 다루어진다. 기획여행계약의 경우 여행주최자가 부담하는 업무는 개별 서비스의 수배·알선에 한정되지 않고, 현지여행 과정에서 발생할 수 있는 위험으로부터 여행자를 보호하고 안전을 배려할 의무까지 포함된다. 현지 가이드의 과실로 피해를 입은 경우 가이드는 여행주최자의 업무를 이행하는 보조이므로 가이드의 실수에 대해서도 여행주최자가 배상할 책임이 있다. 나아가 하자로 인하여 여행이 실패로 끝나거나 불완전한 상태에서 실행됨으로써 휴가기간이 허비된 경우에 여행자는 민법의 일반규정에 따라 정신적 손해를 배상받을 수 있다.

◎ 甲은 여행요금의 30%를 배상하고 계약을 해제할 수 있었다. 크로아티아 숙소에서 소음으로 숙면을 못했다면 현지에서 즉각 숙소 변경을 요구할 수 있고, 유람선 여행 생략에 따른 피해는 귀국 후 대금 감액 또는 손해배상청구가 가능하다. 또한 현지 여행사의 횡포에 대하여도 담보책임을 함께 물을 수 있다. 한편 甲의 모친 사망에 따른 귀국 추가비용은 甲의 사정으로 인하여 발생하였으므로 본인이 부담하여야 하지만, 그러나 보스니아 여행 생략 부분은 여행요금에서 당연히 감액되어야 하고 여행사의 귀책사유가 없더라도 귀국에 따른 추가비용은 여행사와 여행자가 반분하게 된다.

64. 현상광고 reward [3-2-11]

(64-1)

경찰이 탈옥수를 수배하면서, '수배시부터 검거시까지 제보로 검거되었을 때에 소정의 절차를 거쳐 신고인 또는 제보자에게 현상금 5,000만 원을 지급한다.'는 내용의 현상광고를 하였다. 甲은 익산시내 호프집에서 탈옥수가 일행 3명과 함께 맞은 편 탁자에 앉아 있는 것을 발견하고, 바로 익산경찰서 역전파출소에 탈옥수의 소재를 제보하였다. 甲의 제보를 받은 경찰은 출동하여 신원 확인에 실패하자 파출소 동행을 요구하여 형사기동대 차량에 태워 파출소로 데려갔다. 그런데 탈옥수는 형사기동대 차량이 파출소 앞에 도착하여 그 차에서 내리는 순간 감시하던 경찰관을 밀치고 도주하였다. 甲이 현상금 청구를 하자 경찰은 거부하였다.

◎ 민법 상의 현상광고란 광고자가 어느 행위를 한 자에게 일정한 보수를 지급할 의사를 표시하고 이에 응한 자가 그 광고에 정한 행위를 완료함으로써 효력이 생기는 계약이다. 행위자가 광고 있음을 알지 못하는 경우에도 성립되며, 행위의 완료에 조건 기한 붙은 경우는 조건이 성취되거나 기한이 도래되어야 한다. 지정행위 완료자는 광고자에 대하여 보수청구권을 취득하고, 지정행위 완료자가 수인인 경우는 최초 행위자가 보수청구권을 취득한다. 수인이 동시에 행위를 완료하였다면 균등비율로 권리취득하나, 분할불가능한 경우에는 추첨으로 정한다. 완료기간을 지정하지 않은 경우 행위자가 있기 전에 광고와 동일한 방법으로 철회가 가능하며, 유사한 방법으로 철회한 경우 그 사실을 안 자에 대하여만 철회의 효력이 발생한다.

◎ '검거'란 수사기관이 범죄의 예방·공안의 유지 또는 범죄수사상 혐의자로 지목된 자를 사실상 일시 억류하는 것으로서, 반드시 형사소송법상의 현행범인의 체포·긴급체포·구속 등의 강제처분 보다는 넓은 개념이다.

◎ 甲의 현상광고의 지정행위는 탈옥수의 거처 또는 소재를 경찰에 신고 내지 제보하는 것이고, 탈옥수가 '검거되었을 때'는 지정행위의 완료에 조건을 붙인 것이라고 보아야 할 것인데, 甲이 탈옥수의 소재를 발견하고 경찰에 이를 제보함으로써 현상광고의 지정행위는 완료되었고, 그에 따라 경찰관 등이 출동하여 탈옥수가 있던 호프집 안에서 그를 검문하고 나아가 차량에 태워 파출소에까지 데려간 이상, 그에 대한 검거는 이루어진 것이므로, 현상광고상의 지정행위 완료에 붙인 조건도 성취된 것으로 보아야 할 것이다. 따라서 甲은 현상광고보수금 청구권이 있다. ★

★ 대법원 2000. 8. 22. 선고 2000다3675 판결 [현상광고보수금]

65. 위임 [3-2-11]

(65-1)

　甲은 법무사인 乙에게 의뢰하여 건물 301호에 전세금 1억 원, 존속기간 2년의 전세권을 제1순위로 설정등기하였다(1차 전세권). 그 후 건물 전체에 근저당권 7건이 설정되었다. 다시 甲이 보증금을 증액하고 존속기간을 2년간 연장하기로 소유자와 합의하고 乙에게 그 등기를 의뢰하자 乙은 1차전세권의 우선권 상실에 대한 아무런 설명 내지 조언 없이 1차 전세권설정등기를 말소하고 위 각 근저당권보다 후순위로 새로이 전세권설정등기를 마쳤다.(2차 전세권). 건물의 소유권이 丙에게 이전되자 甲은 丙과 종전과 같은 조건에 기간만 새로이 2년으로 정하여 301호에 전세권을 설정하기로 합의하고 역시 乙에게 등기를 의뢰하였다. 乙은 그 이전에 이미 丙과 은행으로부터 건물 전체에 근저당권 2건의 설정등기업무를 위임받았음에도, 이를 甲에게 알리지도 않고 역시 아무런 설명 내지 조언도 하지 않은 채 은행의 근저당권설정등기, 2차 전세권의 말소등기, 甲의 3차전세권 설정등기를 순차로 마쳤다. 그 후 丙은 은행에서의 대출금으로 건물 전소유자가 설정한 근저당권 7건을 모두 말소하였으나, 채무불이행으로 은행의 근저당권 실행으로 건물이 경매에 넘어가게 되었다. 경매절차에서 매각대금 대부분이 신청채권자인 은행에 배당되고 후순위인 甲의 3차 전세권의 전세금 반환채권에 대하여는 전혀 배당되지 않았다. 이에 甲은 乙에게 손해배상청구하였다.

◎ 위임인이 상대방에게 사무 처리를 위탁하고 수임인이 승낙하는 계약을 위임이라고 한다. 수임인은 위임사무를 위임의 본지에 따라 선량한 관리자의 주의로써 사무처리하여야 한다. 무상위임이어도 주의의무를 부담한다. 수임인은 위임인의 지시에 따라 사무처리를 하여야 하는데, 지시가 부적합한 경우 전문가인 수임인은 통지, 설명, 재고 촉구하여야 하나, 위임인이 고집할 경우 그대로 한다. 위임인이 다시 그 사무처리의 일부나 전부를 위임하는 복위임은 위임인의 승낙이 있거나 부득이한 경우에 허용된다. 부수의무

로 보고의무, 취득물인도의무, 취득권리이전의무 등이 있다.

◎ 위임인은 보수지급의무가 있다. 보수는 후불인데, 기간 보수인 경우 기간 경과후에 지급한다. 중도해지 된 경우는 처리사무의 비율로 지급한다. 그리고 비용선급의무, 필요비상환의무, 채무대변제 및 담보제공의무 등을 지며, 수임인이 과실 없이 입은 손해는 위임인에게 과실이 없더라도 배상하여야 하는 무과실의 손해배상책임도 진다.

◎ 위임은 당사가자 언제든지 해지하여 종료시킬 수 있으나, 부득이한 사유 없이 상대방에게 불리한 시기에 해지한 경우에 손해배상을 하여야 한다. 당사자 일방의 사망, 파산, 수임인에 대한 성년후견개시 심판으로도 종료된다. 위임이 종료되더라도 급박한 사정이 있는 경우 위임인이 사무처리를 할 수 있을 때까지 수임인은 긴급사무처리의무를 진다.

◎ 법무사는 등기사무에 관한 한 전문적인 식견을 가진 사람으로서, 일반인이 등기업무를 법무사에게 위임하는 것은 그러한 전문가인 법무사에 대한 기대와 신뢰를 바탕으로 하는 것이다. 비록 등기업무와 관련된 법무사의 주된 직무 내용이 서류의 작성과 신청대리에 있다 하여도, 그 직무를 수행하는 과정에서 의뢰인의 지시에 따르는 것이 위임의 취지에 적합하지 않거나 오히려 의뢰인에게 불이익한 결과가 되는 것이 드러난 경우에는, 법무사법에 정한 직무의 처리와 관련되는 범위 안에서 그러한 내용을 의뢰인에게 알리고 의뢰인의 진정한 의사를 확인함과 아울러 적절한 방법으로 의뢰인이 진정으로 의도하는 등기가 적정하게 되도록 설명 내지 조언을 할 의무가 있다.

◎ 법무사인 乙로서는 전세권설정등기를 하는 가장 큰 이유가 전세금반환채권을 확보하는 데 있음을 잘 알고 있을 터이고, 당초 甲의 1차전세권이 최

선순위였는데, 기존의 전세권설정등기의 말소와 전세금이나 존속기간을 일부 변경한 새로운 전세권설정등기를 한다면 다음 순위였던 근저당권자에게 우선권을 빼앗겨 치명적인 불이익을 입게 되므로 기존의 전세권을 이전하는 부기등기를 하거나 그것이 어려우면 기존의 전세권설정등기를 그대로 두어 적어도 기존의 전세금반환채권에 대한 우선권을 유지하는 방식을 취하리라고 쉽게 예상할 수 있는 점, 더구나 乙은 3차전세권설정등기 업무를 수임하기 전에 이미 은행으로부터 거액의 근저당권설정등기 업무를 수임한 상태였으므로, 甲의 3차전세권보다 선순위로 거액의 근저당권설정등기가 마쳐질 예정임을 잘 알고 있었던 점 등을 고려한다면 등기업무에 관한 전문가의 자격에서 甲으로부터 등기사무를 위임받은 乙로서는 마땅히 그 사무를 처리하는 과정에서 알게 된 내용에 비추어 의뢰받은 그대로 등기를 하면 불의의 타격을 입을 수 있음을 甲에게 알려 주어 그가 진정으로 의도하는 목적에 맞는 등기가 이루어지도록 구체적인 설명 내지 조언을 할 주의의무가 있다. ★

◎ 법무사 乙이 선관주의의무를 위반하여 의뢰인인 甲에게 손해를 발생하게 하였으므로 배상할 책임이 있다. (甲이 즉시 등기부등본을 확인하지 아니하여 손해를 미연에 방지하거나 줄일 기회를 놓친 과실을 50%로 판단하여 과실상계)

(65-2)
  학교법인의 이사가 부정행위 등으로 취임승인이 취소되고 임시이사가 선임되었다. 임시이사의 임기가 종료되기 직전 임시이사들이 학교법인의 정식 이사를 선임하였다. 이에 임시이사 선임 직전의 최후의 정식이사(종전이사)가 새로운 정식 이사 선임결의의 무효를 청구하였다.

◎ 법인에서의 이사의 선임행위는 법인과 이사 사이의 위임 유사의 계약 관계

★ 대법원 2006. 9. 28. 선고 2004다55162 판결 [손해배상(기)]

로 본다. 이사는 직무집행시 선량한 관리자의 주의의무를 지게 된다. 한편 위임이 종료되더라도 수임인은 급박한 사정이 있는 경우 수임사무를 계속 처리할 의무가 있다. 상법도 이사의 퇴임으로 말미암아 법률 또는 정관에 정한 원수를 결한 경우에 임기의 만료 또는 사임으로 인하여 퇴임한 이사로 하여금 새로 선임된 이사가 취임할 때까지 이사의 권리의무가 있다고 규정한다. 그러나 퇴임이사로 하여금 이사로서의 권리의무를 가지게 하는 것이 불가능하거나 부적당한 경우 등 필요한 경우에는 이해관계인은 일시이사의 직무를 행할 자의 선임을 법원에 청구할 수 있다.

◎ 한편 퇴임이사가 긴급사무처리를 하기에 부적당한 경우는 직무수행권이 인정되지 않을 수도 있다. 그런데 회사의 대표이사 및 이사의 임기 만료로 법률 또는 정관에 정한 원수에 결원이 발생한 경우, 회사와 동업자들 사이에 동업을 둘러싼 분쟁이 계속되고 있다는 사정만으로는 그 임기 만료된 대표이사 및 이사에게 회사의 대표이사 및 이사로서의 권리의무를 보유하게 하는 것이 불가능하거나 부적당한 경우에 해당한다고 할 수 없다.

◎ 그런데 학교법인의 경우 임시이사가 선임되면, 퇴임이사에게는 종전의 직무를 계속 수행한다는 차원에서 일반적인 사무를 처리할 권한으로서의 긴급처리권을 인정할 여지가 없고, 나중에 임시이사가 그 임무를 종료한다고 하더라도 그 시점에 이르러 과거에 퇴임하였던 이사에 대하여 그와 같은 긴급처리권이 새로이 부여된다고 할 수도 없다. 종전이사에게 민법 규정을 유추한 긴급처리권이 있다거나, 나아가 이를 전제로 하여 임시이사들이 정식이사를 선임하는 내용의 이사회결의의 효력 유무를 다툴 소의 이익이 인정된다고 할 수는 없다. 그러나 종전이사에게 긴급처리권이 인정되지 않는다 할지라도 학교법인의 설립목적을 구현함에 적절한 정식이사를 선임하는 문제와 관련하여 직접적인 이해관계를 가지는 사람이어서 임시이사들이 정식이사를 선임하는 내용의 이사회 결의에 대하여 법률상의 이해관

계를 가진다고 할 수 있으므로 그 무효 확인을 구할 소의 이익이 있다. ★

◎ 학교법인의 임시이사는 이사의 결원으로 인하여 학교법인의 목적을 달성할 수 없거나 손해가 생길 염려가 있는 경우에 임시적으로 그 운영을 담당하는 위기관리자로서, 민법상의 임시이사와는 달리 일반적인 학교법인의 운영에 관한 행위에 한정하여 정식이사와 동일한 권한을 가지는 것으로 제한적으로 해석하여야 하고, 따라서 정식이사를 선임할 권한은 없다.

[헌법과 사립학교법뿐만 아니라 공익법인의 설립·운영에 관한 법률의 그 어디에도 임시이사의 권한을 정식이사의 권한보다 제한하는 규정은 전혀 두고 있지 않으므로 법의 일반 원칙에 따라서 구 사립학교법상의 임시이사는 민법상의 임시이사와 마찬가지로 정식이사와 동일한 권한을 가진다고 해석되어야 하며, 비영리 공익법인이면서 공법관계와 사법관계가 혼합되어 적용되는 특수법인인 학교법인의 임시이사에 대한 지위와 권한을 명시적인 법적 근거가 없음에도 불구하고 자의적인 해석에 의하여 제한하는 것은 법 해석의 한계를 일탈한 위법한 해석이라는 반대의견 있음]

★ 대법원 2007. 5. 17. 선고 2006다19054 전원합의체 판결 [이사회결의무효확인청구]
 <상지학원임시이사사건>

66. 임치 [3-2-12]

(66-1)
　甲은 여관에 투숙하면서 여관 건물 바로 옆에 위치한 여관 부설주차장에 운전하던
차량을 주차시켜 놓았다. 그런데 차량을 도난당했다. 이에 甲은 여관주인에게 차량의
반환의무 불이행을 이유로 손해배상을 청구하였다.

◎ 임치인이 수치인에 대하여 금전, 유가증권 등 물건의 보관을 위탁하고, 수
치인이 승낙하는 계약을 임치라고 한다. 상법의 창고업, 공중접객업 규정
으로 대체되고 있는 실정이다. 수치인이 임치물을 소비할 수 있는 것을 소
비임치라 하며 은행과의 예금계약이 소비임치의 한 예인데, 소비대차에 관
한 규정을 준용한다.

◎ 수치인은 임치물보관의무를 지는데, 유상수치인의 경우 선량한 관리자의
주의의무로, 무상수치인(gratuitous bailee)은 자기재산과 동일한 주의의무
를 진다. 임치물에 대하여 권리를 주장하는 자가 있는 경우 지체 없이 임
치인에게 통지하여야 한다. 임치물반환의무는 보수지급의무와 동시이행관
계에 있으며, 보관장소에서 반환하는 것이 원칙이며, 정당하게 전치(轉置)
한 경우에는 현존 장소이다.

◎ 공중접객업자와 객 사이에 임치관계가 성립하려면 공중접객업자가 자기의

지배영역 내에 목적물 보관의 채무를 부담하기로 하는 명시적 또는 묵시적 합의가 있어야 한다. 여관 부설주차장에 시정장치가 된 출입문이 설치되어 있거나 출입을 통제하는 관리인이 배치되어 있는 등 여관 측에서 그 주차장에의 출입과 주차시설을 통제하거나 확인할 수 있는 조치가 되어 있다면, 그러한 주차장에 여관투숙객이 주차한 차량에 관하여는 명시적인 위탁의 의사표시가 없어도 여관업자와 투숙객 사이에 임치의 합의가 있는 것으로 볼 수 있다.

◎ 공중접객업자가 이용객들의 차량을 주차할 수 있는 주차장을 설치하면서 그 주차장에 차량출입을 통제할 시설이나 인원을 따로 두지 않았다면, 그 주차장은 단지 이용객의 편의를 위한 주차장소로 제공된 것에 불과하고, 공중접객업자와 이용객 사이에 통상 그 주차차량에 대한 관리를 공중접객업자에게 맡긴다는 의사까지는 없다고 봄이 상당하므로, 공중접객업자에게 차량시동열쇠를 보관시키는 등의 명시적이거나 묵시적인 방법으로 주차차량의 관리를 맡겼다는 등의 특수한 사정이 없는 한, 공중접객업자에게 선량한 관리자의 주의로써 주차차량을 관리할 책임이 있다고 할 수 없다. ★

◎ 여관 부설 주차장의 관리 실태와 甲의 자동차 열쇠의 보관 상태 등에 따라서 손해배상청구 여부가 결정될 것이다.

(66-2)

甲은 A 은행에 1억원을 예금하였다. 甲은 乙에게 5000만원을 송금한다는 것을 착오로 丙의 B 은행 계좌에 이체하였다. 甲은 A 은행에 착오송금을 알렸으나 이미 계좌이체 처리되었다고 하였다. 한편 B 은행은 丙에게 3000만원의 대여금채권이 있는데 변제기가 지났어도 丙이 변제하지 않은 상태여서 丙에게 송금된 돈을 자신의 대여금채권과 상계처리하였다. 한편 丙의 채권자인 丁이 丙의 이 예금에 대하여 가압류결정을 받아서 그 결정이 은행에 도착되었는데, 丙은 B 은행 직원에게 甲의 착오송금 확인서를 제시하고 나머지 2000만원을 인출해달라고 요청하여 B 은행이 인출하여 주었다.

★ 대법원 1998. 12. 8. 선고 98다37507 판결 [구상금]

◎ 예금계약은 은행을 수치인으로 하는 금전의 소비임치계약이다. 수치인인 은행은 임치물인 금전을 보관하고 그 기간 중 이를 소비할 수 있고 임치인의 청구에 따라 동종 동액의 금전을 반환하면 된다. 현금으로 예금하는 경우 예금자가 예금의 의사를 표시하면서 은행에 돈을 교부하고 은행이 그 돈을 확인하면 성립한다. 은행의 직원이 돈을 은행에 입금하지 않고 횡령하여도 예금계약은 성립된다. 계좌이체에 의한 예금의 성립시기는 예금원장에 입금의 기록이 된 때이다.

◎ 계좌이체는 은행 간 및 은행점포 간의 송금절차를 통하여 저렴한 비용으로 안전하고 신속하게 자금을 이동시키는 수단이고, 다수인 사이에 다액의 자금이동을 원활하게 처리하기 위하여, 그 중개 역할을 하는 은행이 각 자금이동의 원인인 법률관계의 존부, 내용 등에 관여함이 없이 이를 수행하는 체제로 되어 있다. 따라서 현금으로 계좌송금 또는 계좌이체가 된 경우에는 예금원장에 입금의 기록이 된 때에 예금이 된다고 예금거래기본약관에 정하여져 있으므로 송금의뢰인이 수취인의 예금계좌에 계좌이체를 한 때에는, 송금의뢰인과 수취인 사이에 계좌이체의 원인인 법률관계가 존재하는지 여부에 관계없이 수취인과 수취은행 사이에는 계좌이체금액 상당의 예금계약이 성립하고, 수취인이 수취은행에 대하여 위 금액 상당의 예금채권을 취득한다. 이 경우 송금의뢰인과 수취인 사이에 계좌이체의 원인이 되는 법률관계가 존재하지 않음에도, 계좌이체에 의하여 수취인이 계좌이체금액 상당의 예금채권을 취득한 경우에는, 송금의뢰인은 수취인에 대하여 금액 상당의 부당이득반환청구권을 가지게 되지만, 수취은행은 이익을 얻은 것이 없으므로 수취은행에 대하여는 부당이득반환청구권이 없다. ★

◎ 한편 수취은행은 수취인의 계좌에 입금된 금원이 송금의뢰인의 착오 등 자금이체의 원인관계 없이 입금된 것인지 여부에 관하여 조사할 의무가 없으

★ 대법원 2014. 10. 15. 선고 2013다207286 판결 [부당이득금반환]

며, 수취은행이 수취인에 대한 대출채권 등을 자동채권으로 하여 수취인의 계좌에 입금된 금원 상당의 예금채권과 상계하는 것은 원칙적으로 유효하다. 그러나 송금의뢰인이 착오송금임을 이유로 거래은행을 통하여 혹은 수취은행에 직접 송금액의 반환을 요청하고 수취인도 송금의뢰인의 착오송금에 의하여 수취인의 계좌에 입금된 사실을 인정하고 수취은행에 그 반환을 승낙하고 있는 경우라면 공공성을 지닌 자금이체시스템의 운영자가 그 이용자인 송금의뢰인의 실수를 기화로 그의 희생 하에 당초 기대하지 않았던 채권회수의 이익을 취하는 행위로서 상계제도의 목적이나 기능을 일탈하고 법적으로 보호받을 만한 가치가 없으므로, 송금의뢰인에 대한 관계에서 신의칙에 반하거나 상계에 관한 권리를 남용하는 것이다. 하지만 이 때에도 수취은행이 선의인 상태에서 수취인의 예금채권을 담보로 대출을 하여 그 자동채권을 취득하였거나 그 예금채권이 이미 제3자에 의하여 압류되었다면 상계가 가능하다. ★

◎ 채무초과 상태에 빠진 채무자나 제3자가 그 가압류 사실을 알고서 가압류의 대상이 된 예금채권의 계좌로 입금될 금원을 그 예금계좌에 입금하지 아니하고 타인에게 입금하거나 현금으로 인출하여 달라고 요구하여 인출받아 갔다면 이는 그 예금계좌로의 입금이라는 조건의 성취를 방해하는 행위로서 불법행위를 구성할 수 있다. 이 때 은행 직원이 위 예금자 등의 강제집행 실행 방해 사실을 알면서 이에 공모 내지 방조한 경우에 한하여 그 은행 직원도 불법행위 책임을 진다.

그런데 채권 가압류는 제3채무자에게 채무자에 대한 지급 금지를 명하는 것이므로 채권을 소멸 또는 감소시키는 등의 행위는 할 수 없고 그와 같은 행위로 채권자에게 대항할 수 없는 것이지만, 채권의 발생원인인 법률관계에 대한 처분까지도 구속하는 효력은 없다. 은행이 특정 금원을 수취인의

★ 대법원 2010. 5. 27. 선고 2007다66088 판결 [전부금]

예금계좌로 입금하도록 위임받은 경우, 그 예금 명의인(수취인)이 금액을 지급받을 정당한 권리자가 아니고 원래는 타인에게 입금되어야 할 것을 명의대여 등의 이유로 편의상 입금의뢰를 한 것에 불과하다면, 입금의뢰인이 그 입금의뢰를 취소하고 금원을 자신이나 타인에게 입금 내지 지급할 것을 은행에 요구하여 은행 직원이 이에 응하였다 할지라도 입금의뢰인이나 은행 직원의 행위가 수취인의 은행에 대한 예금채권을 가압류한 채권자의 강제집행을 방해하는 불법행위를 구성하지 않는다.

◎ 甲은 A 은행에 대하여는 부당이득반환청구를 할 수 없고, 丙에게 하여야 한다. B 은행의 상계조치는 원칙적으로 유효하지 않다. 그리고 B 은행의 직원의 행위는 丙의 행위가 정당화될 수 있는 여지가 있는지에 따라 B 은행의 불법행위가 정하여 진다.

67. 조합 [3-2-13]

(67-1)

甲, 乙, 丙, 丁, 戊는 각자 매수자금을 출연하고 그에 상응하는 매수지분을 정하여 토지를 공동으로 매수하여 甲 명의로 소유권이전등기하였다. 이 토지의 4/5 부분이 고속전철의 부지로 수용되어 보상금을 받았고 나머지 1/5부분이 그대로 남았다. 보상금 분배과정에서 분쟁이 생겨서 丙은 甲과 乙이 더 많이 받았다고 주장하며 소송을 하여 甲에 대해서는 승소하고 乙에 대해서는 패소하였다. 그리고 다시 나머지 토지에 관하여 甲에 대하여 지분이전등기소송을 제기하였다. 甲 등의 관계가 조합이라는 이유로 법원은 甲의 청구를 인정하지 않았는데 타당한가?

◎ 2인 이상이 상호출자하여 공동사업을 경영할 것을 목적으로 하는 행위를 조합계약이라고 한다. 조합계약에 의해 성립된 단체가 조합이다. 조합이 업무집행자를 미리 정하지 않은 경우 조합원의 2/3의 찬성으로써 선임한다. 조합과 업무집행조합원은 위임 관계에 있게 된다. 통상사무는 각 조합원이 할 수 있지만, 특별사무는 조합원의 과반수 또는 업무집행조합원의 과반수로써 처리하여야 한다. 조합의 재산은 조합원의 합유가 되며, 조합재산의 처분 변경에는 합유자 전원의 동의가 있어야 한다.(단 업무집행조합원이 수인인 경우 과반수 결의로 처분할 수 있다) 조합원의 지분 양도는 다른 조합원 전원이 동의가 있으면 가능하나 그로써 조합원 지위를 상실하게 되는 것이며, 합유물은 분할청구 대상이 되지 않으며 조합의 해산으로 인한 청산분배가 있을 뿐이다.

◎ 수인이 부동산을 공동으로 매수한 경우 부동산의 공동매수인들이 전매차익을 얻으려는 '공동의 목적 달성'을 위하여 상호 협력한 것에 불과하고 이를 넘어 '공동사업을 경영할 목적'이 있었다고 인정되지 않는 경우 이들 사이의 법률관계는 공유관계에 불과할 뿐 민법상 조합관계에 있다고 볼 수 없다. 공동매수의 목적이 전매차익의 획득에 있을 경우 그것이 공동사업을 위하여 동업체에서 매수한 것이 되려면, 적어도 공동매수인들 사이에서 매수한 토지를 공유가 아닌 동업체의 재산으로 귀속시키고 공동매수인 전원의 의사에 기하여 전원의 계산으로 처분한 후 이익을 분배하기로 하는 명시적 또는 묵시적 의사의 합치가 있어야만 한다. 이와 달리 공동매수 후 매수인별로 토지에 관하여 공유에 기한 지분권을 가지고 각자 자유롭게 지분권을 처분하여 대가를 취득할 수 있도록 한 것이라면 이를 동업체에서 매수한 것으로 볼 수는 없다. ★

◎ 甲, 乙, 丙, 丁, 戊 등의 관계가 조합관계로 인정되면 甲의 소송은 인정되지 않을 것이나, 내부관계 및 방식과 형태로 보아 공유관계에 불과하므로 甲의 소송은 인정될 수 있다.

(67-2)

甲은 乙에 대하여 대여금청구 승소판결을 받았고 확정되었다. 이에 乙이 친구들 3명과 합유하고 있는 임야에 관하여 합유자로서 가지는 지분권에 대하여 압류명령을 신청하였다. 이에 따라 집행법원은 乙의 합유지분권에 대하여 압류명령을 하였고, 甲은 합유지분의 환급청구권에 대하여 추심명령을 신청하였다. 이 추심명령신청은 적법한가?

◎ 조합원의 지분에 대한 압류는 그 조합원의 장래의 이익배당 및 지분의 반환(조합을 탈퇴할 경우 조합에 대해 가지는 지분반환청구권)을 받을 권리에 대하여 효력이 있으며, 지분 그 자체에 대한 강제집행은 허용되지 않는

★ 대법원 2012. 8. 30. 선고 2010다39918 판결 [소유권이전등기의말소등기절차이행등]

다. 조합원은 사망, 파산, 성년후견 개시, 제명으로 당연 탈퇴되며, 존속기간이 있을 때도 부득이한 사유가 있으면 탈퇴할 수 있다.

◎ 한편 조합에 대한 채권자는 조합의 재산으로 만족을 얻을 수 있다 하더라도 조합원에 대하여 변제의 청구를 할 수 있다. (조합의 채무에 대해서는 각 조합원도 자신의 개인재산으로 채무를 부담해야 한다) 조합의 채권자가 각 조합원의 개인재산을 집행하는 경우 각 조합원은 개인이 조합채권자에 대해 가지는 채권으로 상계할 수 있고, 반대로 조합채권자도 각 조합원에 대한 채권으로 자신이 조합원에 대해 부담하는 채무와 상계할 수 있다. 조합의 채무자는 조합원 개인에 대하여 가지는 채권을 자동채권으로 하여 상계하지 못한다. 조합이 탈퇴자에 대한 횡령금반환채권이 있으면 그에 대한 출자금반환채무에 대하여 상계할 수 있다.

◎ 민법상 조합원은 조합의 존속기간이 정해져 있는 경우 등을 제외하고는 원칙적으로 언제든지 조합에서 탈퇴할 수 있고, 조합원이 탈퇴하면 그 당시의 조합재산 상태에 따라 다른 조합원과 사이에 지분 계산을 하여 지분환급청구권을 가지게 된다. 조합을 탈퇴할 권리는 성질상 조합계약의 해지권으로서 그의 일반재산을 구성하는 재산권의 일종이라 할 것이고 채권자대위가 허용되지 않는 일신전속적 권리라고 할 수 없다. 따라서 채무자의 재산인 조합원 지분을 압류한 채권자는 채권자대위권에 의하여 채무자의 조합 탈퇴의 의사표시를 대위행사할 수 있다. 다만 채무자가 속한 조합에 존속기간이 정하여져 있다거나 기타 채무자 본인의 조합탈퇴가 허용되지 않는 것과 같은 특별한 사유가 없어야 한다. 조합원이 조합을 탈퇴하면 조합 목적의 수행에 지장을 초래할 것이라는 사정은 채권자대위권에 의한 조합 탈퇴 의사표시를 불허할 사유가 되지 않는다. ★

★ 대법원 2007. 11. 30. 자 2005마1130 결정 [추심명령]

◎ 조합의 목적 달성으로 인하여 조합이 해산되었으나 조합의 잔무로서 처리할 일이 없고 다만 잔여재산의 분배만이 남아 있을 때에는 따로 청산절차를 밟을 필요가 없이 각 조합원은 자신의 잔여재산의 분배비율의 범위 내에서 그 분배비율을 초과하여 잔여재산을 보유하고 있는 조합원에 대하여 바로 잔여재산의 분배를 청구할 수 있다. 잔여재산 분배청구권은 조합원 상호간의 내부관계에서 발생하는 것으로서 각 조합원이 분배비율을 초과하여 잔여재산을 보유하고 있는 조합원을 상대로 개별적으로 행사하면 족한 것이지 반드시 조합원들이 공동으로 행사하거나 조합원 전원을 상대로 행사하여야 하는 것은 아니다.

◎ 甲은 먼저 乙에 대한 채권자대위권의 행사로써 조합 탈퇴의사표시를 한 후에 압류 및 추심명령을 받아야 한다. 탈퇴의사표시가 없는 상태에서의 지분 자체에 대한 강제집행은 허용될 수 없다.

68. 사무관리 [3-3]

(68-1)

甲은 레스토랑을 운영하고 있었는데, 부근 다른 레스토랑 주방장으로 일하던 乙이 甲의 레스토랑에 잠시 들렀다가 마침 손님이 들어와서 식사가 되느냐고 묻자 으레 식사를 주문할 것으로 알고 주방에 들어가 기름용기 등이 올려져 있는 가스레인지에 불을 켜 놓았다. 그런데 손님이 식사를 주문하지 아니하고 음료수만을 주문하자 음료수를 갖다 주고는 그대로 자기 레스토랑으로 가버렸다. 그후 가스레인지 위의 기름용기가 과열되어 기름이 용기 밖으로 넘치면서 화재가 발생하였다. 甲은 乙에 대하여 손해배상을 청구할 수 있는가?

◎ 법적 의무 없이 타인을 위하여 그 사무를 처리해 주는 것을 사무관리라 한다. 타인의 이익을 위해 일을 해 주는 것이 사회연대 상호부조의 이상에 부합하기 때문이다. 이 때 사무관리자는 본인의 이익되는 방법이나 의사에 적합하도록 처리하여야 하는데, 본인에게 손해가 발생하면 무과실의 배상책임을 지게 된다. 본인은 비용상환의무가 있고 손해보상의무가 있으나 보수지급의무는 없다 (유실물법, 수난구호법 등 특별법에서 정한 경우는 제외). 그러나 사무관리자의 용역의 제공이 사무관리의사에 기한 자율적 재산희생으로 보고 통상의 보수에 상응하는 금액을 필요비 내지 유익비로 청구할 수 있다.

◎ 乙이 甲을 대신하여 손님이 주문할 음식의 조리를 위한 준비로 위 가스레인지를 점화하여 甲의 사무를 개시한 이상 가스레인지의 사용이 필요 없게

된 경우 스스로 가스레인지의 불을 끄거나 레스토랑의 종업원으로 하여금 불을 끄도록 조치하는 등 甲에게 가장 이익 되는 방법으로 이를 관리하여야 함에도 이를 위반하였으므로, 乙은 사무관리자로서 이로 인하여 발생한 이 사건 손해에 대하여 배상할 책임이 있다. ★

★ 대법원 1995. 9. 29. 선고 94다13008 판결 * [손해배상(기)]

69. 부당이득 [3-4]

(69-1)

　甲은 A 회사의 임원이었다. A 회사는 보험회사에 근로자들(임원 포함)을 피보험자 및 수익자로 하여, 근로자들이 회사에서 퇴직할 경우 보험회사로부터 보험금을 수령하고, 퇴직보험계약이 중도에 해지된 경우에도 보험회사는 보험계약자가 아니라 근로자들에게 직접 해약환급금을 지급하는 내용으로 퇴직보험에 가입하였다. 퇴직보험계약은 보험회사가 A 회사가 정한 퇴직금 관련 규정에 정하는 방식에 따라 퇴직금을 지급한다는 취지의 약정내용을 포함하고 있었다. 甲은 A 회사에 대하여 퇴직금 중간정산을 요구하여 A 회사로부터 퇴직금중간정산에 대하여 동의를 받은 다음, 보험회사에 대하여 중간정산된 퇴직보험금을 청구하여 퇴직보험금을 수령하였는데, 실제 퇴직금 보다 더 많은 금액을 받았다. 그런데 A 회사는 甲이 직접 수령한 보험금이나 해약환급금 중 퇴직금 범위 내에서만 보유할 수 있고 이를 넘는 금액은 회사에 반환하여야 한다는 규정에 따라 A 회사는 甲에 대하여 부당이득반환청구를 하고 있다.

◎ 법률상 원인 없이 타인의 재산이나 노무로 인하여 얻은 이득으로 손실자의 수익자에 대한 부당이득반환청구권을 발생시키는 법정 채권 관계를 부당이득이라 한다. 계약해제에 따른 원상회복의무는 부당이득반환의무에서의 반환범위의 특칙이며, 법률행위가 사기로 취소되는 경우 등 불법행위를 이유로 손해배상청구 소를 먼저 제기하여 과실상계, 공평 원칙에 기한 책임제한 등으로 승소액이 제한된 경우 제한된 금액에 대한 부당이득반환청구권 행사 가능하다.

◎ 이득은 물권, 채권, 점유, 등기명의의 취득 등이며 지출비용의 절약도 포함

하는 실질적 이득의 개념으로 본다. 따라서 본래의 임대차목적대로 사용 수익하지 않거나, 동시이행권 확보를 위한 최소한의 점유 사용, 금원의 일시 보관 반환, 타인이 관리하고 처분권이 없는 자기 명의의 예금입금 등은 실질적 이득이 없다. 법률상 원인 없는 이득이 있더라도 타인에게 손해가 발생하여야 하는데, 이득자의 불법점유라는 행위로도 손실 발생하나 손실 자의 수익가능성이 없는 경우는 부당이득이 인정되지 않을 수 있다. 즉 불법점유라는 사실이 발생하지 않았다고 하더라도 부동산소유자에게 임료 상당 이익이나 기타 소득이 발생할 여지가 없는 특별한 사정이 있는 때에는 손해배상이나 부당이득반환을 청구할 수 없다. (지방자치단체가 농업용 수로로 사용되던 구거의 일부를 복개하여 인근 주민들의 통행로와 주차장소 등으로 제공한 경우, 구거 소유자가 그 구거 부분을 사용·수익하지 못함으로 인한 손해를 입었다고 보기는 어렵다는 이유로 지방자치단체의 부당이득반환의무가 부정되었다)

◎ 회사가 임원이나 근로자를 피보험자 및 수익자로 하여 퇴직보험에 가입하였더라도, 이는 임원이나 근로자가 퇴직할 경우 회사가 퇴직금 관련 규정에 따라 지급하여야 할 퇴직금을 보험금 또는 해약환급금에서 직접 지급받도록 함으로써 회사의 재무 사정에 영향을 받지 않고 퇴직금 지급이 보장되도록 하기 위한 것일 뿐 그 퇴직금을 넘는 금원을 임원이나 근로자에게 지급하기 위한 것은 아니다. 따라서 비록 임원이나 근로자가 퇴직보험에서 정한 바에 따라 직접 보험금 또는 해약환급금을 수령하였다고 하더라도, 회사에 대한 관계에서는 회사가 지급하여야 하는 퇴직금의 범위 내에서만 보험금 또는 해약환급금을 보유할 수 있는 권리를 가질 뿐이다. 임원이나 근로자가 퇴직보험에 의하여 수령한 금원 중에서 퇴직금을 초과하는 금원은 회사가 출연한 보험료를 기초로 하여 법률상 원인 없이 이득을 얻은 것이 되어 회사에게 반환할 의무가 있다. ★

★ 대법원 2010. 3. 11. 선고 2007다71271 판결 [부당이득금반환]

(69-2)

甲은 법원 경매절차에서 5000만원을 배당받았다. 그런데 乙이 자신의 배당받을 권리를 침해하여 甲이 배당받았음을 이유로 부당이득금반환청구권을 피보전채권으로 하여 甲이 대한민국에 대하여 가지는 5000만원의 배당금출급청구권에 대하여 채권가압류결정을 받았다. 그 후 乙은 甲을 상대로 가압류의 본안소송인 5000만원의 부당이득금반환소송을 제기하였는데, 甲이 배당표상의 배당금을 아직 지급받지 못하였음을 확인하고, 그 청구취지를 甲이 대한민국에 대하여 가지는 배당금출급청구권을 乙에게 양도하고 이를 대한민국에 통지할 것을 구하는 내용으로 변경하였다. 그에 따라 법원은 乙에게 승소판결을 내렸다. 이러한 상황에서 甲은 가압류취소신청을 하고 5000만원 배당금을 찾아갈 수 있는가?

◎ 실체적 하자 있는 배당표에 기한 배당으로 인하여 배당받을 권리를 침해당한 자는 원칙적으로 배당기일에 출석하여 이의를 하고 배당이의의 소를 제기하여 구제받을 수 있고, 가사 배당기일에 출석하여 이의를 하지 않음으로써 배당표가 확정되었다고 하더라도, 확정된 배당표에 의하여 배당을 실시하는 것은 실체법상의 권리를 확정하는 것이 아니기 때문에 부당이득금반환청구의 소를 제기할 수 있다.

◎ 근로기준법상 우선변제권이 있는 임금채권자가 경매절차개시 전에 경매목적 부동산을 가압류하고 배당표가 확정되기 전까지 그 가압류의 청구채권이 우선변제권 있는 임금채권임을 소명하였음에도 경매법원이 배당요구가 없었다는 이유로 임금채권자에게 우선배당을 하지 아니한 채 후순위 채권자에게 배당하는 것으로 배당표를 작성하고 그 배당표가 그대로 확정된 경우에는, 배당을 받아야 할 자가 배당을 받지 못하고 배당을 받지 못할 자가 배당을 받은 것으로서 배당에 관하여 이의를 한 여부 또는 형식상 배당절차가 확정되었는가의 여부에 관계없이 배당을 받지 못한 임금채권자는 배당을 받은 후순위 채권자를 상대로 부당이득반환청구권을 갖는다.

◎ 배당절차에서 작성된 배당표가 잘못되어 배당을 받아야 할 채권자가 배당을 받지 못하고 배당을 받을 수 없는 사람이 배당받는 것으로 되어 있을 경

우, 배당금이 실제 지급되었다면 배당금 상당의 금전지급을 구하는 부당이
득반환청구를 할 수 있지만, 아직 배당금이 지급되지 아니한 때에는 배당금
지급청구권의 양도에 의한 부당이득의 반환을 구하여야지 그 채권 가액에
해당하는 금전의 지급을 구할 수는 없고, 그 경우 집행의 보전은 가압류에
의할 것이 아니라 배당금지급금지가처분의 방법으로 하여야 한다. ★

◎ 가압류의 피보전채권과 본안의 소송물인 권리는 엄격하게 일치될 필요는
없고 청구의 기초의 동일성이 인정되면 가압류의 효력은 본안소송의 권리
에 미친다. 그런데 가압류는 금전채권이나 금전으로 환산할 수 있는 채권
에 의한 강제집행을 보전하기 위한 것이므로, 가압류의 피보전채권과 본안
소송의 권리 사이에 청구의 기초의 동일성이 인정된다 하더라도 본안소송
의 권리가 금전채권이 아닌 경우에는 가압류의 효력이 그 본안소송의 권
리에 미친다고 할 수 없다. ★★

◎ 乙이 가압류의 본안소송에서 청구취지를 부당이득금반환청구에서 배당금
출급청구권의 양도 및 양도통지 청구로 변경한 것은 동일한 생활 사실 또
는 동일한 경제적 이익에 관한 분쟁에 관하여 그 해결 방법을 다르게 한
것일 뿐이어서 청구의 기초에 변경이 있다고는 할 수 없다. 그러나 변경된
청구인 '배당금출급청구권의 양도 및 양도통지 청구'는 의사의 진술을 구
하는 것으로서, 이는 의사표시의무의 집행 방식으로 집행되어야 할 것이지
금전채권에 기초한 강제집행의 방법으로 집행할 수 있는 권리가 아니므로
가압류로써 집행을 보전할 피보전채권이 될 수 없다. 따라서 위 청구취지
변경 전의 부당이득금반환청구권을 피보전채권으로 한 가압류의 효력은 본
안소송에서 변경된 청구권, 즉 '배당금출급청구권의 양도 및 양도통지 청구'
에 관한 권리를 위한 강제집행의 보전에 대하여는 미친다고 할 수 없다.

★ 대법원 2013. 4. 26. 자 2009마1932 결정 [가압류취소]
★★ 대법원 2013. 4. 26. 자 2009마1932 결정 [가압류취소]

또한 변경 전의 부당이득금반환청구권은 신청인이 배당금을 현실적으로 지급받지 못한 이상 그 권리가 인정될 수도 없는 것이므로 이 사건 가압류의 효력이 변경 전의 부당이득금반환청구권을 위하여 존속한다고 볼 수도 없다.

◎ 甲은 가압류취소결정을 받을 수 있다.

(69-3)

甲은 자동차에 관하여 소유권이전등록을 마쳤는데, 甲의 처(妻)가 중고자동차매매상사에 근무하던 乙에게 자동차 및 차량 열쇠와 자동차등록증을 인도하였다. 乙의 업소 인근에서 자동차매매업체를 운영하던 丙은 자동차에 관하여 허위의 양도증명서를 만들어 소유권이전등록을 마쳤고, 丙의 장인인 丁은 이 자동차에 관하여 소유권이전등록을 마친 후 자동차를 점유하고 있다. 甲은 丁에 대하여 자동차소유권이전등록과 부당이득반환청구 소송을 제기하였다.

◎ 수익자가 선의이면 부당이득의 반환범위는 받은 이익이 현존하는 한도이다. 악의라면 받은 이익에 이자를 붙여서 반환하여야 하고 손해도 배상하여야 한다. 금전인 경우는 현존이익이 있는 것으로 인정되며 금전과 유사한 대체물의 경우에도 소비여부를 불문하고 현존이익이 있는 것으로 추정된다. 현존이익이 추정되는 경우 수익자가 현존이익이 없음을 증명해야 한다. 현존이익이 추정되지 않는 경우는 반환청구권자가 수익자에게 현존이익에 있음을 증명해야 한다.

◎ 수익자로부터 무상으로 이익의 목적물을 양수한 악의의 무상전득자는 수익자가 무자력, 소재불명, 현존이익 소멸, 시효소멸 등의 사유로 이익을 반환할 수 없는 경우 반환책임이 있다.

◎ 선의의 점유자는 점유물의 과실을 취득하고, 점유자는 선의로 점유한 것으로 추정되지만, 선의의 점유자라도 본권에 관한 소에서 패소한 때에는 그

소가 제기된 때부터 악의의 점유자로 본다. 같은 취지에서 선의의 수익자가 패소한 때에는 그 소를 제기한 때부터 악의의 수익자로 간주되고, 악의의 수익자는 그 받은 이익에 이자를 붙여 반환하고 손해가 있으면 이를 배상하여야 한다. 여기에서 '패소한 때'란 점유자 또는 수익자가 종국판결에 의하여 패소 확정되는 것을 뜻하지만, 이는 악의의 점유자 또는 수익자로 보는 효과가 그때 발생한다는 것뿐이고 점유자 등의 패소판결이 확정되기 전에는 이를 전제로 하는 청구를 하지 못한다는 의미가 아니다. 그러므로 소유자가 점유자 등을 상대로 물건의 반환과 아울러 권원 없는 사용으로 얻은 이익의 반환을 청구하면서 물건의 반환 청구가 인용될 것을 전제로 하여 그에 관한 소송이 계속된 때 이후의 기간에 대한 사용이익의 반환을 청구하는 것은 허용된다.

◎ 丁이 악의의 점유자 또는 수익자로 되는지 여부, 부당이득반환의무의 성립 여부와 그 범위, 액수 등에 관하여 심리·판단하여야 한다.

70. 부당이득반환청구 금지의 특례 [3-4]

(70-1)

A 농협은 농어민부채탕감대책에 따를 농업경영개선자금을 甲에게 대출하였고, 농협중앙회는 이에 대한 신용보증서를 발급하였다. 그런데 A 농협은 甲의 농외소득이나 영농규모를 과대 계상하는 방법으로 규정상 대출부적격자임에도 신용보증서를 근거로 대출을 실행하였다. 대출금 상당부분은 甲의 기존 대출금채무의 변제에 충당되었는데, 그 부분도 농협중앙회가 신용보증한 것이었다. 甲이 돈을 갚지 못하자 농협중앙회는 A 농협에게 대위변제를 하였다. A 농협의 규정위반 대출행위가 보증인 면책사유에 해당하는 것으로 밝혀지자 농협중앙회는 A 농협에게 부당이득반환청구를 하였다.

◎ 변제자가 채무 없음을 알고도 변제한 때는 반환청구를 하지 못한다. 착오로 변제한 경우에 그 변제가 도의관념에 적합한 것이라면 반환청구를 하지 못한다. 그러나 채무 없음을 알고 있었더라도 변제를 강제당하거나 변제거절로 인한 사실상의 손해를 피하기 위해 부득이하게 변제하는 등 변제가 자유로운 의사에 반하여 이루어진 것이라면 반환청구권을 상실하지 않는다.

◎ 한편 도의관념에 적합한 비채변제에 있어서 그 변제가 도의관념에 적합한 것인지 여부는, 객관적인 관점에서 그 비채변제의 급부가 수령자에게 그대로 보유되는 것이 일반인의 법감정에 부합하는 것으로서, 그 대상인 착오에 의한 비채변제가 강행법규에 위반한 무효의 약정 또는 상대방의 고의·중과실의 위법행위에 기하여 이루어진 것인 경우에는 그러한 변제행위를 도의관념에 적합한 비채변제라고 속단하여서는 안된다. 한편 금융기관이

규정위반을 한 데 대해 보증기관의 잘못이 경합되었다고 하여 별도의 불법행위책임을 추궁할 수 있음은 몰라도 그와 같은 사정을 보증기관의 보증채무 면책범위를 정함에 있어 참작할 근거는 될 수 없다.

◎ 규정위반의 부당대출행위로 말미암아 결과적으로 농협중앙회가 기왕에 보증하였던 기존 대출금채무의 보증책임을 면제받는 이득을 얻은 것으로 볼 수도 있어, 그 부분에 해당하는 이 사건 대출금 상당액을 도의관념에 적합한 변제라고 할 수 없다. 규정위반행위가 명백한 부실대출에 해당하는 이상 A 농협의 입장에서는 용납되기 어려운 비도덕적 행위이며, 그 부실대출에 따른 손실을 A 농협이 부담하게 되는 것이 도의관념에 반하지도 않는다. 농협중앙회가 보증하였던 기존 대출시점과 이 사건 대출 및 그 보증사고의 발생시점이 상이할 뿐만 아니라 A 농협이 기존 대출의 관리업무 혹은 이 사건 대출의 실행에 관한 업무를 적정하게 수행한 경우에도 기존 대출의 보증사고가 발생하였을 것이라고는 단정할 수 없으므로 대출금 중 농협중앙회의 기존 신용보증부 대출금 상환에 사용된 금액 상당의 대위변제가 도의관념에 적합한 비채변제에 해당한다고 보기 어렵다. ★

(70-2)
　　甲은 회사를 3년간 근무하다가 퇴직하면서 퇴직금을 받았다. 그런데 甲의 퇴직 직전 3개월간의 월 평균급여는 600만원이었는데, 퇴직 전 1년간의 월 평균급여는 300만원이었다. 회사는 <퇴직 직전 3개월간 평균임금이 특수하고 우연한 사정으로 통상의 경우보다 현저하게 많게 산정된 것이어서 통상적인 생활임금을 사실대로 반영할 수 있는 합리적이고 타당한 다른 방법으로 그 평균임금을 따로 산정할 수 있다>는 판례를 근거로 900만원을 지급하였다. 甲은 자신이 계산한 액수인 1800만원 보다 적게 나와서 노동청에 진정하였다. 노동청은 甲의 계산을 근거로 하여 900만원을 지급하라는 시정지시명령을 내리면서 불응할 경우 형사처벌을 받을 수 있다고 경고하였다. 이에 회사는 추가퇴직금을 지급하면서 "회사는 추가로 지급할 퇴직금이 전혀 없다고 판단되나 노동청의 시정지시에 따라 퇴직금 900만원을 회사의 의사와 상관없이 추가 지급하며 추후 부당이득금 반환소송을 진행할 것을 알린다."라는 취지의 내용증명을 작성하여 추가 퇴직금 지급 다음 날 甲에게 발송하였고, 甲을 상대로 부당이득반환청구의 소를 제기하였다.

★ 대법원 2008. 10. 9. 선고 2007다67654 판결 [채무부존재확인등]

◎ 비채변제는 지급자가 채무 없음을 알면서도 임의로 지급한 경우에만 성립하고, 채무 없음을 알고 있었다 하더라도 변제를 강제당한 경우나 변제거절로 인한 사실상의 손해를 피하기 위하여 부득이 변제하게 된 경우, 반환청구권을 유보하고 변제한 경우 등 그 변제가 자기의 자유로운 의사에 반하여 이루어진 것으로 볼 수 있는 사정이 있는 때에는 지급자가 그 반환청구권을 상실하지 않는다.

◎ 회사가 갑의 퇴직 직전 3개월간 평균임금에 기초하여 산정된 퇴직금 액수에 따라 미지급 퇴직금을 추가로 지급한 것은 그 전액 또는 일부가 채무없는 경우에 해당하며 회사는 이를 알고도 지급하였다고 볼 것이지만, 한편 노동청의 시정지시에 따라 형사처벌 등을 피하기 위하여 추가 퇴직금을 지급한 경위를 고려할 때 회사의 자유로운 의사에 반하여 변제가 이루어진 것으로 볼 수 있고, 회사가 甲에 대하여 의사에 반하여 지급한다는 점 및 반환청구권을 유보하고 지급한다는 취지를 명시적으로 밝히기까지 하였으므로, 결국 비채변제에 해당하지 않는다고 볼 것이어서 회사는 정당한 퇴직금을 초과하여 지급한 금액만큼 부당이득의 반환을 청구할 수 있다. ★

(70-3)
　甲은 지방병원에서 공중보건의로 근무하다가 乙을 치료하였는데 乙이 패혈증으로 사망하였다. 乙의 유족들은 甲의 의료과실로 乙이 사망하였다고 주장하면서 甲과 지방병원을 상대로 손해배상청구의 소를 제기하였고, 법원은 甲의 의료과실이 인정된다고 하여 <甲과 지방병원은 각자 乙의 유족들에게 합계 2억원과 그에 대한 지연손해금을 지급하라>는 취지의 판결을 선고하였다. 그후 甲은 乙의 유족들에게 판결금 채무 합계 3억원을 지급하였다, 그런데 甲의 의료과실이 경과실에 해당함이 밝혀졌다. 이에 甲은 국가를 상대로 부당이득금반환청구를 하였다.

◎ 공무원이 직무수행 중 불법행위로 타인에게 손해를 입힌 경우에 국가 등이 국가배상책임을 부담하는 외에 공무원 개인도 고의 또는 중과실이 있는 경

★ 대법원 2015. 11. 26. 선고 2015다219979 판결 [부당이득금][

우에는 불법행위로 인한 손해배상책임을 진다고 할 것이지만, 공무원에게 경과실이 있을 뿐인 경우에는 공무원 개인은 손해배상책임을 부담하지 않는다. 이처럼 경과실이 있는 공무원이 피해자에 대하여 손해배상책임을 부담하지 아니함에도 피해자에게 손해를 배상하였다면 그것은 채무자 아닌 사람이 타인의 채무를 변제한 경우에 해당하고, 이는 '제3자의 변제' 또는 '도의관념에 적합한 비채변제'에 해당하여 피해자는 공무원에 대하여 이를 반환할 의무가 없다.

◎ 이 경우 피해자의 국가에 대한 손해배상청구권이 소멸하여 국가는 자신의 출연 없이 그 채무를 면하게 되므로, 피해자에게 손해를 직접 배상한 경과실이 있는 공무원은 국가에 대하여 국가의 피해자에 대한 손해배상책임의 범위 내에서 공무원이 변제한 금액에 관하여 구상권을 취득한다고 봄이 타당하다. ★

(70-4)

  A 회사는 정부의 정책변경으로 B 회사에게 영업을 양도하면서 A 회사에 근무하던 근로자들에게 회사 방침에 따라 일률적으로 퇴직금을 지급하고 근로자들은 B 회사에 재입사하는 형식을 취하면서 종전의 업무와 동일한 업무를 그대로 계속하였다. 그런데 그후 다시 정부의 정책이 변경되어 근로자들이 다시 A 회사에 재입사하게 되었다. 근로자들은 A 회사에서 퇴직하면서 퇴직금 산정기간을 A 회사에 계속 근무한 것으로 해달라고 요구하였다. 이에 A 회사는 이미 받은 퇴직금을 공제하고, 또 그 퇴직금에 대하여 지급받은 일부터 퇴직일까지 법정이자 상당액이 부당이득이라고 반환하여야 한다고 하였다.

◎ 변제기 이전임을 알면서 변제한 경우 기한의 이익을 포기한 것이어서 그 반환을 청구하지 못한다. 그러나 착오로 인해 변제한 경우는 채권자는 이로 인해 얻은 이익(미리 변제받은 것을 변제기까지 이용함으로써 사실상 얻은 이익 즉 중간이자)을 반환하여야 한다.

★ 대법원 2014. 8. 20. 선고 2012다54478 판결 [구상금]

◎ 기업이 사업부문의 일부를 다른 기업에게 양도하면서 그 물적 시설과 함께 그 사업부문에 근무하는 근로자들의 소속을 변경시킨 경우에는 원칙적으로 해당근로자들의 근로관계가 양수하는 기업에게 승계되어 근로의 계속성이 유지된다. 이와 같은 경우 해당근로자가 자의에 의하여 계속근로관계를 단절할 의사로 사업을 양도하는 기업에 사직서를 제출하고 퇴직금을 지급받은 다음 사업을 양수하는 기업에 입사하였다면 계속근로관계가 단절된다 할 것이지만, 그것이 근로자의 자의에 의한 것이 아니라 사업을 양도·양수하는 기업들의 경영방침에 의한 일방적인 결정에 따라 퇴직과 재입사의 형식을 거친 것에 불과하다면 이러한 형식을 거쳐서 퇴직금을 지급받았더라도 근로자에게 근로관계를 단절할 의사가 있었다고 할 수 없으므로 계속근로관계는 단절되지 않는다. 그래서 근로자가 최종적으로 사업을 양수한 기업에서 퇴직하면, 그 기업은 사업을 양도한 기업에서의 근속기간을 포함한 근속연수에 상응하는 퇴직금에서 이미 지급된 퇴직금을 공제한 나머지를 지급할 의무가 있다.

◎ 사용자가 근로자에 대하여 중간퇴직처리를 하면서 퇴직금을 지급하였으나 그 퇴직처리가 무효로 된 경우, 이는 착오로 인하여 변제기에 있지 아니한 채무를 변제한 경우에 해당한다고 할 수 없으므로, 이미 지급한 퇴직금에 대한 지급일 다음날부터 최종퇴직시까지의 연 5푼의 비율에 의한 법정이자 상당액은 부당이득에 해당하지 않는다. ★ 영업양도의 경우에 있어서 양도회사가 근무하던 근로자들에게 회사 방침에 따라 일률적으로 퇴직금을 지급하고 당해 근로자들로 하여금 양수회사에 재입사하는 형식을 취하였으나 사실은 근로관계가 단절되지 아니하여 양도회사와 그 근로자들 사이의 근로관계가 양수회사에 포괄적으로 승계된 경우에, 이미 지급한 퇴직금에 대한 지급일 다음날부터 최종퇴직시까지의 법정이자 상당액에 대해서도 마찬가지법리가 적용된다.

★ 대법원 2001. 4. 24. 선고 99다9370 판결 [퇴직금]

(70-5)

경찰관인 甲은 乙로부터 분당신도시 건설계획에 따른 보상을 받을 수 있도록 하여달라는 청탁을 받아, 당시 성남시 의회 의원이던 丙에게 이를 부탁하고, 丙은 성남경찰서 경찰관과 토지개발공사 분당신도시 직할사업단의 보상업무 담당자에게 부탁하여 乙의 청탁을 성사시켜 주었다. 그리고 乙은 甲에게 그에 대한 대가로 금 5000만원을 교부하고, 甲은 그 중 금 3100만원을 丙에게 교부하였다. 그 후 수사기관에 적발되어 甲, 乙, 丙, 경찰관, 보상업무담당자 등이 뇌물수수죄 등으로 구속되었다. 甲의 처는 甲의 형사처벌을 감경받을 목적으로, 甲의 승낙 아래 甲을 발행인, 乙이 지정하는 그의 처남인 丁을 수취인으로 하는 액면 금 5000만원의 약속어음 1매를 작성하고, 어음의 강제집행을 승낙하는 공정증서가 작성되었다. 甲의 처는 乙로부터 형사합의서 및 영수증 등을 교부받아 甲에 대한 형사재판의 양형자료로 제출하여 甲은 법원에서 징역 1년에 2년 간 집행유예의 판결을 선고받고 출소하였다. 甲은 丁을 상대로 약속어음공정증서의 집행을 불허해달라는 청구이의 소송을 제기하였다.

◎ 불법의 원인으로 재산을 급여하거나 노무를 제공한 때 그 이익의 반환을 청구할 수 없다. 그러나 불법의 원인이 수익자에게만 있거나, 수익자의 불법성이 급여자보다 현저히 큰 경우에는 반환청구할 수 있다.(불법원인급여의 반환청구금지)

◎ 윤락행위를 할 사람을 고용하여 성매매의 유인 권유 강요의 수단으로 선불금 등 명목으로 제공한 금품이나 기타 재산상 이익은 불법원인급여에 해당하여 반환을 청구할 수 없고, 성매매의 직접적 대가로서 제공한 경제적 이익뿐만 아니라 성매매를 전제하고 지급하였거나 성매매와 관련성이 있는 경제적 이익이면 모두 불법원인급여에 해당하여 반환청구할 수 없다.

◎ 불법원인급여에 의해 급부를 하면서 장차 목적달성에 실패하면 급부를 반환하기로 하는 사전의 임의반환약정도 무효이며, 반환약정이 사회질서에 반하여 무효가 되는지 여부는 수익자가 입증하여야 한다.

◎ 당사자의 일방이 상대방에게 공무원의 직무에 관한 사항에 관하여 특별한 청탁을 하게 하고 그에 대한 보수로 돈을 지급할 것을 내용으로 한 약정은

사회질서에 반하는 무효의 계약이라 할 것이고 대가의 반환을 청구할 수 없으며, 나아가 그 돈을 반환하여 주기로 한 약정도 결국 불법원인급여물의 반환을 구하는 범주에 속하는 것으로서 무효이다. 그 반환약정에 기하여 약속어음을 발행하였다 하더라도 채권자는 그 이행을 청구할 수 없다 할 것이다. 丁이 약속어음의 수취인이 된 경위를 잘 알고 있을 가능성이 높으므로 丁은 이 약속어음을 집행할 수 없다. ★ 따라서 甲의 청구는 인정된다.

★ 대법원 1995. 7. 14. 선고 94다51994 판결 [청구이의]

71. 제3자의 이득과 전용물소권 [3-4]

(71-1)

　건물을 甲(1/2 지분), 乙, 丙(각 1/4 지분) 등이 공유하고 있는데, 乙이 공유자인 甲의 동의 없이 丁에게 건물의 1, 2층 창호공사를 금 2억 5000만원에 도급하는 계약을 체결하고 丁이 약정 기간 내에 공사를 완료하였다. 그런데 乙이 丁에게 공사대금을 지급하지 않았다. 丁이 건물 창호공사대금을 근거로 유치권을 행사하자, 甲이 丁에 대하여 건물명도청구를 하였고, 丁은 공사대금 혹은 유익비상환의 반소를 청구하였다.

◎ 계약상의 급부가 계약의 상대방뿐만 아니라 제3자의 이익으로 된 경우에 급부를 한 계약당사자가 계약 상대방에 대하여 계약상의 반대급부를 청구할 수 있는 이외에 그 제3자에 대하여 직접 부당이득반환청구를 할 수 있다는 것이 전용물소권이다. 그러나 자기 책임하에 체결된 계약에 따른 위험부담을 제3자에게 전가시키는 것은 계약법의 기본원리에 반하는 결과를 초래할 뿐만 아니라, 채권자인 계약당사자가 채무자인 계약 상대방의 일반채권자에 비하여 우대받는 결과가 되어 일반채권자의 이익을 해치게 되고, 수익자인 제3자가 계약 상대방에 대하여 가지는 항변권 등을 침해하게 되어 부당하므로, 계약상의 급부를 한 계약당사자는 이익의 귀속 주체인 제3자에 대하여 직접 부당이득반환을 청구할 수는 없다.

◎ 유효한 도급계약에 기하여 수급인이 도급인으로부터 제3자 소유 물건의 점유를 이전받아 이를 수리한 결과 그 물건의 가치가 증가한 경우, 도급인

이 그 물건을 간접점유하면서 궁극적으로 자신의 계산으로 비용지출과정을 관리한 것이므로, 도급인만이 소유자에 대한 관계에 있어서 점유자의 비용상환청구권을 행사할 수 있는 비용지출자라고 할 것이고, 수급인은 그러한 비용지출자에 해당하지 않는다. 乙로부터 건물에 관한 공사를 도급받아 공사를 완료한 丁으로서는 건물의 공유자 중 1인인 甲에 대하여 직접 부당이득반환을 청구하거나 유익비상환을 청구할 수 없다.

◎ 회사의 화물차량 운전자가 회사 소유의 화물차량을 운전하면서 회사의 지정주유소가 아닌 다른 주유소에서 대금을 지급할 의사나 능력이 없음에도 불구하고 상당량의 유류를 공급받아 편취한 다음 회사의 화물운송사업에 사용하고 그 유류대금을 결제하지 않았어도 다른 주유소는 회사에 대하여 직접 부당이득 반환을 청구할 수 없다. (질권자가 제3채무자로부터 자기채권을 초과하여 금전을 지급받은 경우 초과 지급 부분에 관하여는 제3채무자의 질권설정자에 대한 급부와 질권설정자의 질권자에 대한 급부가 있다고 볼 수 없으므로, 제3채무자는 질권자를 상대로 초과 지급 부분에 관하여 부당이득반환을 구할 수 있다. 이 경우 부당이득반환청구의 상대방이 되는 수익자는 실질적으로 그 이익이 귀속된 주체이어야 하는데, 질권자가 초과 지급 부분을 질권설정자에게 그대로 반환한 경우에는 초과 지급 부분에 관하여 질권설정자가 실질적 이익을 받은 것이지 질권자로서는 실질적 이익이 없다고 할 것이므로, 제3채무자는 질권자를 상대로 초과 지급 부분에 관하여 부당이득반환을 구할 수 없다.) ★

◎ 계약의 일방당사자가 상대방의 지시 등으로 상대방과 또 다른 계약관계를 맺고 있는 제3자에게 직접 급부한 경우(삼각관계에서의 급부가 이루어진 경우), 그 급부로써 급부를 한 당사자의 상대방에 대한 급부가 이루어지고 동시에 상대방의 제3자에 대한 급부도 이루어진다 하더라도, 계약의 일방

★ 대법원 2015. 5. 29. 선고 2012다92258 판결 [손해배상(기)등]

당사자는 제3자를 상대로 법률상 원인 없이 급부를 수령하였다는 이유로 부당이득반환청구를 할 수 없다. 이와 같이 삼각관계에서의 급부가 이루어져 제3자가 급부를 수령함에 있어서 일방당사자와 상대방의 원인관계인 법률관계에 무효 등의 흠이 있었다는 사실을 알고 있었다 할지라도 일방당사자는 제3자를 상대로 법률상 원인 없이 급부를 수령하였다는 이유로 부당이득반환청구를 할 수 없다. 이득자가 손실자의 부당한 출연 과정을 알고 있었거나 잘 알 수 있었을 경우에는 그 이득이 손실자에 대한 관계에서 법률상 원인이 없는 것으로 보아야 한다는 것은 손실자의 권리가 객관적으로 침해당하였을 때 그 대가의 반환을 구하는 경우(침해부당이득관계)에 관하여 적용되는 것으로서, 손실자가 스스로 이행한 급부의 청산을 구하는 경우(급부부당이득관계)에는 적용되지 않는다.

(71-2)
① 甲은 회사에서 횡령한 돈 5000만원을 자신의 채권자인 乙에게 지급하였다. 회사는 乙에 대하여 부당이득반환청구 하였다.
② 甲은 회사의 명의를 도용하여 은행으로부터 회사 명의로 대출받은 돈에서 일부를 회사의 거래처 채권자인 乙에게 송금하였다. 은행은 乙에게 부당이득반환청구를 하였다.

◎ 부당이득제도는 이득자의 재산상 이득이 법률상 원인을 결여하는 경우에 공평·정의의 이념에 근거하여 이득자에게 그 반환의무를 부담시키는 것이다. 채무자가 피해자로부터 횡령한 금전을 채권자에 대한 채무변제에 사용하는 경우 피해자의 손실과 채권자의 이득 사이에 인과관계가 있음이 명백한데, 채권자가 그 변제의 수령에 악의 또는 중대한 과실이 있는 경우에 채권자의 금전 취득은 피해자에 대한 관계에 있어서 법률상 원인을 결여한 것으로 봄이 상당하다. 그러나 채권자가 그 변제를 수령함에 있어 단순히 과실이 있는 경우에는 그 변제는 유효하고 채권자의 금전 취득이 피해자에 대한 관계에 있어서 법률상 원인을 결여한 것이라고 할 수 없다.

◎ 채무자가 피해자로부터 편취한 금전을 자신의 채권자에 대한 채무변제에 사용하는 경우 채권자가 그 변제의 수령에 그 금전이 편취된 것이라는 사실에 대하여 악의 또는 중대한 과실이 없는 한 채권자의 금전취득은 피해자에 대한 관계에서 법률상 원인이 없는 것이 아니다. 이와 같은 법리는 채무자가 편취한 금원을 자신의 채권자에 대한 채무변제에 직접 사용하지 아니하고 자신의 채권자의 다른 채권자에 대한 채무를 대신 변제하는 데 사용한 경우에도 마찬가지라 적용된다. ★

◎ ① ② 모두 乙에게 악의 중과실이 없다면 乙의 급부수령은 법률상 원인을 결여한 것이 아니다.

★ 대법원 2016. 6. 28. 선고 2012다44358 판결 [채무부존재확인·신탁재산회복]
　대법원 2008. 3. 13. 선고 2006다53733 판결 [채무부존재확인·채권존재확인등]

72. 채권침해에 의한 불법행위 [3-5]

(72-1)

　甲은 신발소매점을 운영하였고, 乙은 甲에게 신발을 공급한 도매상이다. 丙은 甲의 형으로서 甲의 점포와 같은 건물의 다른 점포를 임차하여 음식점을 운영하고 있었다. 甲이 다액의 채무로 인하여 재정적으로 어려워지자 丙은 甲과 사돈인 丁과 공모하여 채권자들의 강제집행을 피하기 위하여 고의로 甲을 부도내기로 하고, 먼저 甲 소유의 주택에 관하여 근저당권자를 丙으로 하는 허위의 저당권설정등기를 경료하고, 丁 명의로 소유권이전등기를 경료하였다. 甲은 丙과 丁에게 점포내의 물품(신발류)과 시설물 일체를 양도한다는 내용으로 허위의 양도양수약정서를 작성·공증하여 주었다. 甲이 직후 약속어음금 4억원을 결제하지 않고 잠적하자 丙은 甲으로부터 점포 내의 물품을 양수하였음을 내세워 재고 신발을 모두 덤핑 판매하였다. 이에 乙이 점포로 찾아가 자신이 외상으로 공급한 신발을 회수하여 가려고 하자 乙은 자신이 신발들을 양수한 것이라고 하면서 이를 저지하였다. 그후 丙과 丁은 강제집행면탈죄로 기소되어 유죄를 선고받았다. 乙은 丙에 대하여 물품대금 채권액 상당액을 손해배상으로 청구하였다.

◎ 일반적으로 채권에 대하여는 배타적 효력이 부인되고 채권자 상호간 및 채권자와 제3자 사이에 자유경쟁이 허용되는 것이어서 제3자에 의하여 채권이 침해되었다는 사실만으로 바로 불법행위로 되지는 않는다. 독립한 경제주체간의 경쟁적 계약관계에 있어서는 단순히 제3자가 채무자와 채권자간의 계약내용을 알면서 채무자와 채권자간에 체결된 계약에 위반되는 내용의 계약을 체결한 것만으로는 고의·과실 및 위법성을 인정할 수 없다. ★

★ 대법원 2013. 3. 14. 선고 2011다91876 판결 [손해배상(기)]

그러나 거래에 있어서의 자유경쟁의 원칙은 법질서가 허용하는 범위 내에서의 공정하고 건전한 경쟁을 전제로 하는 것이므로, 제3자가 채권자를 해한다는 사정을 알면서도 법규에 위반하거나 선량한 풍속 또는 사회질서에 위반하는 등 위법한 행위를 함으로써 채권자의 이익을 침해하였다면 이로써 불법행위가 성립한다. 제3자가 채무자와 적극 공모하였다거나 또는 제3자가 기망·협박 등 사회상규에 반하는 수단을 사용하거나 채권자를 해할 의사로 채무자와 계약을 체결하였다는 등의 특별한 사정이 있다면 고의·과실 및 위법성을 인정할 수 있다.

그리고 제3자에 의한 채권의 침해가 불법행위를 구성한다고 하기 위해서는 단순히 채무자 재산의 감소행위에 관여하였다는 것만으로는 부족하고 제3자가 채무자에 대한 채권자의 존재 및 그 채권의 침해사실을 알면서 채무자와 적극 공모하였다거나 채권행사를 방해할 의도로 사회상규에 반하는 부정한 수단을 사용하여 채무자의 책임재산을 감소시키는 행위를 함으로써 채권자로 하여금 채권의 실행과 만족을 불가능 내지 곤란하게 함으로써 채권침해의 고의·과실 및 위법성이 인정되는 경우라야 한다.

◎ 여기서 채권침해의 위법성은 침해되는 채권의 내용, 침해행위의 태양, 침해자의 고의 내지 해의의 유무 등을 참작하여 구체적, 개별적으로 판단하되, 거래의 자유 보장의 필요성, 경제·사회정책적 요인을 포함한 공공의 이익, 당사자 사이의 이익균형 등을 종합적으로 고려하여 신중히 판단하여야 한다.

◎ 강제집행면탈 목적을 가진 채무자가 제3자와 명의신탁약정을 맺고 채무자 소유의 부동산에 관하여 제3자 앞으로 소유권이전등기를 경료한 경우에, 제3자가 채권자에 대한 관계에서 직접 불법행위책임을 지기 위하여는 단지 그가 채무자와의 약정으로 당해 명의수탁등기를 마쳤다는 것만으로는

부족하고, 그 명의신탁으로써 채권자의 채권의 실현을 곤란하게 한다는 점을 알면서 채무자의 강제집행면탈행위에 공모 가담하였다는 등의 사정이 입증되어 그 채권침해에 대한 고의·과실 및 위법성이 인정되어야 한다. ★

◎ A 기업으로부터 특정물품의 제작을 주문받아 그 특정물품을 A 기업에게만 공급하기로 약정한 자가 A 기업이 공급받은 물품에 대하여 제3자에게 독점판매권을 부여함으로써 제3자가 그 물품에 대한 독점판매자의 지위에 있음을 알면서도 위 약정에 위반하여 그 물품을 다른 곳에 유출하여 제3자의 독점판매권을 침해하였다면, 이러한 행위는 A기업에 대한 계약상의 의무를 위반하는 것임과 동시에 제3자가 A기업으로부터 부여받은 독점판매인으로서의 지위 내지 이익을 직접 침해하는 결과가 되고, 위법한 것으로 인정된다면 A 기업에 대하여 채무불이행 또는 불법행위가 됨과는 별도로 그 제3자에 대한 관계에서 불법행위로 된다.

특정물품에 대한 기업의 독점판매권을 침해하는 불법유출행위로 인하여 피해 회사가 입은 손해액의 산정방법으로 불법행위가 행해진 기간과 행해지지 않은 기간의 회사의 이익액을 비교하는 방법에 의하여 손해액을 산출하는 경우, 산정된 이익액의 차액을 그대로 손해액으로 인정하려면 불법행위자의 유출행위가 중단된 이후의 이익의 증가는 오로지 그 중단에 기인한 것이라는 점 등의 제반 사정이 밝혀져야 할 것이다. 또 기업의 이익에는 매출액의 대소 외에도 여러 가지의 수입요소와 지출요소가 종합적으로 반영되는 것이므로 전체 이익에서 피해 회사의 이익 중 위 물품의 판매와 관련이 없는 부분을 공제한 나머지 금액을 비교하는 방법으로 이루어져야 할 것이다(불법유출행위가 중단된 이후의 피해 회사의 매출액의 증가가 오로지 그 중단에 기인한 것이라는 점이 입증되는 경우라도, 손해액의 산정은 피해 회사의 손익계산서에 나타난 당기순이익 또는 순손실의 비교에 의하

★ 대법원 2007. 9. 6. 선고 2005다25021 판결 [손해배상(기)]

기보다는 증거에 의하여 매출액의 증가분을 인정 내지 추인하고 이에 대하여 적정범위 내에서의 평균순수익률을 적용하여 산출하는 방식이 보다 합리적일 것으로 보인다). ★

◎ 丙의 허위양수 및 처분행위는 乙의 甲에 대한 물품채권에 관한 침해의 고의 및 위법성이 인정되어 불법행위를 구성하고, 허위양수로 인하여 甲의 책임재산이 감소되었을 뿐만 아니라, 乙로서는 甲과 사이에 신발공급계약을 해제하여 乙이 공급하였던 신발 중 일부를 반환받을 기회도 박탈당하였으므로, 丙은 乙에 대하여 잔존 물품대금 상당액의 손해를 배상하여야 할 것이다. ★★

★ 대법원 2003. 3. 14. 선고 2000다32437 판결 [손해배상(기)]
★★ 대법원 2009. 11. 26. 선고 2008다24494 판결 [손해배상(기)]

73. 감독의무자, 사용자, 점유자, 보관자의 불법행위책임

(73-1)

　甲은 도사견을 소유하고 있었는데, 그 도사견은 투견대회에서 우승까지 한 적이 있고 사람을 잘 무는 성질을 지닌 몸집이 크고 아주 사나운 수캐이었다. 乙이 교배를 위해 도사견을 빌려 자기 집 마당에 매어 놓았는데, 丙이 접근하자 도사견이 맨 끈을 끊어버리고 덤벼들어 丙의 전신을 여러 차례 물어뜯어 상해를 입혔다. 丙은 甲에게 손해배상청구를 할 수 있는가?

◎ 미성년자가 행위의 책임을 변식할 지능이 없는 때는 그 미성년자는 배상책임이 없으며, 심신상실 중에 타인에게 손해를 가한 때도 배상 책임이 없다. 이 경우 미성년자나 심신상실자의 법정 감독의무자나 대리감독자가 배상책임을 지되, 감독의무를 게을리 하지 않은 경우라면 배상책임이 없다.

◎ 피용자가 사무집행에 관하여 제3자에게 손해를 가한 때는 그 사용자나 대리감독자가 배상책임이 있되, 피용자의 선임 및 사무감독에 상당한 주의를 하였거나, 상당한 주의를 하여도 손해가 발생될 경우에는 배상책임이 없다.

◎ 공작물의 설치 또는 보존의 하자로 인하여 타인에게 손해를 가한 경우 공작물점유자가 배상책임을 지되, 손해 방지에 필요한 주의를 해태하지 않은 때에는 소유자가 책임을 진다.

◎ 동물의 점유자나 점유자에 갈음하여 보관하는 자는 그 동물이 타인에게 가한 손해를 배상할 책임이 있되, 보관에 상당한 주의를 해태하지 않은 때에는 배상책임이 없다.

◎ 甲은 도사견의 간접점유자인데, 乙의 보관의 과실로 인한 부분에 대해서 丙에게 배상책임이 있다.

74. 공동불법행위

(74-1)

甲은 천안시 노상에서 음주 상태에서 오토바이를 운전하고 가다가 중앙선을 침범한 과실로 반대차로에서 마주오던 乙 운전의 차량과 1차 충돌하여 그 충격으로 자신이 진행하던 차로로 떨어졌고, 이어서 성명불상자 운전의 차량에 2차로 충돌한 후 도로상에 쓰러져 있던 상태에서 약 5분 후에 丙 운전의 차량과 3차로 충돌하는 교통사고를 당하여 결국 사망하였다. 이 3차례에 걸친 충돌사고 중 어느 충돌사고로 인하여 甲이 사망에 이르게 된 것인지는 정확히 알 수 없는 상황이었다.

◎ 수인이 공동으로 불법행위를 하여 타인에게 손해를 주는 경우 수인은 연대하여 배상책임을 진다. 교사자나 방조자는 공동행위자로 본다. 공동 아닌 수인의 행위 중 어느 행위로 인하여 손해를 가한 것인지 알 수 없는 때도 수인은 연대하여 배상책임을 진다.

◎ 공동불법행위자 상호간의 공동의 인식이 필요치 않으며 객관적으로 각 행위에 공동 관련성이 있으면 충분하다. 다만 공동 아닌 수인의 행위 중 누구의 행위로 손해가 발생된 것인지 불분명한 경우 자기의 행위와 손해 발생 사이에 인과관계가 없음을 적극적으로 주장 증명한 경우는 책임을 면한다.

◎ 방조란 불법행위를 용이하게 하는 직접·간접의 모든 행위를 가리키는 것으로서 작위에 의한 경우뿐만 아니라 작위의무 있는 자가 그것을 방지하여

야 할 여러 조치를 취하지 아니하는 부작위로 인하여 불법행위자의 실행행위를 용이하게 하는 경우(과실에 의한 방조)도 포함한다. 여기서 작위의무는 법적인 의무이어야 하므로 단순한 도덕상 또는 종교상 의무는 포함되지 않으나, 작위의무가 법적인 의무인 한 그 근거가 성문법이건 불문법이건 상관이 없고 또 공법이건 사법이건 불문하므로, 법령, 법률행위, 선행행위로 인한 경우는 물론이고 기타 신의성실의 원칙이나 사회상규 혹은 조리상 작위의무가 기대되는 경우에도 법적인 작위의무는 있다.

다만 신의성실의 원칙이나 사회상규 혹은 조리상 작위의무는 상대방의 법익을 보호하거나 그의 법익에 대한 침해를 방지하여야 할 특별한 지위에 있음이 인정되는 자에 대하여만 인정할 수 있는데, 혈연적인 결합관계나 계약관계 등으로 인한 특별한 신뢰관계가 존재하는 경우, 상대방에게 피해를 입힐 수 있는 위험요인을 지배·관리하고 있는 경우, 타인의 행위를 관리·감독할 지위에 있어 개별적·구체적 사정 하에서 위험요인이나 타인의 행위로 인한 피해가 생기지 않도록 조치할 책임이 있다고 인정되는 경우 등이다. 이러한 지위에 있지 아니한 제3자에 대하여 함부로 작위의무를 확대하여 부과할 수는 없다.

◎ 3차례의 충돌에 의한 교통사고로 인하여 위 피해자가 사망에 이르게 된 것은 가해자 불명의 공동불법행위로 인한 손해에 해당하고, 따라서 교통사고와 관련된 丙을 포함한 '공동 아닌 수인'의 각각의 행위(다만, 고의 또는 과실에 의한 위법·유책한 행위임을 전제로 하는 것이다)와 손해 발생 사이의 상당인과관계는 일응 법률상 추정된다. 3차 충돌사고를 야기한 차량의 운전자인 丙이 공동불법행위자로서의 책임을 면하기 위하여서는 자기의 행위와 손해 발생 사이에 상당인과관계가 존재하지 아니함을 적극적으로 주장·입증하여야 할 것이다. ★

★ 대법원 2008. 4. 10. 선고 2007다76306 판결 [구상금]

◎ 丙의 운전 차량에 의한 3차 충돌 당시 甲이 생존하였음이 인정되지 아니하는 이상 丙의 운전행위와 甲의 사망 사이에 상당인과관계가 존재한다고 할 수 없다고 판단하는 것은 丙의 공동불법행위책임 여부를 판단함에 있어서 丙의 운전행위와 甲의 사망이라는 손해 사이의 상당인과관계의 존부에 관하여 甲의 유족들에게 입증책임이 있음을 전제로 함으로써 법리 적용을 잘못한 것이다.

(74-2)
　甲은 자기 소유의 승용차를 운전하고 가다가 앞 차가 갑자기 서행하는 것을 피하지 못하고 추돌하였다. 이로 인해 조수석에 타고 있던 乙이 앞 유리창에 머리를 부딪혀서 다쳤다. 그런데 甲이 사고 후 정차한 다음 사고방지조치를 제대로 하지 않아 뒤이어 오던 丙이 운전하던 승용차가 甲의 승용차를 피하지 못하고 추돌하였다. 이 2차사고로 乙은 다시 요추부염좌 등의 상해를 입었다. 1차사고와 2차사고가 乙에게 발생시킨 손해의 과실비율은 80:20으로 판정되었다. 甲의 A 자동차보험회사는 乙에게 손해배상금 5000만원을 지급하였다. 그리고 丙의 B 자동차보험회사에게 대하여 20%에 해당하는 1000만원의 구상금청구를 하였다. B 회사는 甲과 乙이 호의동승관계에 있어서 甲의 운행지배와 운행이익을 공유하고 있다는 이유로 손해배상액을 감경하여야 한다고 주장하였다.

◎ 차량의 운행자로서 아무 대가를 받은바 없이 오직 동승자의 편의와 이익을 위하여 동승을 제공하고 동승자로서도 그 자신의 편의와 이익을 위해서 그 제공을 받은 경우 그 운행의 목적, 동승자와 운행자와의 인적관계, 피해자가 차량에 동승한 경위 등 제반사정에 비추어 가해자에게 일반의 교통사고와 같은 책임을 지우는 것이 신의칙이나 형평의 원칙에 비추어 매우 불합리한 것으로 인정되는 경우에는 그 배상액을 감경할 사유로 삼을 수 있다. (호의동승)

◎ 피해자의 사망과 관련한 공동불법행위자들이 부담할 손해배상액을 산정함에 있어서 먼저 피해자의 호의동승으로 인한 감액 비율을 고려하여 공동불법행위자들이 피해자에 대한 관계에서 연대하여 부담하여야 할 손해액을

산정하여야 하고, 그 당연한 귀결로서 위와 같은 책임제한은 동승 차량 운전자뿐만 아니라 상대방 차량 운전자에게도 적용된다. ★

◎ 자동차가 충돌하여 승객이 피해를 입은 경우 각 가해 차량의 운행자들은 피해자에 대하여 부진정연대채무를 부담하는데, 그 내부관계에 있어서는 각 운전자의 과실의 정도에 따라 부담 부분이 정하여지고, 운행자 중 일방이 자기의 부담 부분을 초과하여 변제함으로써 공동의 면책을 얻게 하였을 때에는 다른 운행자에 대하여 상대방의 부담 부분에 상당하는 금액을 구상할 수 있다. 이 경우 가해 운행자 중 일방이 피해자와 운행지배 및 운행이익을 어느 정도 공유하여 그와의 관계에서 손해배상액이 감액되어야 한다는 사정이 있다고 하더라도 그 사정은 운행자성을 가지는 피해자에 대한 관계에서만 주장할 수 있는 것으로써, 자신과 부진정연대의 관계에 있는 다른 채무자와의 구상관계에서 감액된 금액을 기준으로 면책 범위를 정하거나 자기의 부담 부분을 산정하여야 한다고 주장할 수는 없다. ★★

◎ B 회사의 주장은 인정될 수 없다.

★ 대법원 2014. 3. 27. 선고 2012다87263 판결 [손해배상(자)]
★★ 대법원 2000. 12. 26. 선고 2000다38275 판결 [구상금]

참고문헌

곽윤직·김재형, 민법총칙:민법강의1, 박영사, 2013

곽윤직, 채권총론, 박영사, 2005

곽윤직, 채권각론, 박영사, 2005

김용담 외, 주석민법, 한국사법행정학회, 2016

김재형, 민법1, 계약법(상), 서울대학교법과대학, 2009

김준호, 민법강의:이론 사례 판례(제23판), 법문사, 2018

김형배, 민법학강의:이론 판례 사례(제9판), 2010

김홍엽, 민사소송법(제7판), 박영사, 2018

김홍엽, 민사집행법, 박영사, 2017

박승수, 민법정리, 도서출판 에듀, 2017

박준서 외, 주석민법, 한국사법행정학회, 2000

송덕수, 신민법강의(제10판), 박영사, 2018.

송덕수, 신민법사례연습(제3판), 박영사, 2013

이시윤, 신민사소송법, 박영사, 2017

이시윤, 민사소송법입문:역사 사례와 함께, 박영사, 2016

이영준, 물권법, 박영사, 2009

지원림, 민법강의(제15판), 홍문사, 2017

조상희

서울대 법대를 졸업하면서 사법시험(26회)을 합격하고 사법연수원(17기)을 수료했고, 해군법무관을 지내고 박사과정을 이수했다. 김&장 법률사무소에서 변호사를 하다가 서울동부지법 판사를 하였다. MBC 라디오 〈조상희의 생활법률〉을 4년 반 정도 진행하였고, 개인 사무소를 하다가 건국대학교 법과대학 및 법학전문대학원 교수를 했다. 현재는 사회과학대학 융합인재학과 교수로 있다.

PRAXIS 민법 입문 1

Case 중심 민법총칙과 채권법

초판인쇄 2018년 5월 31일
초판발행 2018년 5월 31일

지은이 조상희
펴낸이 채종준
펴낸곳 한국학술정보㈜
주소 경기도 파주시 회동길 230(문발동)
전화 031) 908-3181(대표)
팩스 031) 908-3189
홈페이지 http://ebook.kstudy.com
전자우편 출판사업부 publish@kstudy.com
등록 제일산-115호(2000. 6. 19)

ISBN 978-89-268-8438-6 93360